岭南师范学院汉语言文学国家一流专业建设点系列教材

阎开振　主编

外国文学与中学语文

毛　明　王钦峰　编著

中山大学出版社
·广州·

版权所有　翻印必究

图书在版编目（CIP）数据

外国文学与中学语文／毛明，王钦峰编著． -- 广州：中山大学出版社，2024.12． -- （岭南师范学院汉语言文学国家一流专业建设点系列教材）． -- ISBN 978-7-306-08319-7

Ⅰ．G634.303

中国国家版本馆 CIP 数据核字第 2024T5C957 号

WAIGUO WENXUE YU ZHONGXUE YUWEN

出 版 人：	王天琪
策划编辑：	高　洵
责任编辑：	赵琳倩
封面设计：	周美玲
责任校对：	徐馨芷
责任技编：	靳晓虹

出版发行：中山大学出版社
电　　话：编辑部 020-84110771，84110283，84113349，84110779
　　　　　发行部 020-84111998，84111981，84111160
地　　址：广州市新港西路135号
邮　　编：510275　　　传　真：020-84036565
网　　址：http://www.zsup.com.cn　E-mail：zdcbs@mail.sysu.edu.cn
印 刷 者：广州市友盛彩印有限公司
规　　格：787mm×1092mm　1/16　13.25 印张　245 千字
版次印次：2024 年 12 月第 1 版　2024 年 12 月第 1 次印刷
定　　价：58.00 元

如发现本书因印装质量影响阅读，请与出版社发行部联系调换

序　言

　　就像中国深刻影响了世界一样，外国文学深刻影响了中国近代以来的文学。

　　在更好地理解中国文学方面，外国文学不可或缺。中国近代以来的文学，无不沐浴在西学东渐的时代风雨之中，与外国文学有着幽深的亲缘关系。近代以前的中国古代文学，虽看上去与外国文学没有亲缘关系，但由于国人用以阐释文学现象的批评理念与方法来自外国，其中诸多圆凿方枘之处，也只有凭借对外国文学的深入了解才能更好地予以解释、解决。

　　在中国重新屹立于世界民族之林的征程上，外国文学的作用不可或缺。随着计算机、通信、人工智能等新技术发展的一日千里，当今世界经济联系之紧密，政治、军事相互作用之巨大，较之以往，绝对是有过之而无不及。更好地了解世界、适应世界、引领世界已经成为以实现中华民族伟大复兴的中国梦为奋斗目标的中国的必修课。而深入了解外国文学，就是重要途径之一。

　　需要强调的是，外国文学对于师范生尤其具有特殊作用。一方面，师范生在工作中需要以文学文本为主要内容展开教学，如前文所述，这些文本与外国文学有着或显或隐的渊源；另一方面，好些作品本身就是外国文学的翻译文本。

　　但是，师范生学习外国文学又面临诸多困难。一般性的困难包括陌生的人名、地名，社会、历史、文化背景的缺失，翻译导致的问题等；深层次的困难包括伦理道德、宗教信仰、价值观的不同，思维方式、表达习惯、审美趣味的差异等。这些困难不予以解决，师范生便难以准确、全面、深刻理解文学文本。他们登上讲台之后，"以其昏昏"，如何"使人昭昭"？

　　岭南师范学院文学与传媒学院组织编写的这本《外国文学与中学语文》正是对症下药之举。所选外国文学篇目均来自最新的国家统编中学语文教材，此其一。每一篇目均设作家与作品创作背景介绍，突出知人论世，力求补齐社会、历史、文化背景，此其二。每一篇目所设"问题探讨"板块针对前文所述的"深层次困难"导致的"误读"，条分缕析，一一澄清，其中不乏探赜索隐、钩深致远所得，或让人眼前一亮，或让人茅塞顿开，此其三。附录部分或展示原文，或分析译文，或增补论文，帮助学生准确、全面、深刻理解作品，此其四。四种努力，只为换取一种收获：让外国文学帮助汉语言文学专业师范生成为合格的语文教师。

  兹事体大，非群贤毕集、群策群力不能尽善尽美。解读《皇帝的新装》《谈读书》《人应当坚持正义》的是郑家欣博士，解读《简·爱》《哈姆莱特》《玩偶之家》的是许秀静博士，其余部分由王钦峰教授、毛明教授带领李青霞学士、李晓彤学士、陈诗怡学士、何明诗学士共同完成。统稿工作由毛明完成。

  感谢文学与传媒学院院长阎开振教授、副院长李斌辉教授等的高瞻远瞩，开展了一项旨在增强师范生"师范性"的教材编写项目。这本书就是该项目的成果之一。

  是为序。

毛 明

二〇二四年春于港城

目　　录

第一章　外国小说 ……………………………………………… 1
第一节　《我的叔叔于勒》研究 …………………………… 3
第二节　《装在套子里的人》研究 ………………………… 7
第三节　《变色龙》研究 …………………………………… 13
第四节　《简·爱》研究 …………………………………… 17
第五节　《海底两万里》研究 ……………………………… 24

第二章　外国诗歌 ……………………………………………… 29
第一节　《假如生活欺骗了你》研究 ……………………… 31
第二节　《未选择的路》研究 ……………………………… 35

第三章　外国戏剧 ……………………………………………… 39
第一节　《哈姆莱特》研究 ………………………………… 41
第二节　《玩偶之家》研究 ………………………………… 46

第四章　外国童话和寓言 ……………………………………… 53
第一节　《皇帝的新装》研究 ……………………………… 55
第二节　《赫尔墨斯和雕像者》研究 ……………………… 60

第五章　其他外国文学 ……………………… 63

　　第一节　《马克思墓前的讲话》研究 ……………… 65
　　第二节　《海燕》研究 ……………………………… 67
　　第三节　《谈读书》研究 …………………………… 70
　　第四节　《人应当坚持正义》研究 ………………… 75
　　第五节　《大雁归来》研究 ………………………… 81

附录　外国文学原著选读 …………………… 85

　　《套中人》 …………………………………………… 87
　　《醋栗》 ……………………………………………… 98
　　《关于爱情》 ………………………………………… 107
　　《未选择的路》原文及两种译本 …………………… 115
　　《丑小鸭》 …………………………………………… 118
　　《乌鸦喝水》 ………………………………………… 126
　　《伊索寓言·英译本序》 …………………………… 127
　　《玩偶之家》 ………………………………………… 138
　　《娜拉走后怎样》 …………………………………… 203

第一章

外国小说

第一节 《我的叔叔于勒》研究

一、莫泊桑与《我的叔叔于勒》的创作背景

居伊·德·莫泊桑（Henri René Albert Guy de Maupassant，1850—1893），法国十九世纪后半期著名的批判现实主义作家，世界文坛三大"短篇小说之王"之一。他出身于法国诺曼底的一个没落贵族家庭，很早就认识福楼拜并拜其为师。1870年中学毕业后莫泊桑应征入伍，参加普法战争。战争结束后前往巴黎，先后在海军部和教育部任小职员，同时开始文学创作，并加入以当时文坛领袖左拉为核心的作家群——"梅塘集团"。莫泊桑于1879年完成《羊脂球》的创作，轰动文坛，遂离职从事专门的文学创作。他一生创作了三百多部中短篇小说和六部长篇小说，此外还有诗集、游记、戏剧和相当数量的评论文章。代表作有长篇小说《一生》《漂亮朋友》，中短篇小说《羊脂球》《菲菲小姐》《项链》《我的叔叔于勒》等。

莫泊桑的长篇小说真实而深刻地揭露了资本主义社会的黑暗与丑恶。莫泊桑创作的年代正值法兰西第三共和国时期。他对资产阶级的腐败政治和虚伪、丑恶的文化极为反感，他在给福楼拜的信中说："我要求消灭资产阶级……是的，现在我觉得九三年是太温和了。"

莫泊桑的短篇小说成就极高，题材丰富多彩，人物形形色色，但绝大多数都是描写当时法国社会的底层人物，从这些人物的日常生活和种种遭遇中，揭露出统治阶级的腐朽黑暗，表达对被侮辱与被损害的下层人物的同情和赞许。莫泊桑短篇小说的基本主题主要是两个方面：一是描写资产阶级的风俗习尚，揭露资产阶级的腐化堕落和拜金主义，嘲讽小市民的追逐浮华与爱慕虚荣，如《我的叔叔于勒》和《项链》等；二是描写普法战争，反映了高贵者未必高贵，卑贱者未必卑贱，强调了普通群众中有更多的爱国主义者，如《米隆老爹》写老农民米隆老爹不甘敌人的野蛮侵略，勇敢而巧妙地杀死十六个普鲁士骑兵，最后从容就义的故事。《羊脂球》

是莫泊桑第一篇具有爱国主义思想的短篇小说，也是他的成名作。小说肯定和赞扬了羊脂球的爱国主义和美好品德，揭露了所谓的头面人物在国难当头的关键时刻，为了个人私利，不惜出卖灵魂、出卖同胞、出卖祖国的卑鄙嘴脸，形象地概括了法国社会各阶级在普法战争中的不同态度，雄辩地说明了上流社会的自私腐败乃是法国蒙受耻辱的主要原因。作家的爱国主义精神和社会批判意识的紧密结合，赋予这篇杰作以丰富的思想内涵。此外，诺曼底的乡村生活、法国妓女的生活也是莫泊桑短篇小说主要关注的内容。

莫泊桑在小说艺术手法上有很深的造诣，主要有两个特点：一是重视结构的布局，行文波澜起伏，引人入胜，故事情节巧妙真实，结局出人意料，又在情理之中；二是善于用洗练的笔墨揭示人物内心世界，塑造了众多鲜明生动的艺术形象。

《我的叔叔于勒》最早于1883年发表在《高卢人日报》上。

二、《我的叔叔于勒》分析

《我的叔叔于勒》是描写资本主义社会家庭关系的名篇。于勒因花光了父母留给他的遗产并损害了哥哥的利益而远走美洲。不久他传回消息说自己干得不错，希望之后能发财回家，与哥哥家一起过日子。这个消息使生活拮据的哥哥一家大受鼓舞。他们计划着于勒回来后的生活，甚至指望买一栋小别墅。家里待嫁的二女儿也受益于这个消息，确定了婚事。谁知在为庆祝婚事而举行的短途跨海旅行中，他们遇到了于勒——一个在船上兜售牡蛎的穷困潦倒的老水手！原来于勒的确阔气过一段时期，可是后来又失败了，他不愿意回家面对家人，于是就留在船上。哥哥一家不愿意和他相认，像躲避瘟神一样躲开了他。资本主义社会金钱关系对血缘亲情的腐蚀在这篇小说里被有力地刻画出来。

三、问题探讨

截至目前，《我的叔叔于勒》教学面临的主要问题皆因改编而起。课文大量删减有关菲利普夫妇一家窘迫生活状况的描述，删掉了小说的开头与结尾，并删减了诸多细节。原作约有五千字，而改编后的课文只剩下约三千字。大量内容的删减，导致课文与原作在思想主题、人物形象、艺术效果方面产生了不容忽视的差异。

思想主题方面，课文过度强调批判，忽略了原文所具有的丰富的人文情怀。改编者为了突出批判金钱至上和人性冷漠的主题,将诸多不利于突出该主题的内容进行了删减,使原文更为丰富的思想意蕴变得单一化、浅薄化、标签化了。其实,原文至少还有下列人文思想不无价值。首先,故事的讲述者"我"对叔叔于勒不无感情,是"人间自有真情在"的有力证明:"我"在船上因为不能亲人相认经历了巨大的心理波澜,还给了于勒超出惯例的小费;多年以后仍难以释怀,以至于遇到像于勒叔叔一样穷困潦倒的人都要大方施舍。其次,菲利普一家对金钱的渴望与其窘迫的生活状况不无关系,他们并非天生就是拜金主义者。特别是于勒的信竟然很有可能成为促成二姐婚事的原因,可见当时法国的社会风气是拜金的,特别是这关系到子女的终身大事,菲利普一家又如何能够独善其身!

人物形象方面,为了突出批判主题,课文将人物形象单薄化、脸谱化了。对于主要人物菲利普夫妇,改编后的课文大量保留了他们渴望发财、嗜钱如命、趋利避害和淡漠亲情的内容,而对小人物拮据生活的描写则进行了大量的删减或简单概括。此外,改编者在理解菲利普夫妇形象时,将夫妇二人在盼于勒、遇于勒时对于勒的态度进行了统一化的处理,导致二者人物形象趋同。其实,原作中关于菲利普夫妇的形象的描写可以说有着本质性不同。这可以从二人盼于勒归来时的态度看出来。父亲菲利普当然希望于勒发财甚至接济自己一家,但他更希望的是于勒洗心革面,和自己一家好好生活在一起;他在船上偶遇于勒,并通过船长确认了于勒的身份后,并没有怨恨、咒骂,只是惊慌失措,不知如何是好。反倒是妻子破口大骂,甚至把自己丈夫一家人都羞辱了一遍:"一个姓达勿朗诗(又译"达尔芒司",是父亲一家的姓氏)的,怎能够指望在他的身上盼望一点什么?"被骂的可怜的父亲再次做出了让"我""伤心"的标志性动作:"用手心抚着自己的额头,如同他素来在他妻子责备之下所做的一样。"(原文有述:"我"的母亲因为我们生活得不宽裕很感痛苦,时常找着好些尖刻的话,好些遮遮掩掩和不顾信义的闲话去对付"我"的父亲。这位可怜的丈夫当时有一个叫"我"伤心的手势。他每每张开手掌搁在额头上,俨然是去擦汗一般,可是汗呢,并没有,而且他绝不答辩。"我"感到他的懦弱的痛苦了。)事实上,甚至母亲克拉丽丝也不乏值得理解甚至同情的地方。母亲的尖酸刻薄也并非没有原因。为女儿的婚事操心,维护家人的体面,已经让这个母亲疲于奔命了,她在船上以"怕肚子痛"为理由拒绝吃牡蛎,其实是勤俭持家的理念已经深入骨髓;在发现于勒的真实身份后,她强调"最要留心的是别叫咱们女婿起疑心",这也是为女儿的前途着想。

对于于勒，这个千呼万唤始出来的潜在主角也不是用"法国老流氓"一词可以概括的。小说描绘了于勒两次"自我完善"，一是于勒在美洲发财后写信回家希望补偿哥哥一家，这是知错能改，是由游手好闲、好吃懒做、挥霍无度的败家子蜕变成别人眼中富有、正直有为和有良心的人；二是在其破产后被船长带回国，宁愿在船上受苦受累、自食其力，也不愿意投靠哥嫂，过寄人篱下、给别人添麻烦、惹人厌恶的生活，这是勇于担责，是其在穷困潦倒之中尚存亲情、自尊心的表现。可以说，于勒虽是一个少不更事，犯了错误的坏孩子，但也是一个知错愿改的好男儿，更是一个不愿拖累亲人的温情男人。顺便说一句，即使是船长，这个看上去冷冷的、给人傲慢印象的家伙，正是他把同胞从美洲带回法国，又允许他留在船上讨生活，这不也是同情心、同胞情的体现？

艺术特点方面，课文删减掉头尾导致小说叙事结构彻底发生了改变。原作存在一种非常明确的叙事分层现象，这种叙事分层在小说中形成一个明显的嵌套式叙事结构，包括"一个白胡子穷老头儿向我们乞讨小钱"和"我的叔叔于勒"这两个故事层。随着原作特有的嵌套式叙事结构及开头、结尾的消失，小说在艺术结构上的魅力必然会有所减弱。因为在小说原作的结尾处，若瑟夫指出了他给乞丐施舍五法郎的原因，这种解释照应了小说的开头，使得小说首尾呼应，结构更加完整，同时也使得小说的故事情节布局紧凑、曲折有致，而随着开头和结尾的消失，小说便失去了上述艺术效果。与此同时，这种对于叙事结构的单层化的压缩处理（即改编和删节的结果）还导致了另外两个结果的出现。一是随着叙事层次的压缩，叙述视角变成了单一视角。在小说原作中，小说的叙述视角一共有三个，即若瑟夫朋友的视角、成年若瑟夫的视角和小若瑟夫的视角，在叙事层次方面则表现为从第一层叙事向第二层叙事的转变，同时伴随着叙事人称的转变。变换视角的设置当然是有其效用的，因为在故事文本中，不同的叙事视角所蕴含的感情基调是不同的，且给读者所营造的心理氛围也不一样，最终这种差异还会影响到读者对于作品主题的理解。二是弱化了小说中第二个故事层的叙述者——若瑟夫的形象塑造。原作中若瑟夫形象的塑造主要是依靠两个叙事层来完成的，这种连续的塑造使得小说原作中两个故事层之间形成了非常密切的关系。如果联系小说原作的最后一句话——"此后我再也没有见过我父亲的兄弟！以后您还会看见我有时候要拿一个五法郎的银币给这些流浪汉，其缘故就在此"，可以看出，小说的第二层叙事（即"我的叔叔于勒"的故事，其中若瑟夫给了于勒叔叔半个法郎）的存在，恰恰为第一层叙事（即"一个白胡子穷老头儿向我们乞讨小钱"的故事，其中若瑟夫给了白胡子穷老头五个法郎）提供了施舍的理由，说明二者之间是存在因果关系的。同时，基于主人公的慷慨施舍，这两个故事之间形成了某种情节上的类似性和连续性，从而强化了若瑟夫的形象塑造，给读者留下了若瑟夫具有善良人性的印象。而随着嵌套式叙事结构的消失，若瑟夫的形象塑造及其善良的一面便被弱化了。

同时，由于删减，小说所蕴含的喜剧性以及随之而来的戏剧性、趣味性也遭受了弱化。在小说原作中，最富喜剧性的部分是菲利普一家在星期日到海边栈桥上散步和去哲尔赛岛途中在轮船上吃牡蛎等段落。在这些被课文删掉的喜剧性文字中，莫泊桑主要使用了褒词贬用、反语、语境误置等反讽手法以及对比手法等对菲利普一家的虚荣进行讽刺。

此外，原文所具有的悬念及伏笔等艺术手法也因为删减遭受损失。去掉开头若瑟夫令人不解和震惊的施舍之举，后面关于于勒的故事就失去了解谜的趣味。父亲的方襟大礼服、抚摸额头擦并不存在的汗的动作等，都是前后照应，值得玩味的妙笔。这些具有"文学性"内容的丧失，可能使得课文主题更加鲜明、人物形象更加容易辨认，但也失去了原作所具有的真诚与隽永。

第二节 《装在套子里的人》研究

一、契诃夫与《装在套子里的人》的创作背景

俄罗斯在十八世纪才出现真正成型的具有文体意义的文学。其现代文化的形成与西方文明，尤其与德、法两国文化密切相关。从十九世纪到二十世纪初百余年间，俄罗斯文学先后进入"黄金时代"和"白银时代"，成为欧洲文学的中心之一。俄罗斯地处东西方特殊的地理位置，古老的斯拉夫文化和东正教宗教体系，以及与沙皇专制制度所进行的顽强斗争共同构成了俄罗斯文学兴旺发达的社会历史背景。在这种社会历史背景下生成的俄罗斯文学形成了与西欧截然不同的民族文学传统，即浓重的宗教色

彩、独特的现实主义文学观、深厚的人道主义精神以及巨大的道德深度、忧郁悲哀的风格情调。

安东·巴甫洛维奇·契诃夫（Антон Павлович Чехов，1860—1904）是俄国十九世纪末最后一位批判现实主义艺术大师，二十世纪世界现代戏剧的奠基人之一，与法国作家莫泊桑和美国作家欧·亨利并称为"世界三大短篇小说家"。契诃夫生于1860年，这正是俄国农奴制改革的前一年，逝世于1904年，一年后，群众因不满沙皇专政，爆发了第一次资产阶级民主革命。虽然他的生命只经历了短短四十四年，但这却是俄国史上思想极其复杂的动荡年代。风雨飘摇之中，契诃夫耗尽一生探究俄国社会的真相，探求俄国的出路。契诃夫的早期创作分为两类：一类是嘲笑讽刺当时普遍存在的奴性心理和庸俗作风，揭露造成这种畸形的社会现象的原因，如《小公务员之死》（1883）、《变色龙》（1884）等；另一类作品描写了下层人民的痛苦和悲惨生活，揭示出人与人之间关系的冷酷无情，如《哀伤》（1885）、《万卡》（1886）等。十九世纪八十年代末到九十年代初是契诃夫创作的中期，作品主要表现了知识分子的精神生活，幽默讽刺的因素减少了，悲剧的成分增加了，并注重挖掘人物复杂的社会心理，加强了对社会的批判。主要作品有小说《第六病室》（1892）、剧本《蠢货》（1888）等。十九世纪九十年代中期到契诃夫逝世是契诃夫创作活动的后期。这一时期，俄国的革命运动蓬勃发展，契诃夫意识到社会变革就在眼前，他对祖国的未来充满信心，对落后的沙皇专制制度强烈不满。此时期的小说和戏剧大都触及重大的社会问题，艺术上更加成熟。这时期重要的作品有小说《脖子上的安娜》（1895）、《装在套子里的人》（1898）等，剧本《海鸥》（1896）、《樱桃园》（1904）等。从整体上看，首先，契诃夫的作品善于以日常生活为题材，通过平凡的现象，揭示深刻的生活哲理，朴素无华，真实可信。其次，结构精巧，内涵丰富，发人深思。结尾通常是开放性的，给读者创造广阔的想象空间。再次，风格独特。讽刺小说幽默辛辣，新颖活泼，短小精悍，寓意深远。社会心理小说抒情性浓郁，富于哲理，善于通过细节和言行揭示人物的内心活动、精神状态和性格特征。共同的特点是含蓄、朴素、简练，具有强烈而深沉的艺术魅力。最后，语言简洁明了，词汇丰富，比喻新鲜，富于节奏感。

《装在套子里的人》发表于1898年，是"套中人"三部曲的第一篇。另外两篇是《醋栗》和《关于爱情》。

二、《装在套子里的人》分析

别里科夫是中学希腊语教员,他回避现实生活、害怕新生事物,只愿意听从政府指令行事,成天忧心忡忡、害怕出什么乱子。他从衣着、生活和思想各方面都把自己装在"套子"里,这不仅对周围人形成巨大的心理压力,也使自己处在郁闷、无聊、没有目标、缺乏行动的状态之中。别里科夫在同事的撮合下,昏了头,动了和新来同事的姐姐瓦连卡结婚的念头。这个念头给他带来了巨大的精神压力,他老是想着结婚的义务责任,想着可能出现的变故,睡也睡不好,生活竟然变得更糟了。后来,别里科夫看到瓦连卡和弟弟柯瓦连科一起骑自行车——这在当时是新生的事物,他认为这种行为没有得到政府的认可,十分不妥,于是前往柯瓦连科住处劝说。柯瓦连科讨厌别里科夫对自己的生活指手画脚,把他从楼梯上推下去,使别里科夫出了大丑。他的丑态被瓦连卡看到,后者觉得有趣并忍不住哈哈大笑。别里科夫深受刺激,回家不久就去世了。同事们去送葬,发现他看上去舒舒服服地躺在棺材里,好像棺材是他最爱的一种"套子"。

别里科夫因循守旧、畏首畏尾、恐惧变革,极力维护现行秩序,是一只被"套子"箍住了手脚和思想的可怜虫,"套中人"从而成了保守、僵化和奴性的代名词。在艺术上,小说运用了夸张与讽刺手法,并用戏剧化的情节制造出悲喜剧效果。

三、问题探讨

(一)"套子"的含义是什么?

"套子"的含义关乎作品主题,是一个关键问题。

根据课文所呈现的文本,"套子"既指别里科夫与衣着、住所、职业等有关的封闭的生活状态,也指沙皇政府颁布的管制人民的规章制度和法律法规,还指逃避现实、因循守旧、恐惧变革的行为方式以及背后的心理状态和性格特征。在课文里,"套子"最容易让人联想到别里科夫孤僻、内向、胆小的性格。要概括某一个人或者某一类人的性格特征很容易,但要"分析其成因"并"体会这一形象的社会批判意义"却并不容易。因为按照目前一般人的看法,人的性格主要是天生的,而别里科夫的性格太极端,除了天生,难以想象出其他原因。别里科夫死后,人们的生活好了没几天,就变回了"严峻、令人厌烦、杂乱无章"的老样子,这能说明什么呢？教材编撰者希望读者理解社会在塑造个人性格上的决定性作用，让读者认识到虽然别里科夫死了，可是"别里科夫式"的人却还有很多，因为彼时俄国社会，特别是当时社会所施行的专制制度才是造成别里科夫性格的罪魁祸首。可是课文并没有清晰而准确地呈现出"别里科夫式"的性格、压抑的社会环境、专制的政治制度之间的因果关系。可以预料的是，读者会认为别里科夫天生内向孤僻，而且像他这样患有社交恐惧症的人为数众多，解决之道应该是社会心理干预和个人的勇敢尝试。概言之，"套子"的含义难以从个性层面上升到社会制度层面。

需要特别指出的是，"别里科夫们"辖制下什么都怕的、循规蹈矩的生活怎么会"乱糟糟"，这很难理解。此外，"套子"是不是还包括法律法规，甚至为人处世的原则？它与"没有规矩，不成方圆"如何平衡？如果有学生将校级班规视为"套子"，老师该怎样解释？遗憾的是，如果只是根据课文文本，上述问题均得不到满意的解答。

（二）怎样看待别里科夫的婚恋？

别里科夫和瓦连卡的婚恋，是小说的关键情节。别里科夫以前的生活，确实与常人迥异，但也不妨碍他活下去，而与瓦连卡的婚恋成了压垮他的最后一根稻草。该如何认识别里科夫的婚恋？是好，是坏，还是另有评价？有观点认为，别里科夫的婚恋是一件好事，是走出"套子"，追求新生活的尝试，可是别里科夫身上的"套子"太多、太沉重，所以失败。好事变成了坏事，正证明了"套子"的危害何其大哉。这样的观点可能会造成认识上的混乱，即别里科夫也有勇敢的一面；既然有勇敢的一面，未尝不可将其视为功败垂成的英雄，即亚里士多德为悲剧主人公设立的标准——有缺点的好人。

（三）《装在套子里的人》的课文与原文，与"套中人"三部曲是什么关系？了解它们之间的关系有什么意义？

《装在套子里的人》的课文只有原文的一半，可谓"腰斩"，很多问题均由此产生。较之原文，课文大幅删减的主要是两个方面的内容：一是关于兽医伊凡内奇和中学教员布尔金在外出狩猎过程中的所见所闻所感，《装在套子里的人》所讲的关于别里科夫的故事是伊凡内奇和布尔金在某村村长家借宿时，后者讲给前者的发生在自己学校里的事情。二是别里科夫婚恋的诸多情节，以及伊凡内奇和布尔金的对话，特别是伊凡内奇对此类现象的评论。

"套中人"三部曲除了《装在套子里的人》以外,还有另外两个故事。在狩猎途中,伊凡内奇讲了第二个故事《醋栗》,说的是自己的弟弟尼古拉为了实现个人人生理想——在乡间生活并且可以每天吃醋栗——而变得自私且庸俗。最后他们来到地主、大学毕业生阿列兴家里,听到了第三个故事,即阿列兴的爱情故事——这段爱情因为拘于礼法而没能修成正果。他们为阿列兴没有把自己的品德和才能用于创造社会价值而感到惋惜,也为他的爱情故事感到惋惜。

联系原文,"套子"的含义就更加明确。原文借伊凡内奇之口指出,社会上还有很多"套子":住在空气污浊、极其拥挤的城里,写些不必要的公文,老是玩"文特";在懒汉、无端兴讼的家伙和愚蠢而闲散的女人当中消磨一生,自己说,也听人家说各式各样的废话;他弟弟的生活方式;性情孤僻、像寄居蟹或者蜗牛那样极力缩进自己的硬壳里去的"返祖现象";村长妻子玛芙拉的生活方式——一辈子从没走出过她家乡的村子,从没见到过城市或者铁路,近十年来一直守着炉灶,只有夜间才到街上去走一走。原文还通过对话揭示出别里科夫婚恋的实质:拥有极端形态"套子"的怪人别里科夫和普通形态"套子"的俗人们同台演出的一场无聊闹剧。一方面,原文认为这场婚事完全是因为周围的人没有生活目标、为填补空虚无聊做的又一件蠢事:"在我们内地,由于闲得慌,什么事都做得出来,人们做过多少不必要的蠢事啊!而这是因为大家不去做必要的事。是啊,比方说,既然大家甚至不能想象这个别里科夫会结婚,那我们又为什么突然要给他撮合婚事呢?校长太太啦,学监太太啦,我们中学里所有的女士们啦,都活跃起来,甚至变得好看多了,好像忽然发现了生活目标似的。"另一方面,别里科夫不过是稀里糊涂地被糊弄了而已,他从未表现出什么"对生活的某种渴望"。他对瓦连卡说的第一句话是:"小俄罗斯的语言那么柔和,那么动听,使人联想到古希腊语言。"翻检原文,作品称:"他所教的古代语言,实际上对他来说也无异于他的套鞋和雨伞,使他借以逃避现实生活。"事实上,别里科夫是个"怪人",他根本就是这场婚恋的局外人。所以原文说,"结婚的决定好像对他起了有害的影响:他瘦了,脸色苍白了,似乎更深地钻进他的套子里去了"。原文对"套子"辖制社会的原因做了解释:人们"遇事就屈服,容让。……问题就在这儿",并表达了对行动的呼吁:"不行,再也不能照这样生活下去了!"

联系"套中人"三部曲,"套子"内涵更加充实。概括起来,"三部曲"主要是塑造了三类"套中人"的典型：丧失自我的"怪人"别里科夫、自私自利追求个人幸福的"俗人"尼古拉、不自私自利但囿于世俗价值观的"好人"阿列兴。作品论述了"套子"式的社会心理、社会性格对个人的腐蚀：要么像别里科夫那样苟且偷生而不得，要么像尼古拉一样变成猪一样庸俗的人，要么像阿列兴那样成为像踩着轮子忙碌着的"松鼠"。走出"套子"要靠"做好事"。作品写道："不要心平气和，不要让自己昏睡！趁年轻，强壮，血气方刚，要永不疲倦地做好事！幸福是没有的，也不应当有。如果生活有意义和目标，那么，这个意义和目标就断然不是我们的幸福，而是比这更合理、更伟大的东西。做好事吧！"人们囿于"套子"，没有"做好事"，是因为没有树立超越世俗的，更高的、更重要的价值观，用《醋栗》中的话来说就是"如果生活有意义和目标，那么，这个意义和目标就断然不是我们的幸福，而是比这更合理、更伟大的东西"，或者用《关于爱情》中的话来说，就是那种可以拿来衡量爱情价值的某些东西——"一种比世俗意义上的幸福或不幸、罪过或美德更高、更重要的东西"。

综上所述，契诃夫作品中的"套子"有其核心内容，它主要是指一种固步自封、因循守旧的个人或社会状态，以及在这种社会状态里熏陶出来的麻木不仁或者是害怕改变的社会心理；揭露"套子"的目的是号召人们走出"套子"，即为了更高、更合理的人生和社会目标而勇敢地施行变革。契诃夫生活的时代，有人曾这样描绘："1862—1904年这一时期，俄国正处于变革时代，旧的东西无可挽回地在大家眼前崩溃了，而新的东西则刚刚开始安排。"受西欧社会革命、经济变革、文化变革时代浪潮的影响，"再也不能照这样生活下去了"成为了俄国当时普遍的社会心态，而契诃夫笔下的"套子"则是阻碍俄国变革的最大障碍。

理解了上述主要内容，一些细节问题也就迎刃而解了，比如"别里科夫们"辖制下什么都怕的、循规蹈矩的生活之所以会"杂乱无章"，是由于缺乏更高的、更合理的社会目标，整个社会要么像一盘散沙，要么任性妄为。此外，"套子"有特定含义，即指妨碍俄国向西欧看齐的制度、文化、习俗等障碍，例如奴隶制、沙皇专制，例如胆小怕事、循规蹈矩、小富即安的小民心态，又例如被封建传统道德束缚，不敢追求个人婚姻幸福和价值实现的道德枷锁。

第三节 《变色龙》研究

一、《变色龙》的创作背景

1879年,契诃夫进入莫斯科大学医学院学习。1880年在幽默刊物《蜻蜓》上发表他的处女作:短篇小说《一封给有学问的友邻的信》和幽默小品《在长篇和中篇小说中最常见的是什么》。1883年开始以契洪特作为笔名发表作品。1884年大学毕业并在伏斯克列辛斯克和兹威尼哥罗德等地行医,广泛接触农民、地主、官吏、教员等各式人物。《变色龙》就创作于1884年。

二、《变色龙》分析

作品描写警官奥楚蔑洛夫在处理狗咬人事件中,随着狗主人身份的不断变化,他的态度也随之发生变化,在极短的时间内竟然发生了五次戏剧性变化。通过塑造奥楚蔑洛夫这样一个反复无常、谄上欺下、见风使舵的小官僚形象,揭露了沙俄统治下厚颜无耻的官僚阶层和乌烟瘴气的社会现实。

奥楚蔑洛夫态度的五次变化是作品的主要情节。作品开头呈现的是这样一个情景:奥楚蔑洛夫穿着"军大衣",提着"小包",穿过市场的广场;他身后跟着一个巡警,"端着一个筛子""盛满了没收来的醋栗"。可见,奥楚蔑洛夫刚刚没收了老百姓的财物,耍了官威。这时,他遇到了突发的治安案件:首饰匠赫留金被狗咬伤。该如何处理?奥楚蔑洛夫见状,立刻摆出公事公办的态度,表示责任在狗,要马上弄死这条狗以严明法纪;要严惩狗主人,即使他们是"老爷"。事后来看,奥楚蔑洛夫的这一表态显然是冲动了,因为他就是"狗腿子",打狗怎会不看主人!随着狗主人的身份逐渐浮出水面,奥楚蔑洛夫的态度在极短时间内发生了极端的五次变化:

变色一,责任在人。人群中突然有人说:"这好像是席加洛夫将军家的狗。"奥楚蔑洛夫听到了，觉得自己可能会得罪达官贵人，于是决定收回刚才说的话。他抱怨天气热，叫下属叶尔德林帮自己脱大衣。借此机会他岔开话题，态度来了个180度大转弯。他质问赫留金："它怎么会咬着你？它那么小，你这么魁梧，怎么够得着你的手指头？一定是你要赖搞鬼，想讹诈狗主人一笔赔偿费！"总之把责任从狗以及狗主人完全推到赫留金身上。

变色二，责任在狗。一直跟在身后的巡警说这不可能是将军家的狗，因为将军家的全部是大猎狗。奥楚蔑洛夫一听觉得很有道理，既然眼前这条狗"毛色既不好，模样也不中看，完全是个下贱胚子"，那就不可能是达官贵人家的狗。于是奥楚蔑洛夫决定维持原判，断定责任在狗，要为赫留金主持公道。

变色三，责任在人。可是巡警并不十分肯定自己的判断，犹豫起来："说不定就是将军家的狗。"这让奥楚蔑洛夫警觉起来，觉得在要要官威和得罪权贵之间还是谨慎行事、避免后者为妙，于是他抱怨"起风了""挺冷"，叫下属帮自己穿上大衣。接下来，他重新断案，声色俱厉地斥责赫留金是混蛋，"怪你自己不好"！

变色四，责任在狗。将军家厨师来了，对此直截了当地表示："瞎猜！我们那儿从来没有这样的狗！"至此奥楚蔑洛夫犹如获得了尚方宝剑，断然决定"弄死它算了"。

变色五，责任在人。可是很不幸，厨师接着说，这虽然不是将军的狗，却是"将军哥哥的"。这个终审判决让奥楚蔑洛夫满脸堆笑，对着狗一阵猛夸，让厨师带走小狗，还恐吓赫留金"早晚要收拾你"。意思十分明了：赫留金欺负小狗，还要借机讹诈，坏透了，今天我奥楚蔑洛夫放你一马，今后若要再耍无赖，必受重罚！

三、问题探讨

（一）小说艺术上有哪些特点？

1. 姓名及称呼的含义。

俄语中，"变色龙"也可以译为"容易变心的人"。"奥楚蔑洛夫"是音译，意思是呆傻、疯癫。"赫留金"的意思是"猪叫声"。

此外，将军的哥哥被奥楚蔑洛夫称作"乌拉吉米尔·伊凡尼奇"，这是尊称。俄国人的名字分为三部分，第一部分是自己的名，第二部分是父亲的名，第三部分才是姓。家人为表示亲切直接称呼名，外人为表示尊敬可将某人的名与其父亲的名连在一起称呼。

2. 客观化的小说。

《变色龙》是"客观化的小说"的典范。之所以这么说，主要原因在于作者没有直白地表露态度——比如为人物的行为或表情加上副词或形容词，更没有直接发表评论，而是不动声色，让人物自行表演，让读者自己判断。奥楚蔑洛夫的五次变色，作者皆不予置评；奥楚蔑洛夫五次变色过程中的心理活动，作者也不妄加揣测，只是通过人物可见可闻的动作和语言予以表现；"我早晚要收拾你！"伴随着这句话，奥楚蔑洛夫穿过广场径自走了，作品戛然而止，既无控诉，也无伤感。也正是因为这种"客观化"，让奥楚蔑洛夫充分地、没有杂质地自我表演了一回，彻底暴露了自己的行为特征。

3. 简洁的小说。

契诃夫的小说紧凑精练、言简意赅，"内容比文字多得多"。契诃夫说自己"善于长事短叙"，主张"用刀子把一切多余的都剃掉"。对此他解释道，"越是严密，越是紧凑，就越富有表现力，就越鲜明"，"要知道，在大理石上刻出人脸来，无非是把这块石头上不是人脸的地方都剔除罢了"，"小说里所欠缺的主观成分读者自己会加进去的"。

以《变色龙》里奥楚蔑洛夫的出场为例，作品没有描写他的外貌，没有谈及其身世背景，只说他"穿着新的军大衣，提着小包，穿过市场的广场"，"身后跟着"一个巡警，"端着一个筛子，盛满了没收来的醋栗"。"军大衣"是必要的，因为后来奥楚蔑洛夫脱下又穿上，最后还"裹紧了"它而离开。跟在他后面的是一个巡警也有必要，因为他透露出的信息让奥楚蔑洛夫两次"变色"；由于后面的对话显示他叫"叶尔德林"，所以在小说开头时巡警甚至没有被冠以名字。"盛满了没收来的醋栗"的"筛子"告诉读者这两个警察干了什么"好事"，也不是多余之笔。此外，"小包"显然是公文包，和"军大衣"一样，是身份的象征；拿着"小包"的警官奥楚蔑洛夫应该是冲着警署办公室去的，到市场巡视不过是一个插曲，而处理"狗咬人"事件更是插曲中的插曲，这就不难理解为何奥楚蔑洛夫在整个过程中表现匆忙以至于频频反复。

(二) 怎样评价赫留金？

山西师范大学文学院马新广在《赫留金：可恶的受害者》[①] 一文中揭示

---

① 马新广：《从〈变色龙〉的一条注释和一处改动说起》，载《中学语文教学》2012 第 9 期。

出的事实和提出的观点对读者是有启发的。

马新广介绍说,俄语里"猪"这一词语有肥胖、邋遢、愚昧、粗鲁、眼睛细小、喝醉酒的样子六个含义。前四个意义与汉语基本吻合,后两个则是俄语所特有的,它们或多或少都暗含一些贬义。事实上,这个名字表明契诃夫对小市民身上奴性的厌恶。有学者研究契诃夫的书信和生平后指出:"年轻的契诃夫在沉滞的八十年代描写不知自尊的'小人物'时,也对他们抱着指责多于同情的态度。"①

马新广认为,赫留金和独眼龙二人谁在说谎,这是理解赫留金形象的关键。小说有两个说明:第一个是赫留金的,他说:"我好好地走我的路,没招谁没惹谁……""这贱畜生无缘无故就咬了我的手指头一口";第二种说法是独眼龙的,他说,"他本来是开玩笑,把烟卷戳到狗的脸上去;狗呢——可不肯做傻瓜,就咬了他一口……他是个荒唐的家伙"。两种说法是矛盾的,可以通过小说细节来分析判断。

首先,文中已经对赫留金满嘴胡话的本性有所表现,当独眼龙揭发他因为拿烟卷戳小狗脸而被咬之后,他气急败坏地说:"你胡说,独眼龙!你眼睛看不见,为什么胡说?"小说在入选课本时,并没有选用这一说法,而是改为了另一个译本的"你什么也没看见"。说独眼龙的"眼睛看不见",显然是赫留金罔顾事实,夸大独眼龙的生理缺陷,是他信口雌黄。其实,独眼龙这一独特的人物,本来就是作者有意设置的,借以让赫留金现形,让读者了解他尖刻、满嘴假话的本性。课本改成了赫留金说独眼龙"什么也没看见",独眼龙是否看见了真相,读者则是无法判断的,也就不能知道赫留金是否在胡说。所以,教材的这一改动,看似符合事理,却未能洞察作者的良苦用心。翻译家汝龙在1992年新版里对先前译文的"微调",也是基于对原著作者用意的心领神会。其实,对赫留金的谎话,文中还有暗示:"我好好地走我的路,没招谁没惹谁……"赫留金开口了,拿手罩在嘴上,咳嗽一下,"我正在跟密特里·密特里奇谈木柴的事……"这里赫留金的"拿手罩在嘴上,咳嗽一下",就是他因为自己说谎心虚而产生的下意识动作。这一动作和"变色龙"奥楚蔑洛夫每次"变"的时候,总要来一番"天这么热""挺冷"等说辞一样,都是企图掩盖内心恐慌的本能。

另外,从常理来说,较大的狗主动攻击人是可能的,但是"那么小"的狗"无缘无故"地攻击人,却是令人难以置信的,以至于奥楚蔑洛夫会

---

① 朱逸森:《短篇小说家契诃夫》,华东师范大学出版社1984年版,第5页。

质问赫留金:"它怎么会咬着你?它那么小,你这么魁梧,怎么够得着你的手指头?"何况,独眼龙作为与事件利害无关的人,他说的话更加可信。总之,在陈述事件起因时,赫留金撒了谎。

  细读小说,作者写赫留金的"可恶"言行还有很多。例如小说里"他那半醉的脸上",就是表明赫留金酗酒了;"连那手指头也像是一面胜利的旗帜",是对其小题大做丑态的极力讽刺;"想得到一笔什么赔偿费",则表现了他企图借机发财的贪婪;"现在大家都平等啦",是他装腔作势、自欺欺人;"他老人家是明白人,看得出来到底谁胡说",则是他曲意逢迎;"我的兄弟就在当宪兵",是狐假虎威,仗势欺人;当奥楚蔑洛夫呵斥他"我早晚要收拾你"时,他却一言不发,足见他懦弱怕事、逆来顺受的奴性。凡此种种,都是作者在着意揭示这个貌似可怜之人的可恶之处。

  否定赫留金的意义何在?赫留金是俄国沙皇统治下的一个小市民形象,他是小说里那"一群人"的典型代表,当狗咬人了,那一群人"仿佛一下子从地底下钻出来",他们把生活里的琐事当作唯一的意义;当赫留金的诉讼最终被判定为失败时,他们"哈哈大笑",毫无同情心。从本质上看,这些性格特征又是小人物在那个社会环境下追求生存的手段,和"变色龙"奥楚蔑洛夫的"变"是相同的。

  那"一群人"和鲁迅小说里的看客一样,让作者感到无奈、悲哀。所以,如果说奥楚蔑洛夫的形象是鲜明的,那么赫留金的形象则是深刻的。作者通过塑造这两个人物,把尖锐而深刻的批判锋芒指向了腐朽专制的沙皇统治。

第四节 《简·爱》研究

一、夏洛蒂·勃朗特与《简·爱》的创作背景

  十九世纪,随着英国工业革命进程的不断深入,关切女性的进步思想也相应发展起来,更多女性作者登上文学舞台,以更鲜明的女性意识书写着女性自身的故事。在这一时代背景的推动下,勃朗特三姐妹的横空出世,给当时的文学创作注入新颖而自由的女性声音,大姐夏洛蒂·勃朗特

更是凭借《简·爱》这个"女性当自强"的励志故事一夜成名天下知。

如果说《简·爱》是当时女性主义思想的重要体现之一，那么反过来看，要理解这部小说的价值，首先要了解女性主义思想兴起的来龙去脉。在人类文明的历史长河中，很久以来，男性一直占据着舞台中央，以性别、阶级等简化区分、巩固社会分工，女性在经济与政治上被迫沦为从属者，与此相应的社会规训进一步促使女性温驯地囿于"第二性"的角色框架里，成为历史叙述的失语者。但自十八世纪启蒙运动以来，政治变革和思想启蒙风起云涌，资本的力量日渐凸显，西方社会经历了激烈的制度转型，这也为性别关系的重构带来了重大契机。法国新生资产阶级揭竿而起，将"自由、平等、博爱"的火种传遍整个欧洲大陆。在法国大革命的狂欢中，同样流血牺牲的妇女们猛然觉醒，"天赋人权"的光辉不能只属于男性，于是我们看到，妇女领袖奥伦比在写下启蒙读物《女权宣言》后，英勇地走上断头台。女性们反对性别不平等的声音传扬至与法国一衣带水的英国，先觉者玛丽·沃尔斯通克拉夫以文章《女权辩护》举起女性平权的大旗，首倡男女平等教育等议题，极大地影响了同时代人。在随后的两个世纪，各国的女权运动在进步女性主义理念的指导下如燎原之火接连兴起。挪威学者莫依在她的《性与文本的政治》中认为，女性运动最终目标的实现，要靠政治行为，而这种政治行为又必须以文学为媒介。由于性别不平等带来的种种压制，女性文学传统一直晦暗不明。但进入十九世纪，女性作家与女权运动互为呼应，她们打破由男作家维持的书写定势，主动书写自身的真实处境，多维度呈现女性的所感所思、所爱所行，细腻描绘现代女性的自尊自爱、自立自强，在对女性的切身关怀中不遗余力地扫除或显或隐的各种障碍，强有力地重塑了女性文学的历史，也为女性解放及男女两性的平权，进行着看不见硝烟的斗争。

在女性书写的先行者中，夏洛蒂·勃朗特（Charlotte Brontë, 1816—1855）是个不容忽视的名字。她生于英国北部约克郡一个乡村牧师家庭，由于母亲早逝，少年时代辗转于几所女子寄宿学校之间，成年后一度在母校任教，后改做家庭教师，最终投身文学创作。勃朗特一家都具有文学才华，成年后，夏洛蒂和两个妹妹痴迷写作，希望通过文学创作改善家庭经济状况。三姐妹笔耕不辍，在文坛日渐崭露头角。1846年，在两个妹妹的作品皆顺利出版而自己的手稿则被退回的糟糕局面中，夏洛蒂没有退缩，反而一鼓作气，另起新篇，且不到一年就脱稿。稿子交给出版商后，出版商大为惊喜，认定它是一部杰作，决定马上出版。于是短短两个月后，

《简·爱》于1847年问世。这部带有自传色彩的小说因其崭新的女性形象、真挚的情感抒发、鲜明的女性意识轰动文坛，成为广大女性读者的启蒙读物。后来，在家人相继去世的巨大阴影下，夏洛蒂·勃朗特依然坚持写作，以细腻的笔触完成了《谢利》《维莱特》等作品，继续为那个时代的女性主义文学添砖加瓦。

二、《简·爱》分析

《简·爱》讲述了贫苦孤女简·爱为寻求爱情、尊严和独立而奋斗的故事。女主人公从小父母双亡，是一个寄养在舅舅家的孤儿，过着寄人篱下的生活。舅舅去世后，简·爱不断受到舅妈和表兄妹的欺压，最终被送往女子寄宿学校。在这个同样冷酷的世界，简·爱虽然遭到校长等人的不公正对待，但也结识了良师益友，并掌握了家庭教师的技能，为她下一阶段的人生打下了关键的基础。到罗切斯特的城堡当家庭教师后，简·爱爱上了庄园主罗切斯特，经历了一段刻骨铭心的爱情。但横亘在两人之间的巨大差距也无法回避：两人的社会、经济地位可谓天壤之别，而罗切斯特直到快要跟简·爱结婚也没有告诉她自己有一个疯癫的合法妻子的事实。简·爱固然渴望真爱，更渴望人格的尊严与精神的自由，她没有沉溺于罗曼蒂克的爱情，而是坚决地离开了罗切斯特。后来，在罗切斯特遭遇大火、经济败落、身体伤残等变故，而自己意外继承了叔叔的财产后，简·爱又回到了罗切斯特身边，最终收获了平等的爱情。

小说最大的成功是塑造了简·爱这样一个独特的女性形象。她虽然貌不惊人，矮小瘦弱，但人格独立，心灵强大，改写了英国传统女性温柔可爱、逆来顺受的形象，在十九世纪欧洲文学史上留下了浓重的一笔，因此被视为现代女性的先驱。因为在《简·爱》创作的时代，男性占据着社会的中心位置，女性不过是男权社会的附庸，从工作机会到社会权利，都可忽略不计。与此相应，大部分文学作品中的女性形象并非根据女性的真实处境来塑造，而是往往出于男性作家的主观臆断，通常缺乏深刻的价值。因此，在女性作家的社会影响力还较为微弱的情况下，夏洛蒂·勃朗特敢于从自身的女性经验出发，以女性细腻的情感体悟为载体，书写男权社会中女性的真实处境，追求女性的主体身份及两性的精神平等，张扬女性的自我价值，一定程度上背离了女性的传统形象，挑战了关于女性的主流观念，使得文学中被压制的女性性别意识逐渐苏醒，具有积极的女性主义思想价值。

三、问题探讨

《简·爱》追求女性独立和性别平等的诉求是文学史上一个里程碑式的突破,但随着时代的进程,尤其是随着女性主义思想的深入发展,越来越多人发现,《简·爱》不可避免地受到英国维多利亚时期核心价值观的影响,潜在地接受了这一时期对女性的主要定义,即女性的价值依靠其丈夫而得以体现,女性生命的意义在于其对家庭事务的投入和对其丈夫利益的关注。小说从情节、对话到观念,皆暗中体现出女主人公对男权统治和父权社会的默许。因此,《简·爱》中的女性主义思想有其局限性,厘清这些局限性,有助于我们了解早期女性主义思想的真实状况,以更加全面的视野观察西方女性主义思潮的历史流变,对小说文本复杂性的把握,也具有重要启发。

(一)假设罗切斯特没有遭遇火灾、丧失财产及身体残疾,简·爱也没有继承巨额财产,这段罗曼蒂克的爱情还会有一个美好的结果吗?

很显然不会。如果没有这些出人意料的"意外",当贫穷的简·爱回到桑菲尔德时,面对的依然是那个英俊富贵的已婚贵族,两人的巨大差距又一次无可遮蔽,恐怕小说结局就只能是简·爱的第二次出走了。作者关于遗产和大火的巧妙设计,填补了简·爱和罗切斯特在物质条件上的悬殊,这才是两人得以顺利成婚的根本原因。两人之间的经济、地位和相貌差距,在此消彼长之下基本持平,在此"巧合"下,两人的婚姻与其说是女性主义思想的胜利,不如说是传统的门当户对婚姻观又一次占了上风。从简·爱自身来看,她的种种"反叛"实际上掺杂着对于社会传统观念的遵守,因为在经历了一系列捍卫自身生命尊严、谋求个人精神独立的抗争行动之后,在爱情浪漫外衣的遮蔽下,她的终极人生目标依然是"嫁作他人妇",她的"成功"是成为"罗切斯特夫人"。于是,在小说结尾,那个奋发自强、追求独立的女教师消失了,变成了一个依靠亲戚的遗产、依附于丈夫、为了家庭而存在的"家中天使"。在婚姻和家庭之外,简·爱已经不再具有独立的社会身份,我们最终看到的又是一个将生命奉献给丈夫和家庭的传统女性。女主人公形象的转变无疑削弱了小说的女性主义色彩,使得小说暴露出对传统女性观念的默认:女性的价值附属于男性。

（二）简·爱对待罗切斯特前妻的态度如何？这种态度说明了什么？

在小说中，男权对于女性的种种压迫，也削弱了这部作品的女性主义态度。男主人公罗切斯特，就是传统男权主义的代表人物。他严厉、专断、常常以自我为中心，从他对待妻子伯莎的态度就可见一斑。出于对伯莎美貌的迷恋和被女性讨好的虚荣心，尤其是出于增长财富的功利心，他娶了伯莎，但婚后从未真正尊重过她，却在婚姻变质后将责任都推到后者头上。面对简·爱的疑惑，他将伯莎形容为一个媚俗、虚荣、配不上自己的女人，却将自己的过错轻描淡写为"幼稚无知"，将婚姻的失败归咎于伯莎的精神错乱，毫无承担后果的责任感。罗切斯特的男性中心主义行径，不仅在物质上剥夺了伯莎的权利和尊严，更在情感上否定了伯莎作为一个个体的价值。这种身心的双重压制，说明在男权至上的社会中，女性的身份多么微不足道，婚姻中女性的地位多么悲惨。简·爱亲自见识了"疯女人"伯莎那没有尊严的恐怖生活，她的态度如何呢？我们看到，在恐惧之外，她没有对伯莎产生任何同情。尽管罗切斯特起初隐瞒了伯莎的存在，但简·爱轻易地接受了他的辩解，将其婚姻悲剧归咎于伯莎的精神错乱，对罗切斯特的人品没有丝毫怀疑。简·爱对伯莎的无动于衷，某种程度上是顺从了罗切斯特的男性沙文主义态度，是她对男权主宰女性的社会现实的默认。这表明，简·爱虽然号称追求自身的平等和独立，但对于女性（而非她自己这个特定的女人）在传统社会中的"结构性处境"以及女性应谋求的真正独立价值，显然毫无概念。她在潜意识中依然将女人置于男人之下，每一次与男权的碰撞，都体现出其顺从而非质疑，更不要说批判的内在态度，这也表明了英国早期女性主义思想的局限性。

（三）既然《简·爱》的女性主义思想有其局限性，那么，回到具体的历史文化语境，对这部小说更恰切的把握是什么？

翻看夏洛蒂·勃朗特所书写的女性指南，不难发现字里行间隐藏着的矛盾观念。一方面，简·爱这个形象承载着作者对理想女性的美好设想：作为孤儿，强权与不公没有让她屈服，反而激发了她自尊自爱的独立人格；作为女人，在男权社会中公开追求灵魂平等的婚姻，坚守有别于世俗的真爱誓言，女性主义锋芒微露。另一方面，简·爱的女性主义追求又经不住推敲。她以传统的宗教信仰作为最高的行动指南，对男主人公有强烈的精神依赖。"难道就因为我一贫如洗、地位平凡、长相平庸、个子矮小，就没有灵魂，没有心肠了吗？你想错了！我跟你一样也有灵魂以及一颗充实的心！……我是在用自己的灵魂与你的灵魂对话，就仿佛我们……一同站在上帝的面前，彼此平等——而我们本来就是平等的！"这段文字，因为提出了"平等"的概念，被视为明确的女性主义宣言。但这段话的具体缘由，是罗切斯特假装爱慕贵族小姐英格拉姆，深深地刺痛了相貌平凡、身份低微的简·爱。因此，这段呐喊与其说出自她内心中人人平等的自尊信念，不如说是自卑情结的体现，而简·爱之所以自卑，是因为她无意识中一直被传统的等级观念和女性观念所支配。她把拥有爱情、回归家庭作为人生幸福的归宿，更是表明了她对主流（男性）标准的推崇，对男权社会中女性身份的潜意识服从。

那么，该如何恰切地理解这部小说的复杂内涵及其在女性主义书写中的意义？《简·爱》在英国出版并引起轰动的时代，属于维多利亚时代早期，当时英国正处在由农业社会向工业社会转变的过程中，随着经济发展和政治变革，英国女性的社会地位有所提高。女性社会参与度的提高在文学领域也有所投射，英国女性写作空前繁盛，有更多女作家在英国文坛崭露头角。但女性在社会中仍处于弱势，社会的政治、法律制度、传统意识、性别歧视、经济模式等因素始终维持着男女不平等的社会地位，女性写作不被看好。当时著名的批评家乔治·刘易斯认为，女性的首要任务，即婚姻与生育，这将损耗她们的精力，因此要求她们全身心地投入其中的艺术事业"并不适合女性"。从女性写作群体内部看，《夏洛蒂·勃朗特传》的作者，著名女作家伊丽莎白·盖斯凯尔认为，"家庭责任是全体女性（当然也包括女作家）的第一义务，写作则是第二义务"。女性作家的伦理身份首先是母亲和妻子，其次才是作家。此外，维多利亚时期男性小说家笔下的女性形象往往逃不出"天使"和"妖妇"两大模式。前者往往美好到失真，后者则是纯然的批判对象。因此，维多利亚时期的女作家试图在小说中打破女性身份的藩篱，但又不自觉地被这种藩篱所困，既希望自己的作品能发出代表女性的声音，又不可避免地将社会主流观点内化，《简·爱》也不例外。

不妨问这样一个问题：在当时等级森严的历史语境下，简是如何单凭平等、独立和自由的诉求就实现了阶级跨越和平等的？简抱持的仅仅是超凡脱俗的精神追求吗？细读文本，我们发现简绝非人们想象的那样纯粹。简的追求，无论就其目标还是为达到这一目标所采取的手段而言，都绝不仅仅是精神层面的诉求，而是有着非常功利的现实考虑。由于地位悬殊，简与罗切斯特之间一直处于一种征服与反征服的状态之中，谈不上自由，更遑论平等。她从桑菲尔德府出走似乎是为了逃离父权统治，寻求精神独立，但更是她迫于法律和社会习俗压力的无奈之举，从因果关系来看，或许这是她以退为进的一种策略。她最终实现社会地位的逆转，成为女主人，与她的个人奋斗不无关系，但主要还是得益于其叔叔的遗赠，即经济状况是她社会地位提升的决定性因素。因此，与其说简是一个自由与平等的精神追求者，不如说她是一个对社会权威态度暧昧不明、有功利心并期望通过外来经济援助获得成功的女性。基于对当时社会、历史和文化语境的考察，《简·爱》可看作一部反映十九世纪中叶社会实用主义自我教育观的成长小说。勃朗特姐妹以作家身份出现在人们视野中时正值浪漫主义行将消退和工业资本主义即将开始之际，是革命与危机重重的工业社会这种新的社会形态相互重叠的时代。这种矛盾交织的时代背景与她们的社会地位、家庭环境和教育背景结合在一起，从而造就了她们的多面人格。作为自由奔放的叛逆者和浪漫主义保守派，勃朗特姐妹既憎恨又羡慕权威，带有典型的中下阶层的暧昧性：既是叛逆者又是保守派，既是虔诚的墨守成规者，又是激昂的持异议者。这不只是性情问题，而且反映了她们所经历的历史矛盾。归根结底，她们的性格是由具体历史社会环境决定的。她们生活在浪漫主义后期，属于两个时代：封建主义末期和工业资本主义初期。受两套价值观的影响：乡绅贵族秉持的绅士淑女思想和新兴工业资产阶级信仰的个人主义及自我价值的观念。左右着她们的这些矛盾在其作品中得到了形象的反映，其中，夏洛特的《简·爱》以典型的女性成长小说的形式生动地再现了这些矛盾。而在上述叛逆与保守、资本主义与封建主义、个人主义及自我追求与绅士淑女思想等各对矛盾中，前者引起了更多的注意，从而遮蔽了主人公复杂而多维的性格特征。

简以追求平等和自由的姿态示人，但难掩实用主义的价值取向，在顺从和反叛的双重策略下逐步颠覆了男性霸权，最终将桀骜不驯的罗切斯特置于自己的掌控之中，实现了地位的大逆转。从被收养的孤儿到成为家庭教师再到主人的情人，直至最终成为女主人，这一路上既有她的叛逆，更有她的算计。这个旅程反映了她不断提升自身社会地位的潜在野心。她看似是个精神平等的追求者，但其实这种追求已深深烙上了实用主义的印迹，因为简所实现的自我无非是世俗社会的普遍追求，并无过人之处。她的社会地位确实变了，但这并非完全得益于她的个人才华或奋斗，更多的是上一阶层施舍的结果。当然,追根溯源的话,她原本就属于那个社会阶层,她的"向上流动"实际上只是通过一系列周折返回她本来隶属的阶层。总之,小说最终使主人公在"世俗与精神"之间达成妥协,她由"默默无闻"走向"成功",这种"成功"既满足了情感的渴求,又满足了世俗的期待。《简·爱》的这种特质恰好与十九世纪中后期英国社会历史现状及英国成长小说的整体风貌相契合。资本主义兴起后,这个时期的成长小说再现的是新兴资本主义的秩序,这种新秩序更加重视实用主义和社会流动性,而不是德国启蒙运动晚期的美学——精神之理想。换言之,在十九世纪的现代化过程中,经典的"美学/精神"的自我教育观念逐渐转变成实用功利主义的自我教育观念。与此相呼应,在英国成长小说中,这种自我教育观使较低阶层年轻人的地位合法化提升,激励那些自我发展与社会期待相匹配的人。以此观之,《简·爱》生动地反映了这一时期在英国占主导地位的实用功利主义自我教育观,成为这类成长小说的典范之作。但即便如此,也应该承认,《简·爱》通过细腻的女性眼光与真挚的情感书写塑造出有感染力的女性形象,鼓舞了特定时代的女性敢于去谋求个人幸福,也为后来女性主义思想的发展提供了一个可供借鉴与超越的地基。

第五节 《海底两万里》研究

一、凡尔纳与《海底两万里》的创作背景

儒勒·凡尔纳(Jules Gabriel Verne,1828—1905),法国科幻小说家。凡尔纳出生于1828年2月8日的法国南特,曾在巴黎攻读法律,但始终保持着对文学和艺术活动的兴趣。后偶识大仲马并结为好友。1850年,他在大仲马的帮助下发表了第一部剧作,后来又转向科学幻想小说的创作。1863年,凡尔纳的第一部科幻小说《气球上的五星期》付梓,这使他声名鹊起。之后的四十多年中,凡尔纳基本上保持平均每年出版一部小说的速度,主要作品包括《地心游记》《从地球到月球》《哈特拉斯船长历险记》《海底两万里》《八十天环游地球记》《神秘岛》等。这些洋溢着对科学的

热爱和对宇宙无限奥秘的探索情怀的作品，确立了凡尔纳科幻小说奠基者的傲人地位，也使他获得了"现代科幻小说的鼻祖""科学时代的预言家"的称号。1905年3月24日，凡尔纳逝于法国亚眠。

十九世纪最后的二十五年，人们对科学幻想的热爱蔚然成风。这与同一时期物理学、化学、生物学领域所取得的巨大成就以及科学技术的迅猛发展密切相关。凡尔纳在这一时代背景之下，写了大量关于科幻题材的传世之作。他在自己的作品中描写了许多志趣高尚的人。他们全身心地献身于科学，从不计较个人的物质利益。这位科学幻想小说体裁的创始人笔下的主人公都是一些天才的发明家、能干的工程师和勇敢的探险家、航海家。他通过对这些英雄人物的描写，反映出从事脑力劳动的知识分子与那些一心在投机钻营、贪赃枉法的资产阶级的不同。

凡尔纳不同于那些脱离生活的书斋学者，他力图将那些集高度的科学知识和丰富的实践经验于一身的人作为自己的正面人物。譬如他的长篇小说《神秘岛》（1874）里的中心人物——工程师史密斯就是这样的一个人。他所喜爱的浪漫主义的英雄人物——尼摩艇长也是这样的人。他笔下的英雄人物富于人性，没有种族偏见，憎恨殖民主义者，同情被压迫民族的民族解放斗争。从他的作品中，读者不难看出，他是这样的一个民主主义作家：在他所选择的冒险小说体裁许可的情况之下，他尽可能地去表达自己对于压迫者的憎恨，以及对于体力劳动者和脑力劳动者在平等原则上可以团结一致的幻想。

《海底两万里》是儒勒·凡尔纳的一部力作，讲述的是一位法国博物学家赴美参加科学考察活动后，正准备返回法国时，应邀登上一艘驱逐舰，参与驱逐盛传的海上"怪物"。然而，博物学家等人非但未能驱逐掉"怪物"，反而被"怪物"所俘获。其实，所谓的"怪物"，竟是一艘当时尚无人知晓的潜水艇。他们虽身为俘虏，但却受到艇长尼摩的善待，只不过，为了保密，不许他们离开潜艇。因此，博物学家一行被迫随潜艇游历各个海洋。后来，他们几经艰险，得以逃脱，终将这一海底秘密公之于世。[①]

[①] "凡尔纳与《海底两万里》的创作背景"均摘自陈筱卿的《海底两万里·译本序》。参见凡尔纳《海底两万里》，陈筱卿译，光明日报出版社2007年版。

二、《海底两万里》分析

《海底两万里》是法国作家儒勒·凡尔纳创作的一本长篇科幻小说，是凡尔纳"海洋三部曲"中的一部。小说通过讲述阿罗纳克斯教授跟随尼摩艇长在海洋中的探险经历，表现了人类可贵的探险精神及顽强勇敢的品质，此外，反对殖民主义、同情和支持被压迫民族的民族解放斗争也是作品的主题之一。

《海底两万里》具有较高的科学教育价值、人文教育价值和文学教育价值。

科学教育价值方面，《海底两万里》有助于提高读者的科学知识水平与素养，书中包含了大量的生物、地理、地质、物理和气象等各种学科知识，特别是海洋生物学领域的科学知识。主人公阿罗纳克斯是一位博物学家，精通生物分类学，跟随他的足迹，读者可饱览海洋中各种让人眼花缭乱的动植物，了解海洋生物学知识。如在第二卷第三章《一颗价值千万的珍珠》中，凡尔纳写道："这里的珠母是一种杂色珠母，两瓣贝壳基本对称，厚实，呈圆形，外表粗糙。里面有几只杂色珠母贝壳呈叶层，上面有一道道从顶端向四周辐射的浅绿色带状花纹，它们还比较年轻。另外一些珠母表面粗糙、色泽发黑，年龄在10岁以上，最大的有15厘米宽。"同时他还向读者介绍海底世界的各种奇特现象，比如墨西哥的暖流、珊瑚礁等等，让读者了解海洋气象、地质地理等知识。《海底两万里》有诸多对于未来世界和先进科技所做的预测，如潜艇技术、氧气制造技术、机械能发电技术、电光转化技术、声呐探测技术、气体压强平衡处理技术、烟雾排放技术以及抗强压玻璃、太阳高度角仪器等。这些技术虽已成为现实，但读者仍然可以通过凡尔纳的指述了解其运作原理，激发求知欲。

再说《海底两万里》所具有的人文教育价值。这方面最为突出的就是反对殖民主义和同情支持被压迫民族的民族解放斗争。在凡尔纳生活的十九世纪，帝国主义、殖民主义肆虐全球，给殖民地和被占领国人民带去了深重的灾难，当时有不少进步人士和先进知识分子仗义执言，在各种场合为殖民地和被占领国人民伸张权利。凡尔纳也不例外，有关资料显示，凡尔纳创作《海底两万里》的契机是波兰人民在反抗沙俄统治的起义中遭到的残酷镇压。作品中，尼摩船长利用"鹦鹉螺号"攻击英国殖民者的军舰，并对殖民主义者在印度次大陆的野蛮侵略与扩张进行谴责；他还利用从海底打捞出来的巨额财富，援助受压迫民族，支持他们为争取民族独立而进行的正义斗争。在第二卷第三章《一颗价值千万的珍珠》中，在采珠人陷入危难之际，尼摩船长不顾自己生死，救了那位采珠人，他说："那个印度人，教授先生，是被压迫国家的居民；我是站在被压迫人民一边的，现在如此，而且，只要一息尚存，我就永远站在被压迫国家人民的一边。"此外，宣扬人道主义也是作品的人文价值之一。尼摩船长是一位极具人道主义精神的人物，他救了阿罗纳克斯教授和他的团队，使其免于葬身大海。他慎重地将逝世的船员埋葬于海底，表示出对于死者、对于生命的极大尊重。

最后，《海底两万里》还具有较高的文学教育价值。首先，它有助于提高读者的写作能力。在凡尔纳笔下，海底世界万物都个性十足，如在描写墨西哥暖流的时候，作者并不是将暖流的特点如同教科书那般罗列出来，而是通过海水的颜色和海水中所蕴含的生物，甚至通过将墨西哥暖流比作调节器来进行描述，这种写作能力无疑来自作者细致的观察和天才般的发现。同时，在语言表现方面，凡尔纳独具一格。试读小说中描述珍珠的一段文字："先生，珍珠是什么呢？"回答说："对诗人来说，珍珠是大海的眼泪；对东方人来说，它是一滴固体化的露水；对妇女来说，它是她们带在手指上、脖子上或耳朵上的，长圆形，透明色，螺钿质的饰物；对化学家来说，它是带了些胶质的磷酸盐和碳酸钙的混合物；最后，对生物学家来说，它不过是某种双壳类动物产生螺钿质的器官的病态分泌物。"寥寥数语，既有文学色彩，又包含丰富的自然科学知识；既是艺术的语言，又是科学的语言，写得相当优美感人。他把各种人眼光中的珍珠描绘得入木三分，惟妙惟肖，类似这样的例子在《海底两万里》中是不胜枚举的。此外，作品还有助于提高读者的审美情趣。通过作者对海底世界的想象，读者能以最直观的方式感受到海底世界的美。如在第一卷第十六章《漫步海底平原》中，凡尔纳写道："总而言之，绿的，黄的，橙色的，紫的，靛青的，蓝的，等等各种色调的糅合构成一个真正的万花筒，变成一个善于运用颜色的疯狂画家的调色板；这是一种奇景，令人大饱眼福！"凡尔纳通过对海底颜色的描写，给我们展示了一个五光十色的海底世界，而"疯狂画家的调色板"更是生动形象地让读者想象自己站在海底世界中，宛如站在一幅用色大胆的画作中，让人沉迷。又比如在第一卷第二十四章《珊瑚王国》中，作者描写道："灯光照射在色彩艳丽的珊瑚树的树叶上，生出千般迷人的景象。我仿佛看见圆柱状薄膜细管随着水波荡漾，我真想摘几瓣触须纤细、娇嫩的新鲜花冠……这里的珊瑚丛不再是形单影只，孤零零的，也不再是那些不显眼的低矮灌木，而是无边无际的'森林'、巨大的矿化植物、参天的石化树。"如此充满诗情画意的美妙境界，既有助于激发读者对于海底世界的幻想，也丰富了读者对于美的理解。

三、问题探讨

教科书"精彩选篇"部分节选了小说第一卷第十六章《漫步海底平原》的前半部分，主要内容为阿罗纳克斯教授、仆人、鱼叉手穿上潜水衣，随尼摩船长共同漫步海底平原，欣赏海底景象。该部分选文的价值如何？

选择该部分作为《海底两万里》的代表性精彩段落，其原因可归纳如下：

首先，这部分内容向读者展示了小说中每个主要人物的鲜明特点。在穿潜水衣的时候，鱼叉手是极其不情愿的，这显示了他对海底生活一贯的拒绝态度，同时也表达了他对船长的不满。孔塞伊在面对这些事情的时候却是绝对服从的，这与其忠实仆人的身份十分吻合。而尼摩船长则冷静自持，不愿与他人多做交流，但同时又很关心他人，安排船员帮助他们穿潜水服，还会在漫步的过程中让船员保护他们，这种矛盾体现了尼摩船长性格的特别之处。

其次，选文的科学价值较为突出。在作品中介绍关于海洋的科学知识并对海底世界的景象进行描绘是作者的写作特点，而该段选文正好体现出这一特点。作者十分详细地说明了潜水衣的构成，让读者对该物品有更加详细的了解；在叙述平原漫步时，选文详细而生动地描写了海底世界中那些"很细、很平、没有皱纹"的沙子，以及在太阳光映照之下的"浓淡颜色错综复杂"的景观……上述内容既科学又准确，将蕴含科学知识的海底奇异世界生动地展示在读者面前。

最后，作为教材，选文还有一个重要作用，即对单元内容进行补充。本单元的主题为探索，而所选内容的主题恰好是探索海底平原。同时，选文中掺杂着作者对于海底生物等的介绍，学生可以通过阅读来复习巩固单元内所学的快速阅读技巧。

第二章

外国诗歌

第一节 《假如生活欺骗了你》研究

一、普希金与《假如生活欺骗了你》的创作背景

亚历山大·塞尔盖耶维奇·普希金（Александр Сергеевич Пушкин，1799—1837）是俄罗斯浪漫主义文学的主要代表和俄罗斯现实主义文学的奠基人，被称为"俄罗斯文学之父"。别林斯基说："只有从普希金起，才开始有了俄罗斯文学，因为在他的诗歌里跳动着俄罗斯生活的脉搏。"高尔基称赞普希金是"俄国文学之鼻祖""伟大的俄国人民诗人"。

因为作品所具有的民主主义思想在民众中引起的巨大反响，普希金一直是以沙皇为首的封建专制势力的眼中钉、肉中刺，受到持续的迫害，一生命运多舛。普希金出身于莫斯科一个古老的贵族家庭。童年时保姆给他讲述的丰富多彩的民间故事激发了普希金的想象，培养了他同情人民、热爱人民的感情。少年时普希金进入皇村中学学习，在这所学校他受到民主思想的影响。1812年，战争中人民的爱国热情及随后要求改革的浪潮又极大地鼓舞着普希金，促使他形成了民主主义思想。青年时期的普希金进入外交部供职，深入社会的他看到了更多的黑暗和腐败，此时的普希金参加了由十二月党人直接领导的绿灯社，与十二月党人有深厚的友谊。他的许多谴责暴政、向往自由的诗篇在十二月党人中广为流传，《致恰达耶夫》中的诗句被铭刻在十二月党人秘密的徽章背后。普希金越来越激进，常常在公开场合攻击专制农奴制，公然表示：假如革命爆发，他将亲手在农奴主的脖子上勒紧绞绳。对此，沙皇亚历山大一世曾愤恨地说："应该把普希金流放到西伯利亚去。他弄得俄国到处都是煽动性的诗，所有青年都在背诵这些诗。"普希金曾被流放南俄四年，被放逐到其父亲的领地幽禁两年；回到莫斯科后，沙皇当局一面加强对他的限制和监视，另一方面沉瀣一气地陷害他。1837年，普希金被迫与追求其妻子的法国公使馆丹特士男爵决斗，负重伤不治而亡。有观点认为这是俄国封建势力借外国人之手除掉普希金的一场阴谋，如莱蒙托夫在悼念普希金的长诗《诗人之死》中控

诉："你们，蜂拥在皇座前的贪婪的一群，／你们是扼杀天才，自由、／和荣耀的刽子手！"

普希金的抒情诗在其创作中最具代表性。普希金的抒情诗包括抒写政治和抒写爱情的诗篇。前者包括《自由颂》《致大海》《致西伯利亚》等，此类抒情诗反对封建暴政、歌颂自由，具有强烈的时代精神，最能体现诗人的个性，也最具社会影响力。后者包括《给她》《是的，我幸福过》等。普希金的抒情诗的一个显著特征是语言单纯、朴实。果戈理说他的诗"是这样的朴素而崇高……这样放纵情欲而又这样孩子般的纯洁"。他的诗没有华丽的词藻，没有夸张或粉饰，"到处都显示着本来的样子"。

普希金的小说在俄国文学史上具有开创性意义。诗体小说《叶甫盖尼·奥涅金》塑造了俄国文学史上第一个"多余人"形象，被称为俄国批判现实主义文学的奠基之作，别林斯基称其为"俄罗斯生活的百科全书和最富有人民性的作品"。由五个短篇组成的《别尔金小说集》中的《驿站长》开创了俄国文学书写"小人物"之先河。

此外，普希金在叙事诗、戏剧、散文创作方面也颇有建树。高尔基曾说，俄国的散文是从普希金开始的。

关于普希金的一生及其创作，他逝世前一年写的《纪念碑》一诗可以作为很好的总结。诗中说：

> 我为自己建立了一座非人工的纪念碑……
> 我的名声将传遍整个伟大的俄罗斯，
> 它现存的一切语言，都会讲着我的名字……
> 我所以永远能为人民敬爱，
> 是因为我曾用我的诗歌，
> 唤起人民善良的感情，
> 在这残酷的世纪，
> 我歌颂过自由，
> 并且还为那些倒下去的人们，
> 祈求过怜悯同情。

《假如生活欺骗了你》写于1825年，同年十二月党人起义，是普希金被沙皇幽禁时所创作的。该诗题在普·亚·奥希波娃的女儿叶·尼·武尔弗的纪念册上，当时武尔弗大约15岁。

二、《假如生活欺骗了你》分析

《假如生活欺骗了你》的主题是相信生活，相信未来。即使处于逆境、困境之中，人们也应该"风物长宜放眼量"，相信明天会更好。彼时普希金的人生阅历让他有更成熟的心态面对人生困境。这时他仍在流放之中，但流放的生活并没有让他灰心丧气甚至一蹶不振，他研究俄国历史，搜集民歌、故事和童话，积极进行文学创作，让灰暗苦涩的生活变得有意义、有生机、有希望。在此期间普希金酝酿和创作的历史剧《鲍利斯·戈都诺夫》揭示了沙皇专制制度的反人民本质，指出"人民的公意"是改朝换代的决定因素。可以肯定的是，这种民主主义思想给了普希金判断社会历史发展趋势的依据，给了他相信未来的理由和勇气。

该诗分为两节，第一节阐述处于困境中的人们应该具有的态度和方法，第二节阐述生活本身具有的值得人们信赖的特点和规律，强化了第一节的观点。当"生活欺骗了你"，身陷困境，这时的正确做法是要"镇静"，"不要悲伤，不要心急"。换言之，看不到前途的"悲伤"，抑或急于改变现状的"心急"都不可取，唯有"镇静"可以让人"相信"，相信"快乐的日子将会来临"。当然，相信"快乐的日子将会来临"也会让人保持"镇静"。二者可以形成良性循环。为什么这么说呢？第二节给出了答案。因为人生不如意者十之八九，即"现在却常是忧郁"。好在人之为人，主要原因之一就是有一颗"向往着未来的"的"心儿"；好在"一切都是瞬息，一切都将会过去"。因此，人们可以凭借对未来的期许超越当下的苦难。不仅如此，普希金甚至善意地、宽厚地预言："而那过去了的，就会成为亲切的怀念。"因为当未来的快乐成为现实时，人们回首往日的困境和苦难，会为自己当时的"相信"和"镇静"感到欣慰和自豪，把那些经历当作人生的宝贵财富妥善收藏。总而言之，相信人生，用积极的态度、正确的方法直面人生困境，超越人生苦难，曾经欺骗了我们的生活终将用善意和美好回馈我们。

不同于一般诗歌用意象传情达意，该诗通篇用劝说的口吻阐述道理，可以认为是通篇说教。但让人意外的是，普希金的"说教"却并不惹人反感。究其原因主要是三点：首先，该诗态度平等，语气和缓，"假如""请相信""心儿""亲切"等词语的运用将劝告从居高临下的劝诫变为朋友间平等的娓娓谈心。其次，该诗语言平淡、质朴却不乏真诚、热情，加强了朋友间娓娓谈心的感觉。最后，该诗蕴含哲理，它蕴涵一个简单的生活哲理，即人们总是希望明天会更好，而对美好明天的期待可以化解今天的坏心情。用这个简单的生活哲理劝慰身处困境的人，比起长篇大论或者引用名人名言真是再合适不过了。

三、问题探讨

关于《假如生活欺骗了你》的问题主要有两个。

第一个问题是关于该诗为谁而作，缘何而作。主要观点有两种，一种观点认为该诗是为十二月党人所做，用于激励革命党人直面失败，坚持信仰，不懈奋斗。另一种观点认为该诗是为和武尔弗类似的青年男女而作，目的是劝慰朋友直面困难，相信人生，笑对生活。根据目前收集到的资料，第二种观点更为可信。理由如下：首先，该诗写于1925年，而十二月党人起义是1825年12月14日。其次，普希金为起义失败的十二月党人写过诸多诗歌，如《阿里昂》《致西伯利亚的囚徒》等，其风格沉痛、激越，体现出崇高的同志感情，与《假如生活欺骗了你》和风细雨、娓娓道来的风格差别很大。最后，该诗题在十五岁少女武尔弗的纪念册上，这一事实也有助于将该诗视为朋友间友情的表现。

第二个问题是这首通篇讲道理，似乎充满"说教"意味的诗歌艺术水平高不高？有观点认为不高，其理由是诗歌应该有鲜明的意象，应该有"言有尽而意无穷"的韵味，最好的诗歌应该是"不着一字，尽得风流"。也有观点认为诗歌的艺术水准不应该单一化，该诗言语质朴、语气平和却不乏真诚、热情，符合朋友间谈心交流的实际情况，这正体现了普希金抒情诗的风格——"到处都显示着本来的样子"，倒是一种"大巧若拙"的高超艺术。笔者认为，中国古诗多以自然意象含蓄表达情感，但西方古典诗歌总体上从属于西方"演讲文学"传统，并不避讳通篇说理，中国读者可以试着从这个角度去理解和欣赏西方此类诗歌。

第二节 《未选择的路》研究

一、弗罗斯特与《未选择的路》的创作背景

罗伯特·弗罗斯特（Robert Frost, 1874—1963），美国诗人，又被称为"交替性的诗人"，意指他的诗歌体现出传统诗歌向现代派诗歌交替转换的特征，被认为和 T. S. 艾略特同为西方现代诗歌的两大中心。

弗罗斯特生于加利福尼亚州旧金山市，卒于波士顿。弗罗斯特的一生坎坷颇多，且大器晚成。其父在他十一岁时去世，他做过纺织工人、教员，经营过农场，一直肩负着沉重的生活负担。弗罗斯特的诗歌创作起步很早，但长久得不到美国诗坛的注意。直至其三十八岁时搬迁至英国定居，得到美国诗人埃兹拉·庞德的支持和鼓励，出版了第一部诗集《少年的心愿》，得到好评，这才引起美国诗歌界的注意。弗罗斯特四十一岁时回到美国，在新罕布什尔州经营农场。自此，弗罗斯特诗名日盛，四次获得普利策奖，先后在几所著名大学任教师、驻校诗人和诗歌顾问，受到极高的礼遇，事实上已被美国朝野视为"桂冠诗人"。

在二十世纪工业文明盛行的社会中，弗罗斯特吟唱大自然与田园的风光，在日常生活与劳作中捕捉诗的灵感，探索着人生哲理。他的诗歌语句朴素，韵律和谐，意象生动，哲理深邃，简约而不简单，让人百读不厌。中国学者在美国的亲身经历清晰而雄辩地说明了弗罗斯特在美国人民心中的地位："二〇〇〇年八月于旧金山参加一个与诗歌毫不相干的会议，会上的主席在谈到志业的选择时，随口将弗罗斯特的《未选择的路》悉数背出，令我恍惚觉得弗罗斯特之在美国就如唐诗之在中国。而谁能背得出艾略特或庞德那样支离破碎的诗呢？"

二、《未选择的路》分析

《未选择的路》是弗罗斯特诗集《山间低地》（1916）中的一首诗。该诗的主题是对选择人生道路的感慨。自然界的多条道路，人可以依次去

走;但人生之路却几乎没有回头路。选定一条人生之路,就几乎意味着放弃其他可能性。对"未选择的路"的想象和牵挂让人难以释怀,却又无何奈何。选择人生之路过程中的犹豫和坚决、困惑和憧憬、牵挂和忘却,种种复杂难言的感受都倾注在这首短诗之中。

　　该诗的前三节可以视为某种现实经历的描写。第一节,诗人来到林边,面对着"不能同时去涉足"的两条路,"久久伫立",在困惑中观望其中一条路,在犹豫中思考。第二节,诗人"选了另外一条路",既因为这条路"显得更诱人,更美丽",也因为这条路"荒草萋萋,十分幽寂","虽然在这条小路上,很少留下旅人的足迹"。诗人之所以选择这一条路,似乎是因为它美丽且更少人走。第三节,诗人告诉读者,其实这两条路在"那天清晨"都还没有人走过,"两条路都未经脚印污染",但诗人已经下定决心走其中一条路,"留下一条路等改日再见"!尽管自我安慰,但诗人内心却非常清醒,"知道路径延绵无尽头,/恐怕我难以再回返","未选择的路"几乎再没有选择的可能了。上述三节所描述的状况几乎所有人都曾经经历,可以视为对一次远足过程中所见所思的现实主义式的描述。第四节峰回路转,诗人从现实主义的描述转为浪漫主义式的想象。诗人想象"多年后在某个地方",自己"将轻声叹息将往事回顾",叹息自己在两条路中"选择了人迹更少的一条",而这一选择"决定了我一生的道路"。诗人为何要在"叹息"中回顾"选择了人迹更少的一条"的往事,为什么这一选择决定了他"一生的道路",为什么不是回顾而是忘却自己选择了的路,是不是他对"未选择的路"有更多的憧憬和牵挂……种种疑问和感慨都留给读者自己品味。

三、问题探讨

　　关于《未选择的路》的问题主要有两个。
　　一是关于课文(译文)对原文的改写问题。课文注释称课文在原文基础上"略有改动",实际上改动较大。原文第二节的最后两句是这样的:"Though as for that the passing there/ Had worn them really about the same."《外国哲理诗精选》收录的顾子欣的译文是这样的:"虽然在这两条小路上,都很少留下旅人的足迹",顾子欣的译文是忠实于原文的。课文编撰者将这两句改为:"虽然在这条小路上,很少留下旅人的足迹。"显然,课文将"都很少留下旅人的足迹"的"两条小路"改成了"很少留下旅人的足迹"的"一条小路",将两条少有人走的路变成了一条少有人走的路,而另一条路似乎有很多人走。这样的改动似乎也不无理由。首先，因为原文结尾一节说诗人选择了"人迹更少的一条"（took the one less traveled by），这意味着在诗人心中这两条路的确有区别：两条路都少有人走，可是其中一条路更加少有人走。简言之，课文将原文中更少有人走的路和少有人走的路之间的差别拉大了、强化了，将同样少有人走的一条路变成了似乎有很多人走的路。其次，顾子欣的译文将原文最后一句"And that has made all the difference"（那造成了所有的不同/所有的不同因此而产生）翻译为"从此决定了我一生的道路"。既然能够决定"一生的道路"，那么选择就应该是慎之又慎的，而两条仅有程度上的差别的路显然无力担此重任。教材编撰者先是根据顾子欣的译文将自然之路的选择升华到人生之路的选择，接着又改动顾子欣的译文，将性质相同、程度有异的两条路变成性质不同的两条路，借以明确和强化慎重选择人生道路之主题，就在情理之中了。

平心而论，顾子欣译文对原文的处理只能定性为不拘泥于原文的"二次创作"，但教材编撰者对其译文的改动就要冒道德风险了。尽管如此，这样的改动看上去仍然瑕不掩瑜。理由如下：首先，改动原文使《未选择的路》的主题定位在"慎重选择人生道路""坚持正确但不被世人追捧的人生道路""不忘初心走自己的路"，比起原文的暧昧，显得主题鲜明、易于理解。其次，上述主题可以和弗罗斯特的人生互相印证。一个流传甚广的说法是弗罗斯特热爱诗歌，可是其诗作长久得不到美国诗界的青睐，以至于弗罗斯特远走英国寻梦，走上了"少有人走的路"，正是因为他的坚守，最终获得了成功，实现了自己的诗歌梦、文学梦。这首诗无疑是作者自况，该诗深挚的情感来源于此，其动人的力量与此不无关系。再次，中国文化文学传统常有关于自然之路与人生之路的互喻，谨慎选择人生道路的教诲，坚守理想人格、不同流合污的呼唤。顾子欣的译文应该是受到了传统文化的影响，将自然之路升华为人生之路，而教材编撰者则更进一步，把译文的"含混""暧昧"视为累赘而除掉，终于让主题符合国人的传统认知，显得既正确，又易于被接受。经过改动，课文中作品、作者生平、读者的"期待视野"三者互相支持、彼此印证，成为一个自洽的阐释体系。

但是，这样做也有值得商榷之处。首先，据称弗罗斯特这首诗还有另一个更为轻松，且绝不引起选择焦虑的缘由。弗罗斯特侨居英国时常和好友爱德华·托马斯在乡间散步。每次散步，托马斯都非常想为弗罗斯特选择一条特殊的路以便后者能看到某种奇异的植物或奇特的风景。但每次散完步，托马斯又总要表示后悔，甚至长吁短叹，认为他们本可以选择另一条路以便看到更好的东西。每当这一幕发生时，弗罗斯特就会善意地取笑托马斯这些几乎无用的后悔。如果该诗的确是从上述经历获得的灵感，那么顾子欣的译文就显得过于严肃，课文的改动就更加偏离原意，近乎说教，完全改变了原文的戏谑、调侃的风格。其次，原文揭示出人们的一个惯常心理，即得不到的似乎永远是最好的，最值得牵肠挂肚的。对这种微妙心理的揭示，对其行为的戏仿——"轻声叹息将往事回顾"——不无情趣，似乎更具智慧，更具有审美意味，毕竟慎重选择人生道路的主题过于沉重。而且，这也与该诗的题目——"未选择的路"——更加吻合。如果该诗的主题是"慎重选择人生道路"或"坚持正确但不被世人追捧的人生道路"或"不忘初心走自己的路"，那么该诗第四节的感慨就显得不合时宜了：既然诗人已经慎重选择了"少有人走的"正确的路，那么还有什么可以"轻声叹息"的呢？难道对于错误的路还念念不忘？

　　二是关于该诗的风格和内容前后不统一的问题。前文有述，该诗前三节是现实主义的叙事，而最后一节却陡然转向浪漫主义的抒情。前三节里诗人在林边小路前踌躇，而最后一节却突然转换时空，快进到想象中的"多少年后在某个地方"；前三节里诗人为选择一条路下了决心，而最后一节又对此选择表示了遗憾或有保留的肯定。有观点认为最后一节是败笔，这一节完全可以延续前三节的风格和内容，具体来说，可以将"也许多少年后在某个地方，/我将轻声叹息将往事回顾"去掉，只保留"一片树林里分出两条道路，而我选了人迹更少的一条，/从此决定了我一生的道路"，并把题目"未选择的路"改为"路"，同样耐人寻味却不显突兀。

第三章

外国戏剧

第一节 《哈姆莱特》研究

一、莎士比亚与《哈姆莱特》的创作背景

威廉·莎士比亚（William Shakespeare，1564—1616），英国文艺复兴时期剧作家、诗人，被誉为"人类文学奥林匹斯山上的宙斯"，其作品则被认为是"俗世的《圣经》"。

莎士比亚出生于英国沃里克郡的斯特拉福镇，曾就读于镇上的普通文法学校，按今天的学历标准来看，也就是小学（最多是中学）文凭。1587年，不甘心继续当一个乡野小子的莎士比亚来到伦敦，追求他的演员梦，并尝试写剧本。从1591年起，莎士比亚陆续创作出《亨利六世》《理查三世》等历史剧，引发关注。1595年以来，《罗密欧与朱丽叶》《仲夏夜之梦》《威尼斯商人》等喜剧的上演，进一步奠定了莎士比亚在京城的名声。1601—1606年，《哈姆莱特》《奥赛罗》《李尔王》《麦克白》四大悲剧的上演，使莎士比亚成为当之无愧的大文豪。功成名就的莎士比亚过起了半退休的生活，并于1614年离开伦敦，返回故乡买下当地最显赫的豪宅，在此闲居直至1616年4月23日病逝。

莎士比亚著作丰硕，可按作品风格大体分为三大阶段。早期作品主要在1590—1600年上演，当时伊丽莎白一世的中央主权尚属稳固，王室跟工商业者及新贵族的暂时联盟尚在发展，1588年英国打败西班牙"无敌舰队"后国势大振，这时期莎士比亚所写的历史剧和喜剧都表现出明朗、乐观的风格。中期作品主要在1601—1607年上演，当时英国农村圈地运动加速进行，王权和资产阶级及新贵族的暂时联盟正在瓦解，社会矛盾深化，政治经济形势日益恶化，而詹姆斯一世继位后的挥霍无度和倒行逆施，更使民众生活在水深火热之中，莎士比亚的创作基调也相应变得沉郁悲愤，以悲剧为主，对人世和人性的种种罪恶展开了凌厉的批判。晚期作品主要在1608—1612年上演，当时的政治局势更加腐败，社会矛盾更加尖锐，但莎士比亚已经处于看透世事的半退休状态，中期的激进态度有所缓和，创

作风格相应转为清丽和典雅。

莎士比亚的整个创作都围绕着文艺复兴时期的人文主义思潮展开。早期历史剧的基本主题是拥护中央王权，谴责封建暴君，歌颂开明君主，这些剧本从正反两面反映出莎士比亚的人文主义思想：谴责封建贵族争权夺利给国家造成的内乱，相信开明君主通过实行自上而下的改革，可以建立理想的社会制度。同时期喜剧的基本主题是爱情、婚姻和友谊，这些喜剧的总体基调是赞美多于嘲讽，肯定多于批判，带有浓郁的抒情色彩，刻画出朝气蓬勃的新青年形象，表现了莎士比亚的人文主义理想和乐观主义信念。中后期创作笼罩在政局动荡、社会衰败的阴影中，莎士比亚对人世和人性有了截然不同的感受，他看到了整个社会的道德沉沦和政治腐败，之前的乐观主义理想破灭，其人文主义精神开始带有极其凝重的反思性，并对文艺复兴晚期的社会状况和人性弱点展开了深刻的批判——其经典悲剧作品《哈姆莱特》正是此种省思的全面体现。

但不管怎么说，莎士比亚全部创作的核心思想是文艺复兴时期"以人为本"的人文主义精神，是从"人道"的角度去体察、回答人世政治问题，其作品带着深刻的人文关怀，为后世的思索提供了重要的精神指引。

二、《哈姆莱特》分析

作为四大悲剧之首，《哈姆莱特》在莎士比亚的创作中意义重大。故事讲述了在德国威登堡大学就读的丹麦王子哈姆莱特突然接到父亲死讯，回国奔丧。叔父克劳狄斯成了新一任丹麦国王，母亲乔特鲁德在丈夫死后不到两个月的时间内（不顾当时禁止叔嫂通婚的道德约束）改嫁小叔子。这一连串突如其来且阴影重重的变故引发了哈姆莱特的悲愤与怀疑，与此同时，整个丹麦国也笼罩在愁云惨雾之中，为应对挪威的入侵而严阵以待。死去的父亲阴魂不散，向哈姆莱特讲述了自己被毒害的事实，要求儿子为自己复仇。为了试探叔父的真面目，哈姆莱特以装疯掩护自己，并通过戏中戏"捕鼠器"证实了自己的预感与父亲的告白。哈姆莱特决心铲除叔父这个毒瘤，以重整乾坤，恢复应有的社会秩序与正义。但另一方面，他又不断拖延，无法一鼓作气把想法落实为行动……由于误杀了大臣波洛涅斯，克劳狄斯强行将哈姆莱特送往英国，企图借刀杀人。但哈姆莱特无意中看到叔父写给英国国王的信，且在前往英国的途中遇到海盗，乘机逃回丹麦，并接受奥菲莉娅之兄雷欧提斯因父亲与妹妹之死而发起的决斗。决斗前，克劳狄斯将毒药涂在雷欧提斯的剑上，再次企图借刀杀人。混战当中，哈姆莱特与雷欧提斯双双中毒，与此同时，乔特鲁德因误喝克劳狄斯为哈姆莱特准备的毒酒身亡。至此，生命垂危的哈姆莱特终于一剑刺向克劳狄斯。临终遗言中，哈姆莱特请求挚友霍拉旭拥戴大举入侵的挪威王子福丁布拉斯为新王，并将其人生遭遇的真相告诉后人。

通过丹麦王子哈姆莱特为父复仇的故事，莎士比亚描绘了文艺复兴晚期英国乃至欧洲的社会状况。剧中哈姆莱特与克劳狄斯的斗争，象征着新兴资产阶级人文主义者与反动封建王权代表的斗争，这一斗争折射出人文主义理想同黑暗封建现实之间的矛盾，揭露了英国封建贵族地主阶级与新兴资产阶级之间为了争夺权力而进行的殊死较量，批判了封建邪恶势力的罪恶。与此同时，该剧的另一个思想重心是，在思想解放的大潮下，文艺复兴晚期社会从"人的觉醒""个性解放"日渐滑入"欲望放纵"的泥潭，造成颠倒乾坤的惨重后果。在社会混乱、道德沦丧的局面之下，单纯善良的理想主义者哈姆莱特陷入深深的忧郁，正直的三观遭受了猛烈的打击，性格也变得多疑、悲观乃至偏激、虚无，他满腔苦闷，丧失行动能力，最终造成了"国破家亡"的政治苦果。这个悲情的忧郁王子形象虽然让人感到惋惜，却也让人敬佩，他对正义和良知的坚持使其散发出高贵的人格魅力，传递出作者莎士比亚对国家、权力、伦理、人性、成长的深刻思考，赋予该剧重大的政治哲学内涵。

三、问题探讨

（一）哈姆莱特为何要装疯？

从现实的层面看，装疯是哈姆莱特自我保护的必要措施，毕竟当时叔父是一国之君，要对付他很不容易。更深入地看，装疯是政治斗争的外衣，在哈姆莱特"装疯"与克劳狄斯"反装疯"的对抗赛中，叔侄二人拉开了宫廷血腥决斗的序幕，这场较量既凸显出人物的品性，更推动着关键情节的走向。狡诈的克劳狄斯狠毒无情，刚开始时，他还以长辈的应有姿态表示对晚辈的关爱，以未来的王位来拉拢侄儿，维持着表面的宗法亲缘关系；而一旦确认哈姆莱特装疯，便立即决定制造阴谋铲除对手且马上展开行动。与此相反，听了父亲鬼魂的告白之后，哈姆莱特虽然下了替父报仇、重整乾坤的决心，却因事关重大与良知未泯一再犹豫拖延，数次错失刺杀克劳狄斯的良机，从而造成被后者反过来设计陷害的被动局面。可以说，哈姆莱特的装疯行为是盘活整出戏剧的关键，这一设置使情节跌宕起伏，深化了复仇悲剧这一主题。当然，哈姆莱特的"疯"未必完全是装的，或用精神分析学家弗洛伊德的说法，他因为遭遇人生重大变故（父亲暴毙、母亲改嫁、叔父大权在握、自身前程岌岌可危、国家动荡、社会腐败）而变得神经质，精神多少处于不太稳定的状态。因此，哈姆莱特的"疯癫"，除了是测试真相的工具和政治斗争的策略，也可能是其思想困境或者说"忧郁"的表征。

（二）哈姆莱特为何一再拖延复仇行动？

弗洛伊德提示我们注意哈姆莱特的神经症，是为了解决该剧的另一个大难题，即为何哈姆莱特一再拖延复仇行动？按照弗洛伊德在《陀思妥耶夫斯基与弑父者》①这篇文章中的说法，这是因为哈姆莱特的俄狄浦斯情结：他发现自己无法真的杀掉叔父，因为他在无意识的层面也想干其叔父已经干了的事（弑父娶母）。反过来说，哈姆莱特之所以一再拖延报仇行动，是因为如果他真的杀了叔父，无异于是对自己的否定。在这里，弗洛伊德以他惯用的"从结果推断原因"的方法，证明哈姆莱特与希腊神话人物俄狄浦斯一样，在无意识的层面具有弑父娶母情结，之所以无法行动，是由于愧疚或心虚，虽然表面上看，他并没有亲手杀害父亲。当然，弗洛伊德的这个说法值得商榷，因为我们很难从文本中看出哈姆莱特对其母亲有什么欲望，反而是一再"骂娘"，为母亲的"堕落"痛心疾首。如果说拖延真的能折射出哈姆莱特的内心状况，更在理的解释是，丧父导致的巨大精神创伤使哈姆莱特处于极其虚弱的生命状态，使他被幻灭的情绪所左右，导致他被动应对世事，这才是他无力行动的主要原因。

（三）哈姆莱特的悲剧形象有何思想意义？

那么，这样一个悲情王子的形象有何意义？莎士比亚为何要讲一个复仇失败的故事？或者说，忧郁的哈姆莱特有何可贵之处使他成为一个如此深入人心的形象？借用美国评论家哈罗德·布鲁姆的话，那是因为他是一个"自由的自我艺术家"。在布鲁姆看来，哈姆莱特专注于其内在性——其著名的独白便是这种内在性的表现，他创造性地以"戏中戏"，即艺术的方式来洞察人性，既愤世嫉俗，又富于理性，他不断拓展自我的意识，而非像大多数人那样受制于一般性意见（包括父亲鬼魂的意见），从而不断自我修正和自我改变，成为具有审美性和思想性的存在，避免了世俗中

---

① 车文博主编：《弗洛伊德文集》，长春出版社2010年版。

人可能会有的那种顽固和从众。

简单地说，哈姆莱特代表超脱世俗的自由精神。他试图借助戏剧、装疯来窥探罪恶的根源，而非倚靠阴谋与冷酷来对付人世的恶，他血气外露导致复仇计划的拖延与失败，既失去了家，也出让了国，酿成了国破家亡的政治苦果。但反过来看，一方面，哈姆莱特忧郁、痛苦的原因正在于他的良知与敏感，在于他对事物之美好境界的追求。他一再拖延报仇行动，与其说缺乏勇气，不如说缺乏动力：既然人世与人性如此之恶，以至于良知在这样的恶面前无能为力，还有什么行动的热情呢？思想上的敏锐使他深入意识到人世与人性的幽暗根底，他由此"看透"了这个世界，从而丧失了行动的动力。另一方面，对于一位以良知为标杆、追求美好境界的人来说，杀人，即使是有理由的杀人，远不像玩弄权术、罔顾生死的政治阴谋家那样轻易，这恰恰反过来证明了哈姆莱特品性的善良与优越，在"恶"所引起的愤怒中，他并没有放弃为人处世的基本方针：良知与美好。

就其本性而言，哈姆莱特不是一位沉迷权术的政治阴谋家，而是拥护良知、拥抱美好的艺术思想家，这或许就是哈姆莱特无法在政治上取得成功的根本原因。尽管莎士比亚让我们看到了哈姆莱特的"任性"，但更让我们感受到他的"人性"。如果说克劳狄斯正如马基雅维利笔下的政治阴谋家，"无法无天"地实践"去道德的政治"，那么，透过哈姆莱特这个形象，莎士比亚一定程度上修正了这种政治哲学取向：不再是斩钉截铁的"去道德的政治"，而是在承认政治冷酷的基础上，让人看到将恶提升为善的必要性，使"政治"在"去道德"之后，重新纳入正义的轨道，追寻精神（灵魂）的依归，从而为人类超越恶提供了一条可能的路径。就此而言，哈姆莱特未必是个成功的政治家，但绝对是坏政治的监察者与批判者。这就是这位悲情王子的人格魅力之所在。

第二节 《玩偶之家》研究

一、易卜生与《玩偶之家》的创作背景

十九世纪挪威戏剧家亨利克·易卜生（Henrik Ibsen, 1828—1906）是西方"社会问题剧"的创立者。他在欧洲现实主义戏剧走向衰落、自然主义和颓废派文学十分泛滥的时代，高举现实主义和民主主义的旗帜，创造出以设疑性构思、论辩性对白和追溯性手法为基本艺术特征的"社会问题剧"这一体裁，成为近代戏剧的先锋人物。易卜生摆脱了十九世纪的戏剧传统，使用口语化散文进行创作，提供了审视社会状况和人类心理的新方式，其创作实践和社会影响，可与莫里哀等前辈戏剧大师媲美，被人们誉为"西方现代戏剧之父"。其著名作品包括诗剧《培尔·金特》（1874—1875），社会悲剧《玩偶之家》（1879）、《群鬼》（1881）、《人民公敌》（1882）、《海达·加布勒》（1890），象征性剧作《野鸭》（1884）、《当我们死而复醒时》（1899）等。他的剧作饱含社会关怀意识，既反映出那个特定时代的社会状况，又蕴含丰富的生命哲思，为当时及后世的思想解放运动提供了强大的精神力量。

1874年夏天，在丹麦哥本哈根，已经成名的易卜生从朋友劳拉那里听说她因为一时筹不到钱支付丈夫治病的费用，只得伪造签名借钱，万万没想到丈夫得知此事后，居然拒绝原谅她这个百般无奈的行为，家庭就此破裂。"这个男人气量太小了！"易卜生当时这么想，他又联想到之前读的挪威女作家科莱特的小说《职业的女儿们》，书中流露出争取妇女自由解放的激情。四年后，暂居罗马的易卜生写下他的思索，这是一篇题为《关于一出现代悲剧的札记》的文章："世界上有两种精神的法律，两种良心。一种是男人的，一种是妇女的……这个社会纯粹是男权社会，一切法律都由男人制定……"易卜生思考着，当下的家庭，在他眼中，几乎与封建时代一样，妇女没有独立人格，仍然是男人的玩偶。又过一年，他终于写出《玩偶之家》。1879年，《玩偶之家》出版仅两个星期，便在丹麦哥本哈根

皇家剧院迎来首次公演，给欧洲社会带来暴风雨般猛烈的震撼。这部剧作尖锐地提出了妇女社会地位的问题，给当时保守而又伪善的社会道德一记响亮的耳光，它也由此成为欧洲批判现实主义戏剧的经典。

中国"五四"新文化运动时期，《玩偶之家》传入我国后受到广泛欢迎。"五四"的先驱者们对易卜生表现出了空前的热情，纷纷推介他的戏剧作品。《新青年》曾经出版了一个"易卜生专号"，《新潮》和《小说月报》等刊物也相继推介易卜生作品，一时间文化艺术界出现了"易卜生热"。胡适模仿《玩偶之家》创作了表现男女平等、婚姻自由主题的《终身大事》。他还说，易卜生"把家庭社会的实在情形都写了出来，叫人看了动心，叫人看了觉得我们的家庭社会原来是如此黑暗腐败，叫人看了觉得社会家庭真正不得不维新革命"①。鲁迅则以《娜拉走后怎样》为题发表演讲，更深入地探讨中国式"妇女解放"的重大问题，在此基础上又创作短篇小说《伤逝》，剖析"娜拉现象"背后的社会成因。在过去一个多世纪里，《玩偶之家》和它的主人公娜拉在中国家喻户晓，产生了不可估量的影响，该剧所表达的妇女解放、男女平等的观念，成为一种"母题"，深深融入我国的文化价值系统之中。

二、《玩偶之家》分析

《玩偶之家》是易卜生"社会问题剧"的代表作之一。故事讲述了女主人公娜拉为给丈夫海尔茂治病，瞒着丈夫伪造签名向柯洛克斯泰借钱，无意犯了伪造字据罪。多年后，海尔茂升任经理，开除了柯洛克斯泰，后者拿字据要挟娜拉，海尔茂知情后勃然大怒，骂娜拉是"坏东西""罪犯""下贱女人"，说自己的前程全被她毁了，而当危机解除后，又立刻恢复了对妻子的甜言蜜语。娜拉不得不认清自己不过是从属于丈夫的"家庭玩偶"这一真相，当丈夫的自私、虚伪与丑恶暴露无遗时，最终断然出走。

易卜生创作《玩偶之家》的1879年，正是挪威妇女解放运动高涨的年代。易卜生先后结识过两位女权运动活动家，她们发动的女权运动，给易卜生以巨大的鼓舞，促使他创作出作品来支持妇女解放运动，《玩偶之家》便是这种支持的证明之一。自问世以来，这部三幕话剧被看作一部深刻暴露了资产阶级家庭虚伪关系的杰出戏剧。其中，女主人公娜拉的离家出走行为以及她对丈夫海尔茂的批驳，体现了作者对资产阶级虚伪的家庭

---

① 胡适：《易卜生主义》，载《新青年》1918年第4、6期。

道德和陈腐社会风气的反叛，这种反叛甚至指向对资本主义社会法律、宗教等更本质结构的批判。在某些女性主义批评家的眼中，娜拉的反抗是"妇女解放的宣言"。与此相对立，娜拉的丈夫海尔茂则是一个资产阶级市侩的形象，是资本主义道德和价值观的维护者，是资产阶级丑恶思想意识的体现。表面上娜拉的家庭和谐美满，海尔茂看上去似乎很爱她，平日里满口甜言蜜语，但当他知道娜拉曾假签名借债后，不但没有挺身而出，反而怒骂娜拉是"道德败坏"的"下贱女人"，甚至不准娜拉有教育子女的权利。由此可见，他关心的只是自己的名誉和地位，"爱妻"不过是人设，骨子里则视她为"玩偶"，没有自由意志，一切要由他来支配。在他看来，妻子对丈夫只有责任，而没有任何权利，因此，在家庭生活中，娜拉是他的私有财产和附属品；男女是不能享受平等权利的，女人可以为男人做出牺牲，而男人则不行。相反，娜拉对丈夫的感情是真挚的。在父亲病重而无法拿到签名的情况下，她不得已冒充父亲的签名借钱为丈夫治病，当伪造签名的事败露时，她决定牺牲自己，甚至考虑以自杀的方式来保全丈夫的名誉，这些都体现出她的善良与无私。娜拉和海尔茂的冲突展示了各自不同的思想境界和性格特征。如果说海尔茂代表了当时欧洲普遍的男权主义思想，那么，娜拉则代表了女性对独立人格与尊严的追求。该剧通过男女主人公的矛盾冲突，撕下男权社会中家庭关系温情脉脉的面纱，暴露了建立在男权统治基础上虚伪的夫妻关系，提出了男女平等、妇女解放的问题，对很长一个时期内西方社会的妇女解放运动起到重要的推动作用，并且影响到全世界。

三、问题探讨

《玩偶之家》在我国主要被理解为表现了家庭婚姻、男女平等、妇女解放问题的经典戏剧，在中国的文化与文学语境中，该剧无疑具有很强的反封建意义。但时过境迁，随着女性意识、女性身份、女性力量在社会进程中的彰显，对于娜拉出走的后果和意义，有了更深入的讨论。

（一）娜拉出走的后果是什么？是否真能实现男女平等和妇女解放？

其实早在《玩偶之家》传入中国的时候，鲁迅就在《娜拉走后怎样》中一针见血地指出："但从事理上推想起来，娜拉或者也实在只有两条路：不是堕落，就是回来……否则，就得问：她除了觉醒的心以外，还带了什么去？倘只有一条像诸君一样的紫红的绒绳的围巾，那可是无论宽到二尺或三尺，也完全是不中用。她还须更富有，提包里有准备，直白地说，就是要有钱。"换言之，一个女人如果光有精神独立的追求而没有经济上的独立，是不能获得真正意义上的人格独立的。但经济独立不只是个人问题，更是社会问题，必须以相应的社会政治权利作为前提和保障。回顾当时欧洲，妇女的政治权利有限，所有阶层的女性几乎都被圈定在家庭的"围墙"之内，女人像男人一样工作从而获得经济自立的要求，被排除在当时的政治议程之外。即是说，是社会结构和政治规定让女性不得不沦为"家庭天使"或"家中玩偶"般的存在。这也是当时欧美兴起的妇女解放运动首先把争取政治权利放在第一位的原因。毫无疑问，娜拉对自己在家庭中乃至在社会中"玩偶"地位的认识是深刻的，反抗也是决绝的。但她的反抗，充其量是争取个体人格上的尊严，是北欧小社会没有发生猛烈社会变革而保有的"个人精神反叛"的自留地。虽然她在愤怒中也谴责了当时的法律、教育、宗教、习俗等社会政治的核心维度，但本质上她是为自己的人格尊严而战。娜拉出走的行为固然勇气可嘉，但不得不说，她在激愤中做出的举动是任性的，缺少对女性社会位置的深入思考。如前所言，她没有看到，一个人要争取人格独立，前提是经济独立，而经济能否独立，又与女性在社会结构中的位置息息相关。女性普遍缺乏应有的社会权利和地位，在当时的社会现实面前，哪怕冲出了家庭的牢笼，娜拉的未来也是黯淡的，毕竟一腔孤勇不能当饭吃。如果不愿沦落为风尘女子，又找不到另一个可以依赖的男性，她最终的结局只有死亡。因此，娜拉的出走是姿态大于实际的反抗，不仅无法通达真正的平等和自由，反而把自身置于更危险的境地。

（二）娜拉为何要出走？娜拉与丈夫之间矛盾的实质是什么？

预见到娜拉出走可能出现的悲剧后果，如果要为其困境寻求更恰切的解决之道，首先要弄清楚娜拉为何要出走，即弄清楚娜拉与丈夫海尔茂之间矛盾冲突的实质究竟是什么。表面上看，娜拉出走是男女不平等、妇女不自由所致，但这一表层矛盾其实由更深层的精神观念冲突所驱动，即现代社会中人文感性与工具理性之间互不相让的猛烈碰撞。十九世纪末至二十世纪初，北欧进入以市场经济为主体的资本主义社会后，除了激烈对抗的阶级矛盾，从文化的角度而言，人文感性和技术理性之间的观念分歧日益尖锐，成为社会进程中棘手的问题。易卜生敏锐地看到了时代精神这一内在的撕裂，以"社会问题剧"的尖锐情境鲜活地呈现了这一紧迫的社会问题或时代危机。所谓人文感性，是以人的情感本能、人本精神为依归的思维方式。所谓工具理性，是以利益指标、社会规范为依归的思维方式。工具理性思维无疑促进了社会现代化尤其是经济的发展，但这种"唯利是图"的思维方式，也意味着人的"物化"与"异化"，使人成为功利主义的"工具人"或"俗人"，缺失了人之为人的情感本能与精神意趣。在《玩偶之家》中，显而易见，女主角娜拉是人文感性的代表，她情感热烈，活泼可爱，有审美情趣；而丈夫海尔茂则是工具理性的代表，虽然表面上爱妻子和家庭，但其实是依据社会规范和伦理规约来履行身为一家之主的职责，缺乏"动之以情"的心性。娜拉和海尔茂的处世观念可谓背道而驰，两人之间产生无法弥补的裂缝是必然的。

如何解决这种精神观念上的矛盾？《玩偶之家》没有给出答案——剧情终结在娜拉出走这一行动本身，没有描述娜拉出走后的情况。或许是因为这个问题实在难以回答。因为现代社会的良好运作，既需要工具理性，也关涉人文感性，既要允许个体的情感诉求，更要有法律和规范的公共约束。二者缺一不可。客观地看，娜拉和海尔茂两人的观念和行为，既有合理的成分，也有不合理的成分。就娜拉而言，她温柔善良，勤劳能干，一直以家庭为重心，甚至愿意为了丈夫的名誉和前程一死了之。而且娜拉还难能可贵地有着个人的思想，比如在她看来，法律、宗教、道德乃至责任，都要符合人性的要求，要以人的快乐、幸福和健康为基本目的，否则就没有意义。但另一方面，现代社会的运作又必须依靠法律和规范的支撑。不管娜拉借钱的动机多么高尚合理（为了救患重病的丈夫），也不论她后来多么勤勉劳作独自偿还所欠下的债务，造假签字的犯罪是事实。再者，作为三个孩子的母亲，娜拉出走等于放弃了应尽的责任，这也是一种自私和失职。就海尔茂而言，他的问题是冷酷自私，一切都按工具理性原则进行，从人性的角度，我们可以批判他，但从社会规范的角度看，他的行为也不能被完全否定。换言之，在指责娜拉"违法"的事情上，不能说海尔茂是错误的。他错在将娜拉当成自己的"玩偶"，否定娜拉的个人意志和情感付出。他在娜拉借债事件败露前后的自私表现，才是剧作家真正要谴责的。那么，如何处理好海尔茂与娜拉之间的关系？换言之，如何调和人文感性和工具理性之间的矛盾？易卜生也很难给出一个统一的答案。一个家庭，若像娜拉那样"任性"固然不行——出走在某种程度上并没有解决问题而只是逃避问题，但若像海尔茂那样缺少人文关怀，一味迎合

"法律""道德""宗教"等死板的社会规定，成为各种陈规陋习的奴隶，也是对生命的伤害。

（三）如何看待娜拉出走的真正意义？《玩偶之家》的思想意义是什么？

如果说《玩偶之家》无法给现代社会的精神撕裂提供一个明确的解决之道，那么，娜拉出走的真正意义是什么？《玩偶之家》的思想意义究竟是什么？或许，能提出引发人们深思的问题，正是文学作品的社会意义之所在。以上分析表明，人们对《玩偶之家》的理解，若仅仅停留在男女平等、妇女解放的女性主义层面，是远远不够的，该剧讨论的问题已由"妇女解放"等一般社会问题上升为先锋的"关于人类和人类命运"的问题，揭示的是西方现代社会所面临的精神危机以及危机中"人"的觉醒与解放，正如易卜生在该剧发表二十年后的一次演讲表明的那样："我的确不敢领受为妇女运动而自觉努力的盛誉。我甚至不明白什么是'妇女运动'。我只关心人类本身的事……我不过是一个诗人，却不是人们通常认为的社会思想家……就像许多其他问题，妇女的社会问题应当给予解决，但是那不是我创作的原始动机。我的创作目的是描写人类。"[①] 易卜生这段话起码表达了两层意思：第一，《玩偶之家》的创作动机不是妇女解放与男女平等；第二，该剧讨论的根本问题是人类而不是男女平等之类的一般"社会问题"，而且是西方传统文化中人的自由与解放的问题。

从《玩偶之家》的深层意蕴看，该剧表达的是"人"的觉醒和人性解放的问题；换言之，娜拉不仅代表妇女，更代表生存于西方传统文化中的整体的"人"。男女平等、妇女解放，诉求的是男女人格尊严上的平等，指涉的主要是社会道德和制度问题，而"人"的觉醒和人性解放，不仅仅是社会道德和制度问题，更是其赖以存在的文化根基问题。娜拉说的"我是一个人"，当然包含了"女人也是人"的意思，同时也是指人类意义层面上的"人"。剧中海尔茂极力维护的不仅仅是家庭婚姻的传统道德规范，更是当时社会赖以存在的文化体系，娜拉则是它的叛逆者。娜拉的出走，提出了这个社会赖以存在的文化对于人之合理性的问题，提出了人的自由与权利的问题，已经远远超越了婚姻与家庭问题。所以，娜拉反叛的不仅

[①] 转引自蒋勇《仅仅是"妇女解放"问题吗？——〈玩偶之家〉及"易卜生主义"考辨》，载《外国文学》2018年第2期。

仅是家庭道德、婚姻规范和"男权主义",而且是西方社会的传统文化价值体系;她追求的不仅仅是女性的人身自由,而且是整体意义上的"人"的精神自由、人性的解放。在这种意义上,娜拉的觉醒不只是妇女的觉醒,更是"人"的觉醒。海尔茂所代表的不仅仅是"男权社会",而且是传统的文化体系,他本人正是一个不自觉地受制于这种文化的非自由的人。

　　因此,该剧讨论的问题由一般家庭婚姻的"社会问题",上升为更具超前性、革命性的人性解放和"人"的觉醒等西方文化之普遍性问题。易卜生曾言,从早期开始,他创作的就是"关于人类和人类命运的作品"。他认为基督教传统文化世界就像一艘行将沉没的船,拯救的唯一方法是文化自新,他的创作所揭示的就是西方传统文化所面临的这种危机。娜拉出走所告别的不仅仅是传统婚姻道德束缚下的旧家庭,更是那个疾病缠身的传统文化社会,娜拉的觉醒表达了易卜生对西方传统文化的反叛,这是易卜生"社会问题剧"之"问题"的核心所在,是易卜生戏剧之"现代性"的体现,是"易卜生主义"的文化哲学内涵。

第四章

外国童话和寓言

第一节 《皇帝的新装》研究

一、安徒生与《皇帝的新装》的创作背景

汉斯·克里斯汀·安徒生（Hans Christian Andersen，1805—1875）是一位丰产的丹麦作家，一生创作戏剧五十一部、小说六部、游记二十五篇、童话一百六十八篇，还有自传和多篇诗歌、散文、讽刺短文等，目前在国内被广泛翻译和阅读的是他的童话。安徒生从小就接触大量幻想性文学，他的爸爸在他小时候经常给他读《一千零一夜》，但在安徒生十一岁时就不幸去世。母亲再嫁后，安徒生因家境贫困，只接受了最基本的教育后就到工厂当织工，后来又到裁缝店当学徒。他从小热爱戏剧，喜欢为他的木偶缝制衣服，在家中小戏台上演自创木偶戏。十四岁时，他因为一副女高音的好嗓子而被哥本哈根的丹麦皇家剧团聘用为演员。他变声后被剧团解雇，但其创作天赋被剧团导演赏识，得到其资助而有机会入读文法学校，他二十四岁时入读哥本哈根大学。他的文学创作在哥本哈根崭露头角后，获得国王资助游历欧洲，其后又多次到德国、法国、意大利、奥地利、挪威、希腊、土耳其等地旅行，其间结识德国作家海涅、德国哲学家谢林、德国作曲家门德尔松、法国作家雨果等文艺界名人。1835年他出版了他的第一部童话集《讲给孩子们听的故事集》，其中的九个故事分成三个小册子出版。他的前两本小册子出版后遭到评论界批评，人们认为他的童话幼稚、与生活的时代不相符、只能逗乐孩子但对孩子没什么教育意义。安徒生受到打击后转向小说写作，等了一年之后才鼓起勇气出版第三本小册子。第三本小册子于1837年4月7日出版，包括《小美人鱼》和《皇帝的新装》两个故事。他写童话的欲望愈发强烈，那些鲜活生动的童话形象印刻在他脑海里，使他无法停笔。后来每逢圣诞节他就出版一本新的童话集，童话故事后来甚至还搬到舞台上被演员朗诵。这些童话的辞藻并不华丽，但是朗诵起来清新悦耳，一个个幻想故事娓娓道来，这种舞台上的童话朗诵表演越来越受欢迎，安徒生大获成功。1847年，安徒生首次

造访英国并结识现实主义作家狄更斯，两人因对工业革命后的贫苦下层人民的怜悯而惺惺相惜。1868 年，《给年轻人的河边杂志》的编辑给安徒生高额稿费约稿，安徒生在这本杂志发表了十六篇童话。备受鼓舞的安徒生从此笔耕不辍，创作了大量的童话故事，他的作品被翻译为一百二十多种语言，传播到世界各国。安徒生写作童话用的是给小孩讲故事的口吻，但他仍然希望成人能喜欢这种风格并领悟隐藏在故事背后的深刻寓意。他希望他的作品让所有人都能找到开启童话的大门，领悟童话的精神。他通过描绘出一个引人入胜的世界，带给人精神享受，照亮并温暖人的心灵，引领读者到幻想中去发现自然的美，从而把童话变成孩子和成人都爱看的读物。

《皇帝的新装》的故事来源于中世纪西班牙训诫故事集《卢卡诺伯爵故事集》（1335）其中的一个短篇故事《一个国王遇上一个织布的流氓后会发生什么事》。这部故事集中的故事大多数来自犹太文化和阿拉伯文化，有些来自印度。安徒生读到的是这个故事的德语译本《世界就是如此运行》。故事原型的阿拉伯国王在安徒生的故事中变为皇帝（统治领域不详、地理定位不明），三个骗子变为两个。在原来的故事中，那些织工声称将要做一套除了合法儿子之外其他任何人都看不见的衣服。在阿拉伯国家，只有被承认的合法儿子才能继承王位，那么，这个国王能否看见这套衣服将会成为他的权力合法性的最大挑战。安徒生把这个情节改编为愚蠢人不能看见衣服，强调的是皇帝的治理能力和聪明才干，而且去掉了具体的国家文化背景，讽刺对象变为超越地区、超越历史的普遍现象。

这个故事还有一个更早的来源，印度僧人学者吉那拉特纳的一首诗《里拉瓦提萨拉》（1283）讲述了这个古老的印度民间传说。传说中骗子给国王做一件只有合法的王位继承人才能看见的衣服，当时宫廷上所有朝臣都声称能看见国王的新装。但当国王到大街上游行时，民众并没有被提前告知这件衣服的特别之处，都说国王没穿衣服，最后国王也自己意识到被骗。在安徒生最初的版本中，故事结尾也是皇帝游行时民众选择隐瞒真相而对新装大加称赞。在手稿寄出后几天，安徒生又写信告知编辑需要修改结尾，安排了一个小男孩最后说出真相并流传到家家户户，最后全镇居民都喊出皇帝赤裸的事实，皇帝尴尬得落荒而逃。这个结尾比起印度故事原型和安徒生的初稿更突出了对儿童的教育意义以及对乌合之众的讽刺。

二、《皇帝的新装》分析

这篇童话里的皇帝对朝政非常疏懒,把所有的时间和金钱都花在服装上,做好新装便要坐马车游街炫耀,他的这种癖好就给了骗子可乘之机。皇帝追求新装已经到了一个境界,以至于世界上所有极尽奢华的服装已经不能再满足他的虚荣心,他还要寻找一件让他穿上之后能变得超凡脱俗、惊艳万民的新装。在这个八方来朝的环球贸易中心,从异域而来的骗子裁缝带来的特种布料,正好满足他的这种猎奇追求。骗子穿着外国人的服饰,让皇帝相信他们远道而来并带来闻所未闻的稀世珍宝。当骗子说"不称职或愚蠢得不可救药的人"一定看不见这种布料织出来的衣服的时候,皇帝心动了。他相信这种布料不仅华丽非凡,而且一定能证明他自己也天资非凡,所以果断请骗子裁缝来到宫廷帮他缝制新衣。当骗子开始假装织布时,皇帝心里忐忑,不是害怕做出来的衣服不好看,而是害怕自己看不见这件衣服,被人认为自己是"不称职或愚蠢得不可救药的人",于是皇帝派大臣先去察看。大臣也担心被皇帝批评为"不称职或愚蠢得不可救药的人",于是不敢说出真相。一直到布已经(假装)织好,这个谎言也只好继续下去,皇帝让裁缝量体裁衣,并鼓起勇气穿上新衣到大街上巡游。街上市民都担心自己被认为是愚蠢的人,纷纷称赞衣服漂亮。于是皇帝得到了前所未有的欢呼赞赏,他的虚荣心得到前所有未的满足。最后一个小孩公开说出真相:"但是他根本什么也没有穿啊。"这句话在群众当中悄悄传开。皇帝和大臣们尴尬万分,但是他们依然要维持面子,硬撑场面,不敢下台,被揭穿真相的皇帝裸露着身体坚持走下去,内侍们也奉陪到底。这篇童话用了夸张和讽刺的手法,刻画出皇帝贪慕虚荣、大臣阿谀逢迎的面目,结尾小孩子的一句话拆穿谎言,具有戏剧性的效果。故事寓意深刻,既教育孩子要诚实做人、敢于说真话,又引发成年人对只追求虚荣和享乐而不顾民众利益的政治王权的批判和反思。

三、问题探讨

（一）骗子为何有这种胆量欺骗皇帝？

骗子之所以有这样的胆量和勇气去欺骗至高掌权者，是因为他早已识破皇帝爱面子的心理，而且骗子的赌注还下在整个宫廷大臣甚至全国民众上。这些骗子一定口才甚佳并且想象力丰富，他们在皇帝面前夸夸其谈，以极尽诱人之辞描述布匹之华丽、服装之奇巧，闻者无不动心。他们并不拥有任何生产资料，然而能凭自己的技艺创造财富，而且生产出的商品价格远高于他们的劳动价值。他们编织语词掩盖真理的魔法就是让他们无中生有的技术资本，这技巧本身可谓价值连城，他们最后甚至把生产原料也带走。他们也明白生产原料如何增值取决于对原料的使用，就是一块布的价值不在于它自身的质量或品种而是它的功能。一块布做成皇帝的衣服，那么自然就是名贵的布了，因为穿这件衣服的人高贵。可见这些骗子并非一般江湖小混混，而是深谙人性真相和经济原理的智慧术士。

（二）皇帝为何轻易受骗？皇帝身边的臣民为何也甘愿受骗？

这个故事里的皇帝不仅是一个贪图虚荣、不务正业的统治者，而且还爱面子，不想听到别人批评他治理国家愚蠢无能。他曾经也有所怀疑，但是不敢自己去面对真相，而要派忠心的大臣去察看。当大臣被派去看骗子的织布工作进展如何时，他心里猜测皇帝的真实意图并非在于这块布而是在于自己，认为皇帝想通过他能否看到这块布来试验他是否是一个聪明而称职的大臣。大臣并不知道如何应对，只好老实把裁缝那套欺骗话术学到手，在皇帝面前复述了骗子的所有描述。第二位大臣被皇帝派去监工时，也跟第一位大臣抱着同样的心理，而且他也担心自己被人跟第一位大臣做比较，让人以为自己更愚蠢，配不起他现在的好职位。当两位大臣都在皇上面前斗胆说谎时，这块布就真的发挥了神奇的魔力，不是考验一个人是否聪明和称职，而是考验一个人是否勇于说出真相。安徒生对两位大臣的刻画也反映了十九世纪二三十年代保守的丹麦官僚机构，虽然在国王绝对权力的保障下享有一定名声和威望，但是因难以满足新兴的商人和中产阶级的各种需求而受到越来越大的压力。老派官员不愿加入受过高等教育的年轻同事发起的一系列改革运动，带领国家走向君主立宪制。在此形势下，高级的、低级的官员都陷入事业危机，他们都要极力证明自己有能力担任目前的职位。安徒生在故事中描写两位官员参与骗局的情节也在一定程度上映射了当时丹麦宫廷的虚浮腐败,这样奢靡无能的皇帝竟然还有一班大臣侍卫围着转,他们显然跟皇帝形成了利益共同体,当然不愿意接受真相,拆穿谎言,否则饭碗不保。而当皇帝的新装在游街时被小男孩说破真相时,他拒不承认并坚持把游行进行到底,仿佛什么都没听到。安徒生在这里更刻画了一位顽梗骄傲的统治者,他身边的支持者也同样固执心硬。

(三)城里的百姓为何要说谎?男孩子为何如此有勇气?

当皇帝穿着新装在大街上游行时,所有人都称赞这件衣服华美且合身,因为他们都不想被人看出自己不称职或太愚蠢。普通百姓虽然并非像那些大臣一样身居要职恐被撤职,甚至他们当中很多人也不算是脑力劳动者,然而,聪明才干依然是他们在社会中取得别人认可的关键因素。这反映了十八世纪启蒙运动时期在新兴市民阶层中流行的价值观念,个人才智是从社会底层晋升社会上层的决定性因素,也是社会身份地位的象征。启蒙运动之前,欧洲社会一般分为贵族、城市手工艺人和乡村农民这三大阶层,十八世纪随着资本主义的发展,工厂主和商人阶层兴起,与医生、律师、教师、新教神职人员成为新兴市民阶层。这个阶层收入中等,通常有文化,注重教育和道德修养,他们也追求通过个人奋斗和努力学习取得事业成功,甚至发家致富晋身上流社会。他们的智力和能力是他们体面的"新装",也是他们在社会中取得身份认同的标记。到了十九世纪,这一阶层继续壮大,成为推动社会进步的中坚力量。安徒生本人也是靠天赋和才智从底层爬上上层,跻身社会名流之列,但他也借着这个故事开始反思这种中产阶级价值观。安徒生写这篇故事的时候显然想起他见过的哥本哈根上流社会,他厌恶那些虚荣伪善、谄上欺下的皇亲国戚。出身穷苦平民家庭的安徒生也像丑小鸭那样经常被人嘲笑,他是这个世界当中格格不入的旁观者,但他看穿社会上层的各种虚伪把戏。他在这个故事中借天真无邪、童言无忌的小孩子口吻揭穿上流社会的真面目,小男孩说出真相无任何风险,他本来就被认为是"不称职或愚蠢"的,因为他还未成年,当然知识水平和职业能力都不及成人,万一说错了,他也不会像成人那样丢脸或有失身份,从而造成任何财产损失甚至生存地位不保。小男孩虽然年幼,但是仍然思想单纯未被世俗污染,他保有自己独立的思想。而安徒生笔下的这群民众虽然成年,但只是随波逐流、人云亦云的乌合之众,他们不会判断事情真假而只会应声附和。当小男孩唤醒他们的良知时,他们开始也只是附和着交头接耳低声议论,最后才敢叫嚷起来。安徒生特别设置了小男孩的角色，更是要大人读了故事结尾自我反思，鼓励每个人都应在世俗潮流中保持清醒，不惜一切代价而去追求真理。

第二节　《赫尔墨斯和雕像者》研究

一、《伊索寓言》的创作背景

伊索，作为世界文化名人，其名气之大、作品流传之广，似乎无人能及。但也正是上述原因，加之年代久远，所以关于他的生平众说纷纭，这显然增加了辨别的难度。但从另一个角度来讲，莫衷一是的说法平添了伊索其人的魅力。可以确认的事实是有一个叫伊索的古希腊人，他因为善于讲寓言故事而声名远扬。至于这个叫伊索的人是不是生来就是奴隶，或者因部落或城邦战败而被卖身为奴，家境如何，遭遇如何，如何去世，等等，皆无定论。之所以做出上述判断，是因为伊索的名字及其作品多次出现在古希腊其他作家的作品之中，可见他在当时已负有盛名，并非后人杜撰。但是，很多关于他的传说却只能存疑，甚至很多冠以其名的名言警句也基本上可以确定非他所言。

和伊索一样，被归入"伊索"名下的《伊索寓言》也是迷雾重重。可以确定的是下列事实：首先，《伊索寓言》是一部拥有多个版本的文学作品集。由于古人并无今人所具有的版权意识，在传抄、印刷过程中随心所欲改动、增加、删减有关内容时并不觉得有不妥之处。关于这方面仅举一例就可以明白，《伊索寓言》中的每则寓言其正文之后都有一则寓意解读，虽不乏颇具文采、甚有价值的解读，但大多数是挂一漏万、牵强附会甚至莫名其妙之论，显然是后人加上去的。总而言之，这导致《伊索寓言》有诸多版本，不仅寓言内容不尽相同，甚至连篇数也可能相去甚远，所知版本中最少篇数的竟然只有最多的不到一半。究其原因，很有可能是因为《伊索寓言》中的故事皆短小精悍，不是一个首尾一致、相互印证的整体，因此编撰者一时兴起，或是自认为处理得当地予以了改动。其次，《伊索寓言》中的一部分内容是希腊本土的作品，但确有一部分来自利比亚、埃及甚至更远的地区或国家。这从寓言中涉及的动物就可以明白看出。最后,《伊索寓言》所展示的主要是包括古希腊在内的古代社会的风俗与道德,换句话来说,展示的是弱肉强食的"丛林法则",特别需要指出的是,其时的人们对此习以为常,并无觉得不妥。因此,关于伊索借这些寓言批判现实、警醒世人的说法纯属无稽之谈。按照有关专家的看法,尽管其中不乏哲理,但读者可以将《伊索寓言》当作"趣事集"甚至"笑话集"来读。

二、《赫尔墨斯和雕像者》分析

这则寓言的巧妙之处是三次铺垫,将读者的期待值带到最高,然后情节突转,通过描写赫尔墨斯被狠狠摔在尘土里,从而产生戏剧性,让读者"从紧张的期待转为虚无",忍俊不禁。

第一次铺垫是赫尔墨斯化作凡人来到一个雕像者的店里,想知道自己在人间受到多大的尊重。读者自然而然产生了期待,想知道结果:读者认为赫尔墨斯是神,人对他肯定会尊敬有加。

第二次铺垫是赫尔墨斯问宙斯雕像的价钱,根据后文"又笑着问道"可知赫尔墨斯在询问时是"笑着问"的,宙斯高高在上,在人间他的雕像价钱却十分便宜,赫尔墨斯幸灾乐祸,所以在这里才"笑着问"。

第三次铺垫是赫尔墨斯问赫拉雕像的价钱,雕像者的回答"还要贵一点"让赫尔墨斯和读者共同期待接下来雕像者会为其他神像开出的价钱。这一部分内容本来只是为了吊读者的胃口,本不暗示后面出现的神像会更贵,但接下来赫尔墨斯"心想他身为神使,又是商人的庇护神,人们对他会更尊敬些",这一来把读者的期待带到了最高点,二来也更突显了赫尔墨斯的自信。

三次铺垫之后,雕像者的回答却把读者的期待突然向下拉拽,最终跌入一个出人意料的尴尬境地:雕像者竟然要把赫尔墨斯的雕像当作添头白送。这出人意料的回答既沉重打击了赫尔墨斯越升越高的自信,也让读者的期待落地——这个结局几乎出乎所有人的意料,寓言的戏剧感、喜剧感、嘲讽意味油然而生。

三、问题探讨

教材"积累与拓展"部分提出了一个问题:"寓言的寓意与其情节设计有密切的关系。设想一下,如果赫尔墨斯没有自以为是……我们又能从寓言中读出什么？任选课文中的一则寓言，重新设计情节，把它改成一篇新的寓言。"

这则寓言的基本情节是神使赫尔墨斯降临人间了解人们对他的尊重程度，发现距离自己的期望落差很大。基本情节决定了基本寓意：嘲讽了那些爱慕虚荣而不被人重视的人。但由于所涉及的人物要么有身份，要么有职业背景，所以存在另类阐释的可能。

比如因为赫尔墨斯是商人的庇护神，但商人仍然见利忘义。为了突出这一种寓意，可以加上如下情节。赫尔墨斯问道："这是你们的庇护神，是不是还要再贵一点？"雕像者回答说："我才不管他是不是商业守护神呢！假如你买了那两个，这个算添头，白送。"相应地，寓意可以改成："这个故事适用于那些见利忘义的人。"

又比如这可能是商人的惯用伎俩：客户第一眼相中的商品是一个价格；第二件商品往往开出更高的价码，目的是让顾客买第一件商品；第三件商品明明价值相当，但为了让顾客把头两件商品一起买下，于是将其作为"添头"赠送，是一种促销手段。赫尔墨斯事实上是被这种商业伎俩羞辱了。为了突出这一寓意，可以将寓言做如下改动：将宙斯、赫拉、赫尔墨斯的顺序改为赫拉、赫尔墨斯、宙斯。宙斯作为众神之父，竟然被作为添头白送，可见商人定价没有原则，只是为了卖更多的商品、赚更多的钱。寓意也可以相应改成：这故事说明商人为了赚钱，是没有任何原则可讲的。

第五章

其他外国文学

第一节 《马克思墓前的讲话》研究

一、《马克思墓前的讲话》的创作背景

《在马克思墓前的讲话》是作为马克思亲密战友的恩格斯在其墓地上用英文发表的讲话。在这篇 1883 年 3 月 17 日所做的悼词中,恩格斯代表全世界无产阶级对于马克思的逝世表示了深切的哀悼,对于马克思一生的功绩做出准确的总结,对其伟大的人格表达了无比崇敬之情。

二、《马克思墓前的讲话》分析

悼词可以大致分为四个部分:

第一部分是总论,描述马克思逝世所造成的重大损失。一是实践方面的损失,突出马克思在无产阶级斗争实践中的领导作用;一是理论方面的损失,突出马克思在研究社会科学方面的伟大成就。

第二部分有两个分论点。分论点之一是评价马克思的理论贡献。恩格斯首先评价作为思想家的马克思,阐述其在理论研究方面的两大贡献,一是马克思揭示了人类历史发展的一般规律,创立了唯物史观;二是马克思揭示了资本主义社会的剩余价值规律,创立了剩余价值学说。分论点之二是评价马克思的实践贡献。在历数马克思宣传和组织无产阶级革命的一系列成就后,恩格斯强调创建国际工人协会是马克思一生中"全部活动的顶峰",突出马克思的革命家身份。

第三部分是阐述马克思一生遭受忌恨的真实原因:他在理论上宣告资本主义必然灭亡的历史命运,并在实践上促成这一命运的实现。他仅仅是因为揭示了资本主义必然灭亡,社会主义共产主义必然胜利的真理而遭受忌恨和诬蔑。

第四部分是结尾,预告马克思的英名和事业将永垂不朽。

整篇悼词层次清晰、结构井然。根据循序渐进的教学规律,不妨把这篇悼词的教学分成两步。先把二至八自然段看成是"论马克思的伟大贡

献",按已学过的议论文文体授课。然后回到标题,加上头尾,讲述悼词的写法。

三、问题探讨

目前本文值得探讨的问题主要来自三个方面。

(一)关于文体的问题:本文究竟是议论文,还是悼词?

以往的研究将该文定义为议论文,认为其论述了马克思一生的伟大贡献,并以此证明了马克思的伟大,表达了对其逝世的无比哀悼之情。因此,"这个人的逝世,对于欧美战斗着的无产阶级,对于历史科学,都是不可估量的损失"是文章的中心句。

现在,有人指出上述观点值得商榷,理由是不管是路人还是亲友,无论其生前所作所为如何,其辞世这一事件本身就足以让人哀伤。如果死者品行高洁、功勋卓著,会让人为其骄傲、备感欣慰;即使死者罪大恶极、一无是处,也不妨碍亲友为其扼腕叹息。简言之,悼词的主旨是抒发悼念之情,而不是论证是非之理。悼词中的事实和论证本身不是目的,而是为抒情服务。本文的叙事层面叙述了马克思一生的辉煌业绩和伟大贡献,议论层面通过对科学家和革命家高度统一于一身这一观点进行论证,证明马克思是当之无愧的当代最伟大的思想家,情感层面则充分表达了对马克思人格境界的赞誉敬仰以及对其逝世的深切悼念之情:三个层面水乳交融、密不可分,使文章成为一个有机的整体。议论层面只占三分之一,且为情感层面服务。从这一看法出发,第一句话"三月十四日下午两点三刻,当代最伟大的思想家停止思想了"是本文的文眼、中心句。

事实上,悼词指的是对死者表示哀悼的话和文章,一般都有其规定的格式,需要包括下列内容:首先,介绍去世者的姓名、去世时间、地点、原因、享年等;其次,介绍去世者的简历;再次,颂扬去世者的主要业绩和优秀品质等,肯定其社会意义和社会价值;最后,给去世者以综合评价,寄托哀思,并慰问去世者的家属。根据这个标准去衡量本文,也会发现本文是一篇悼词,其主旨在于悼念而非论证。

(二)关于马克思贡献的问题:其诸多贡献之间是什么关系?

关于马克思的贡献,有观点认为其理论贡献低于实践贡献,理由是"马克思首先是一个革命家",由于其实践贡献的"顶峰"是"创立伟大的国际工人协会",因此将"创立伟大的国际工人协会"当作最高贡献;

并且，由于有"他作为科学家就是这样。但这在他身上远不是主要的"这样一些话，有观点认为马克思的"两个发现"——"他所研究的每一个领域（中略）都有独到的发现""任何一门理论科学中的每一个新发现"之间的关系要么含混不清，要么轻重有别。实际上，对于马克思，其理论贡献和实践贡献，甚至于理论贡献中的各个组成部分，都不是割裂的甚至是对立的，而是互相支撑、相辅相成，共同组成一个有机的整体。

（三）关于翻译的问题：本文似乎存在一些瑕疵，是不是翻译导致的？

一个广受关注的句子是："所以，直接的物质的生活资料的生产，从而一个民族或一个时代的一定的经济发展阶段，便构成基础……"这一句中的"从而"让人费解，是不是存在误译？

这个句子原文是"that therefore the production of the immediate material means of subsistence and consequently the degree of economic development attained by a given people or during a given epoch form the foundation"。根据有关专家的意见，"consequently"翻译为"从而"不甚妥当，如下翻译更为恰当："直接的物质的生活资料的生产，以及随之而形成的一个民族或一个时代的一定的经济发展阶段，便构成基础。"

第二节　《海燕》研究

一、高尔基与《海燕》的创作背景

马克西姆·高尔基（Maxim Gorky，1868—1936）是苏联伟大的无产阶级作家，革命导师列宁曾对他做过高度评价："高尔基同志用他的伟大的艺术作品把自己同俄国和全世界的工人运动结合得太牢固了。"他还说："高尔基毫无疑问是无产阶级艺术的最杰出的代表，他对无产阶级艺术作出了许多贡献，并且还会作出更多的贡献。……高尔基是无产阶级艺术的权威，这是无可争辩的。"高尔基的《海燕》就是革命导师列宁对他所做的崇高评价的明确证据。

《海燕》写作于1901年3月，此时欧洲爆发的工业危机蔓延到了俄国。在1900年到1903年的危机年代里，俄国倒闭了数千家大小企业，十多万工人被工厂开除。工业危机和失业痛苦并没有能迫使工人运动停止，也没有使它减弱，相反地，工人开始从经济罢工转到政治罢工，继而转到游行示威，提出关于民主自由的政治要求与"打倒沙皇专制"的口号，使得工人斗争更加带有革命性质。此时的高尔基根据自己的经历、观察和思考，结合当时的革命斗争形势，写成了一篇带有象征意义的短篇小说《春天的旋律》，它的结尾部分就是著名的《海燕》。《春天的旋律》讲的是当春天即将来临的时候，一群鸟儿在交谈着和歌唱着，它们争论的是关于"大自然即将苏醒"和"自由"与"宪法"等问题。这篇小说被审查当局禁止了，但《海燕之歌》却因为沙皇审查当局"漏审的疏忽"，被单独发表在当年《生活》杂志的四月号上。当局不久就发现"漏审的疏忽"所造成的严重错误，下令查封了《生活》杂志。可是，《海燕》这篇文章却像海啸一样席卷了俄罗斯大地的每一个地方，每一位革命者都在传唱着它，在革命者中间掀起了排山倒海的革命激情。革命者不仅称高尔基为"暴风雨的报信者"，还称他为"暴风雨的宣告者"，因为他不仅宣告即将来临的暴风雨，而且还召唤暴风雨跟着他而来。

二、《海燕》分析

俄文的"海燕"是由"暴风雨"和"报信者"两个字组成的，因此"海燕"就被赋予了"暴风雨的报信者"或"暴风雨来临前的预告者"的含义。高尔基用"海燕"来象征俄国的无产阶级。

《海燕》是用革命浪漫主义写成的杰出的诗歌作品，人们通常都以为《海燕》是篇散文诗，其实它的原文就是一首不分行的诗歌。《海燕》全诗一共十六节：前六节写暴风雨之酝酿，描写了暴风雨来临之前大海翻腾和风起云涌的景象；中五节写暴风雨之逼近，描写了大海急速变化，海燕像个敏感的精灵在叫喊、飞翔；后五节写暴风雨之即发，描写狂风吼叫，雷声轰隆，暴风雨即将来临。高尔基通过描绘自然节奏隐喻社会革命节奏，全诗逐渐有层次的发展，用拟人化的手法、形象化的语言，描绘出了二十世纪初叶俄国的无产阶级同沙皇暴政进行激烈斗争的情景。

高尔基在《海燕》中又把一切自然力量都加以人格化。乌云、雷电象征着以沙皇当局为代表的反革命力量，海洋象征着革命高涨时的广大人民群众，暴风雨象征着席卷一切的革命浪潮和风暴，太阳象征着光明的未来和革命人民的信心，而海鸥、海鸭、企鹅则象征害怕革命会破坏他们安乐窝的形形色色的假革命和不革命者。海燕这个"高傲的、黑色的暴风雨的精灵"，它不管乌云压顶，不管雷声轰隆，它早就听出雷声的震怒已经困乏；它深信乌云遮不住太阳，它在怒吼的大海上、在闪电中间高傲地飞翔，它叫喊着："让暴风雨来得更猛烈些吧！"

诗歌适于朗诵，上文所述自然节奏、内容的节奏，可称大节奏，从整体上决定了全文壮美的基调，进而决定了形式的节奏、朗读的节奏。在朗诵全文时，第一部分宜用中速，第二部分要渐快，第三部分要由快渐慢。

三、问题探讨

本文是如何综合运用多种修辞手法的？试举例进行分析。

这首散文诗综合运用了多种修辞手法，极大地增强了《海燕》的艺术性，使之达到了极高的艺术水平。教学中应着重启发学生理解和体会比喻、拟人、反复等修辞手法的作用，挑出典型例句反复体味、深入分析，鼓励学生敢于发表看法，言之成理即可。

例如："这个敏感的精灵——它从雷声的震怒里，早就听出了困乏，它深信，乌云遮不住太阳的——是的，遮不住的！"这一句运用比喻、拟人和反复的修辞手法。"敏感的精灵""从雷声的震怒里，早就听出了困乏"，通过比喻和拟人的手法显示了海燕的勇敢和智慧，说明无产阶级革命者高度的预见性和敏锐的洞察力。"乌云遮不住太阳的——是的，遮不住的！"运用反复的手法，语气肯定，表达了坚定不移的必胜信念。

第三节 《谈读书》研究

一、培根与《谈读书》的创作背景

弗朗西斯·培根（Francis Bacon, 1561—1626）是英国哲学家，被称为"经验主义之父"，同时也是詹姆斯一世执政时期的司法部长、英格兰最高大法官。他出身于伦敦的一个贵族家庭，父亲是伊丽莎白女王的掌玺大臣，母亲为文艺复兴人文主义学者库克（Anthony Cooke）之女，库克也是伊丽莎白女王的大法官。培根自幼体弱，因此在家接受教育，导师是虔诚的清教徒。在这位家庭教师的学识和信仰的影响下，培根十二岁入读剑桥大学三一学院，十五岁毕业后到英国驻法国大使馆工作，然后归国学习法律后获得正式律师资格。1584年被选为议会议员，然后还被委任为国王詹姆斯的顾问，又接连晋升为副检察长、检察长、掌玺大臣、英格兰大法官，1620年被封为子爵。次年因受贿案而被判有罪，议会指控培根身为大法官却接受当事人的礼物（当时英国政府不负责法院的费用，因此法官普遍收礼来支付法院的开支），培根被裁罚四万英镑并被罢免一切官位，一生不得担任公职并禁锢于伦敦塔。国王为他支付了罚款并特赦他免于牢狱之苦，之后他便回家闭门著书。在一个寒冷的风雪天，他尝试做用白雪保存食物的实验，杀了一只鸡，把雪填进鸡肚子，结果自己感染风寒，支气管炎复发，最后离开人世。

培根仕途终止后潜心学术研究，原计划写一部百科全书式的巨著，包括六个部分，但生前只完成了前两部分并分为两册出版，就是他的两部主要哲学著作《崇学论》和《新工具》，另外还有其他哲学著作和散文集《随笔集》。培根哲学通过确定科学的一般方法及其应用方法，推动知识的发展，使人们能够按照自然的本来面目去认识自然、利用自然，从而实现科学的复兴。

他提出的著名口号"知识就是力量"（原文是拉丁文"Ipsa scientia potestas est"，scientia 的意思是科学、知识，potestas 的意思是能力、潜能）

出自《宗教沉思录》中的第十一篇文章《论异端》，在原文语境中只是被悬置在括号内的一句十分不起眼的过渡性语句。该文主题是反驳异端在有关上帝"知"与"行"关系问题上的言论。按照基督教正统教义，上帝应当是全知（无所不知）和全能（无所不能）的，但异端却认为上帝的知识范围要大于他的能力范围。培根指出这种异端言论存在这样的内在矛盾：说上帝的能力有限，也就等于说总有某些事物不是由上帝规定的，而这无异于承认在上帝之上还有比他能力更大的"上帝"，因此这样的"设计"是毫无意义的。培根正是在批判这种异端思想时写下了"Ipsa scientia potestas est"这一语句的。作为一名虔诚的基督徒，培根认为"知识是彰显创造者荣耀的丰富的储藏室和创造者留给人类遗产的一大安慰"。拉丁文 potestas 被后来英译者译作 power，后人又逐步明确赋予后者的含义是"力量"（force or strength）而不是"能力"（capability or faculty）。一般英文辞书也都在 power 的"力量"含义上引用培根这句格言作为例句，于是中文译者仿照英语译者将这句话译作"知识就是力量"。其实在培根所处的时代，科学知识还远未达到能显示其"力量"的程度。近代科学在当时还只是"上流社会的业余爱好"，还没显示出多大的实用价值，而当时许多技术发明还无需科学的理论指导，纯粹是由能工巧匠们独立完成的。直至电子时代和微电子时代，科学才成为"第一生产力"。尤其是微电子技术的发展引发了一场信息技术革命，从而推动了新的产业革命。

《谈读书》（"Of Studies"）又译作《论学问》《说学》《论求知》《谈学养》，出自培根的《随笔集》（*Essays*）。培根于1597年第一次出版了十篇随笔文集，后来经他反复修改增订，于1625年后出了第二个增订本，收入随笔五十八篇。随笔作为一种文学样式，是由法国散文家蒙田首创的。蒙田于1580年出版了一本题名为"Essais"的集子，文笔轻松自然，亲切随意。培根则是第一位英语随笔作家，他的随笔散文篇幅短小，大多不过千字，短小精悍、言简意赅而处处有格言警句。说是随笔，但是培根的文章不像其他西方散文随笔作家那样散漫随意，而是布局严谨、层次分明、结构严密、行文紧凑，以说理为主，不追求抒情性或幽默感，笔调客观、冷静、理性，像一位智者在谈论人生智慧，娓娓道来。他这种独特文风得益于他从事法律工作对文字准确性的要求，而且还受到拉丁文的影响，像其他文艺复兴时期的人文学者，培根的很多著作都是用拉丁文写的。

二、《谈读书》分析

本文围绕读书学习的话题，分为三部分：第 1～6 句为第一部分，谈读书的功效；第 7～12 句为第二部分，谈读书的原则；第 13～17 句为第三部分，谈读书的价值。

1. 读书的功效。
（1）正面功效。
①供怡情悦己——在闭门独处之际。
②添文采辞藻——在交际议论之时。
③长能力才干——在判断理事之中：某一领域的专家判断处理具体实际事务。博学多才的人负责运筹帷幄、总体规划。
（2）负面功效。
①花太多时间闭关学习——偷懒（不做实事）。
②夸夸其谈卖弄辞藻——矫揉造作（不说实话）。
③判断理事光凭自己的准则——学究怪癖（不顾实际）。
（3）为了发挥读书的正面功效，避免负面功效，应处理好读书和实践的关系。
①以读书来完善天赋——因为天赋能力就如自然界的植物，需要通过学习被修剪。
②以经验来完善书本学到的理论知识——因为知识如非紧扣经验，就会天马行空。
③避免两种极端而做智慧的人：
不要像能工巧匠那样自恃技术高超而鄙视科学研究。
不要像头脑简单的人那样光是羡慕别人学习而自己不去读书。
要像智慧的人那样使用知识——读书学习，并在观察中运用知识。

2. 读书的方法。
（1）读书的总原则：
①不可一味反驳。
②不可一味轻信。
③不可只找仅供谈资的片言只语。
④要衡量判断和深思熟虑。
（2）不同的书要区别对待。
①读一些段落（浅尝辄止）。

②大体涉猎（囫囵吞下）。

③通读细读（咀嚼消化）。

④读别人的摘要（请人代读）

（3）不同学习方法各有益处。

①阅读——获得信息，使人满腹经纶，帮助不想欺世盗名者拥有真才实学。

②讨论——锻炼思辨，使人才思敏捷，帮助思维迟钝者灵活大脑。

③写作——练习表达，使人思维精确，帮助不善记忆者用文字记录。

3. 读书的价值。

（1）积极方面——各种学科的价值。

①历史——培养智慧。

②诗歌——培养机敏。

③数学——培养缜密。

④自然科学——培养深思。

⑤伦理学——培养庄重。

⑥逻辑学和修辞学——培养辩才。

（2）消极方面——学习能治心智能力的不足，如同运动能治身体疾病一样。

①体育锻炼：

a. 滚球——有益睾肾。

b. 射箭——有益心肺。

c. 漫步——有益消化。

d. 骑马——有益头脑。

②心智训练：

a. 数学——可治专注力差。

b. 经院哲学——可治分辨力差。

d. 律师的案例——可治记忆力和分析力差。

三、问题探讨

（一）《谈读书》一文如何体现了培根随笔散文的艺术特点？

这篇文章短小精悍、言简意赅、布局严谨、层次分明、结构严密、行文紧凑，笔调客观冷静，运用比喻、排比、对比、类比等修辞手法，语言精警而富有启发性。

其一,观点明确。论及读书的方法及利弊,作者直截了当摆出观点,没有过多华丽的辞藻和情感抒发,绝不含糊其辞。

其二,层次明晰。整篇文章谈论了读书的功效、价值、方法三大问题,每个问题下面的论述又分几个小论题,每个小论题或是从正反面论述,或是从不同层面论述。如谈到读书的功效,分正面和负面论述;谈到读书的总原则,提出三个"不该"和一个"应该";谈到读书的价值,从积极方面和消极方面进行分析。而谈到读书方法,分不同的书和不同的方法论述;谈到读书的价值,分不同学科论述;谈到心智能力的欠缺,分不同能力和不同情况论述。这种层次明细的分析体现了作者全面的思考、认识的深刻和说理的严谨。

其三,语言明晓。全文句子简短,没有过多修饰语和生僻词汇,而且采用了比喻、对比、举例等说理方法,语言生动有趣,读起来朗朗上口,避免枯燥无味,且说理通俗易懂。文章大量使用排比句式,语脉贯通,一气呵成,增加了文章气势和论辩的力度。

(二)《谈读书》一文如何体现了培根"知识就是力量"的思想?

苏格拉底曾提出过"知识就是美德"的命题,培根也同样认识到知识与德性之间的互动关联。在培根看来,人因缺乏知识而缺乏力量和勇气,因学识浅陋而轻佻,因孤陋寡闻而狭隘,因思想固化而傲慢。而读书求学则使人视野开阔、才思敏捷,正如"读史使人明智,读诗使人灵秀,数学使人周密,科学使人深刻,伦理学使人有修养,逻辑修辞之学使人善辩"。培根对知识与德性之间关系的认识,非常接近中国文化传统中的"修身养性"观。一个人读书而有了学问,并且在品德、才智、能力等多方面有了提高以后,就可以去"治国平天下"。在培根看来,一位"治国平天下"的君王,只要善学、博学、好学,即使手下大臣提不出有用的建议,自己肚腹里的一点学问也能给个提醒,起码能避免大恶大错而不致败家败国。这就非常接近柏拉图《理想国》对"哲人王"的设想。

那么,不同的知识是否具有不同的力量?而知识又该如何分类?培根对知识分类的思想是十八世纪法国的"百科全书派"的先驱,也奠定了今天科学研究中学科分类的基础。培根依据各知识形成过程中主体思维——"我"在思维中的活动,将知识划分为记忆的学问(历史)、想象的学问

(诗歌)和理性的学问(哲学)三大门类。历史学上有自然史、政治史、教会史、学术史等分支;诗歌上有叙述、戏剧、寓言等类别;哲学上有自然神学、自然哲学和人类哲学等分支。自然科学(如今天的物理学、数学、机械学、医学、心理学、逻辑学)则被细分后置于自然哲学和人类哲学的名下。

"读史使人明智。"培根把历史作为一门单独的大类,强调了历史在所有学科中的独特地位。学习历史,不仅满足了让人们对过去之"根"的好奇心,而且从中吸取智慧或教训,为确定未来发展方向提供启示。

"读诗使人灵秀。"读诗不仅能给人愉悦的审美享受,而且能激发人的想象力,培养人的同理心、同情心,起到净化灵魂、陶冶情操、提升德性的作用。

"数学使人周密,科学使人深刻,伦理学使人有修养,逻辑修辞之学使人善辩。"培根认为,当代流行的哲学可供争辩之用、文饰之用、谈话之用、日常职业之用,这类知识属"人心的预测",它们虽然不能像自然哲学的知识直接造福社会,但可作为培植知识之用。因为纯哲学(或形而上学、第一哲学)以"存在之原理"为对象,对自然哲学具有方法论的指导意义。而自然哲学则是科学的具体化,通过探究原因、总结原理、运用原理来改造自然,为人类社会发展提供直接的原动力。

总之,本文不仅通过谈论读书、做学问对个人的益处和功效,而且个人的求知求学能促进科学发展,从而促进整个人类社会向前发展,体现了培根"知识就是力量"的核心思想。

第四节 《人应当坚持正义》研究

一、柏拉图与《柏拉图对话集》的创作背景

柏拉图(Plato,公元前427—前347)是西方哲学乃至整个西方文化最伟大的哲学家和思想家之一。他原名为亚里斯多克勒斯(Aristokles),后因强壮的身躯和宽广的前额,改名为柏拉图(在希腊语中,Platus 一词

是"平坦、宽阔"的意思)。他出生于雅典,父母为名门望族之后,从小受到了完备的良好教育,早年喜爱文学,写过诗歌和悲剧,并且对政治感兴趣。他二十岁左右同苏格拉底交往后,醉心于哲学研究。苏格拉底之死使他对现存的政体完全失望,于是他离开雅典到埃及、西西里岛等地游历,一去就十几年,再回到雅典时已届不惑之年。他在雅典城外创立一所学校,后世的高等学术机构(Academy)因此而得名。之后他除了两次奔赴西西里岛企图实现政治抱负之外,一直忙于学院的教学、著述等工作,最后以八十岁的高龄去世。柏拉图一生著述颇丰,现存对话二十四篇和四封书信,对话体裁写成的文章人物性格鲜明,场景生动有趣,语言优美华丽,论证严密细致,内容丰富深刻,达到了哲学与文学、逻辑与修辞的高度统一,极具思想性和文学性。柏拉图政治学说的出发点是寻求正义,并在《理想国》一篇中提出系统的治国方略,而实施该方案的关键是由一位德才兼备的"哲人王"统治国家。但因他本人的政治理想无法实现,后来他在晚年的《法律篇》中退而求其次,主张法制、家庭的存在和一定的私有财产等,其政治思想经历了一个从人治到法治的过程。

苏格拉底(Socrates,公元前469年,一说公元前470—前399年)出生在雅典,父亲是石匠,母亲是助产婆。苏格拉底一生献给了"爱智"事业(英语中"哲学"一词philosophy的希腊语词源意为"爱—智慧"),他在集市等公共场所与人辩论,但从没有为他的智慧收过报酬。他没有以文字形式留下任何著作,也没有开创某种观点分明的苏格拉底哲学。关于他的思想,今人只能通过他的学生色诺芬、柏拉图以及柏拉图的学生亚里士多德的著作来了解。柏拉图塑造的苏格拉底形象光辉耀眼,他在自己的作品中为他的老师树立了一座伟大的纪念碑。柏拉图眼中的苏格拉底是一位对知识拥有浓厚兴趣的演说家。其他人在谈论正义、美、智慧或勇敢的时候,他总是在不断追问,坚持探寻一种更深刻又高等的关于世界的知识。与同时代的其他哲学家不同,苏格拉底并没有写下某套规范行动的理论或引导价值的准则,而是致力于不断激发对话,而这些讨论往往没有一个最终定论。不断追问的苏格拉底最伟大的成就正是开启了一个哲学史新纪元——论辩言说的哲学。然而,这样一位伟大的思想家在将近七十岁的时候被指控蔑视传统宗教、引入新神以及破坏青年与父母关系而被判死刑。

为何在公元前四世纪左右的雅典,苏格拉底会被控告这两种罪名?其实在当时的雅典,宗教只是一个闪亮的装饰。抵御波斯帝国侵略的两场战争取得的胜利(约公元前500—前479年)使雅典成为军事强国,同时经济上的自由为它赢得无数财富，海上霸权为它带来贸易繁荣以及迅猛发展的银行业，吸引了大量外邦人涌入这个超级都会。帝国的新地标巴特农神庙在极短时间内建成，然而神庙中的雅典人一边敬拜他们的新金钱宗教，一边疑心重重地监察他人对诸神的态度。人们生活越是不敬虔，越是需要表面化、形式化的宗教来维护国家秩序和自己的身份认同。当时雅典的智者（身兼哲学家、政治顾问和思想家）游荡街头到处宣讲他们的民主思想，倡导权利平等，他们的大部分政治理念在统治者（主要是氏族贵族）看来相当危险。思想保守的人们不信任智者的话，他们认为智者对传统价值提出公开质疑，就是在扰乱神性秩序。有多位著名智者（如普罗泰戈拉）就因此被指控渎神罪而被判流放，有的成功逃脱，有的就死在流放路上。苏格拉底也被指控亵渎神明，他为自己做了两场辩护。他在辩论中彻底揭露了一个道德败坏的司法制度，因此被起诉人认为他傲慢自大。苏格拉底的辩论往往有一种超凡的智慧，直至辩论到最后他都宣告，他知道自己一无所知。而经常指出他人的无知就让他变得不受欢迎，他身边的弟子也学他去揭露别人的无知，于是人们指控他败坏青年就不奇怪了。苏格拉底坦然接受死刑的判决，他说自己不惧怕死亡，但法官不应当忘记，如果他判无辜人死刑，那么他自己就在犯罪。弟子柏拉图目睹了苏格拉底审判的来龙去脉并记录下来，他在这篇对话《格黎东篇》中塑造了一个正直自信、坚守正义、热爱真理的师尊形象。通过这一形象的塑造，柏拉图向读者发出呼唤：要付出代价坚持追求正义，在智慧中追求正义，人必须以真理情结为动力追求正义的生活，追求最高的善。

二、《人应当坚持正义》分析

本篇课文选自《格黎东篇》，正标题下还有另外一个标题"论义务"，这篇在《苏格拉底的申辩篇》之后，记录了苏格拉底申辩后回监狱等待接受死刑时与好友格黎东（又译"克力同"）的对话。对话开头写格黎东来到监狱看到正在熟睡的苏格拉底，苏格拉底的熟睡表现了他在死亡面前安置泰然的大无畏心境。格黎东等他睡醒才跟他说话，他悲伤地告诉苏格拉底明天就要接受死刑的消息，苏格拉底听到这个消息第一反应竟然是感叹："好结果啊！"对于苏格拉底这样坦然接受死亡，格黎东很是着急和忧心，他劝苏格拉底不要自暴自弃和遗弃养育的子女，勇敢逃跑，他表示愿意出资救助他，苏格拉底对此提议做出回应。课文截取了两人部分对话段落。

苏格拉底理解朋友对他的关心，但是他坚持听从理性而非别人的劝告。他要先用理性去判断格黎东的提议是否合宜，合宜的建议才采纳，这也是他一贯倡导并身体力行的思考原则。其他人用监禁、处死、没收财产等方法恫吓苏格拉底，但是他认为自己在心智上比众人成熟，因有真理而成竹在胸就不会像小孩子害怕妖怪那样被吓倒。现在自己也遇到需要衡量别人意见的情况，即使身处险境，也要践行自己提倡的准则，否则就成了"今日的我打倒昨日的我"了。苏格拉底首先提出一个大前提，每个人的意见都有合宜和不合宜的区别，显然，合宜的意见才值得听从，格黎东对此表示同意。接下来苏格拉底又提出一个条件，说明谁才拥有好的意见：有知识智慧、清楚了解情况的明白人才能提出合宜的意见，否则就不能。接下来他举了个例子，一位长年致力于体育锻炼的运动员要听取教练的意见而非被众人的意见牵着鼻子走，因为内行人更有知识和智慧，是清楚了解关于体育锻炼一切情况的明白人。所以这位运动员如果听了外行人的意见进行体育锻炼，身体就会受到损害。同样，苏格拉底认为在关于正义的这一知识上众人都是外行人，没有能力给出合宜的意见。人们只需听从那位掌握这一切知识的智慧之士的意见，否则会自己招来损失，就会毁坏那有益健康而驱赶病魔的智慧。要是那样的话，身体健康都遭受损害了，那么这样的生命就不能再存活了。苏格拉底认为作为一个人还有更高贵的部分，这部分有益于正义而拆毁不义，一旦这部分被损毁，那么这样的人生也不值得一过。那些没有智慧的人虽然拥有杀害有智慧的人的权力，那么，到底是单纯活着有价值，还是活得好才有价值？世人的人生价值在于钱财、名誉和家业，但苏格拉底认为，好生活（或有价值的人生）应该是善的、美的、正义的。这就是他所掌握的真理，他受此束缚并降服于此。所以，他必须要考虑逃狱这一行为是否是正义的。他首先提出一个大前提，无论何种情况，即使遭遇不公正的待遇，也不能做不正义的事，不能以恶报恶；做不正义的事情将丧失人生价值并违背他所认识的真理（课文的选段到此结束）。既然一个人认识真理，知道什么是正义的、什么是不义的，就要践行真理，不能自欺欺人，不能说一套做一套。另一个隐含的大前提，即城邦、法律、国家体制是正义的化身，执行公正的审判，苏格拉底本人也对此深信不疑。法律保障了公民的基本权利，使社会秩序良好运转。国家机关执行法律、治理城邦良好，使雅典人安居乐业。从一出生，国家就赋予公民受教育的权利，抚养儿童长大，赋予雅典公民自由，保护雅典公民可以携带自己的财物离开城邦。苏格拉底从未因为不满雅典城邦统治而迁居外邦，他对雅典法律和国家治理一直都很满意，自己也一直受惠其中。他甘愿留在雅典，就意味着他甘愿顺服雅典法律的审判和城邦的管治权柄。由以上两个前提可得出推论，违反法律、违反城邦的审判就是不正义的行为。越狱行为就相当于撕毁跟城邦的盟约，违背自己忠于城邦的承诺。那么最终结论就是，热爱祖国和顺服法律的苏格拉底不能逃跑。即使逃跑到别的城邦，反对法治的苏格拉底也会遭人鄙视，他也再无底气向年轻人讲授关于美德、正义、法律的智慧了。苏格拉底认为他被判死刑不是因为法律的不公正，而是因为人的不公正，即没有正义的知识和智慧的众人利用了法律施行了不正义的审判。他要维护法律的神圣，坚信法律的公正，宁愿接受法律的审判，坦然接受死刑。在苏格拉底这番雄辩之后，格黎东无话可说。苏格拉底最后跟格黎东说："那就这样，我们甘愿以这种方式行动，因为神指引我们这样行动。"最后这句话表明了苏格拉底深信不越狱接受死刑是正义的行为，而且是神这样指引他行公义，他也是一个敬畏神并顺服神指引的人。

三、问题探讨

（一）这篇对话如何体现了苏格拉底论辩的"产婆术"？

苏格拉底的"产婆术"是指教师作为"产婆"帮助脑海里酝酿思想的对话者把自己的想法用语言表达出来。苏格拉底的"产婆术"所要"助产"的不仅是对话者对于某一问题的回答，更是他对于个体生活或公共政治的关注，以对灵魂的反复省察来帮助个体培养在城邦生活的德性。苏格拉底在城邦中通过与不同人辩论，批评性地破除固有定见，像牛虻一样鞭笞众人向善求真。但是懒于思考的人们通常都不愿打破惯性思维，苏格拉底也因此处处遭人忌恨。

在这次与格黎东的对话中，苏格拉底先安抚他的悲伤情绪，然后给他提出第一个问题，再通过多轮问答，让格黎东从他习惯的思考方式转向苏格拉底的思考方式。第一步，引导格黎东同意，意见应该分为合宜的意见和不合宜的意见，合宜的意见才值得听从。第二步，引导格黎东明白，合宜的意见和不合宜的意见的区分标准在哪里，什么样的意见才算是合宜的。第三步，引导格黎东明白，谁才有能力给出合宜的意见，即内行的人才有智慧给出合宜的意见，其他人给出的意见不合宜。第四步，在越狱是否合宜这个问题上，苏格拉底首先追问一个根本问题：什么样的人生才有价值？苏格拉底引导格黎东明白，行事为人正义的人生才有价值。第五步，进而引导格黎东明白，任何时候都不能行非义之事，即使自己遭到不公正的审判。最后，苏格拉底引导格黎东得出结论，越狱是非义之事，即使越狱后能苟且偷生，这样的生命也是没有价值的。为了坚持维护正义，即维护城邦法律的最高权威，苏格拉底宁愿赴死。在整个对话过程中，苏格拉底没有直接提出肯定或否定的观点，而是通过反问和层层深入的追问，一步步引导格黎东放弃自己的观点并产生新的观点，这就是苏格拉底的"产婆术"。

（二）对苏格拉底的判决是否公正？若不公正，苏格拉底为何欣然接受这种不公正的判决？

苏格拉底被判死刑的整个过程是符合雅典民主程序和法律规定的，然而，从色诺芬的《回忆苏格拉底》记载苏格拉底的申辩可看，至少苏格拉底本人并不认为法庭对他的判决是正义的。尽管如此，为何苏格拉底仍然接受这一不义的判决，成了西方思想史上一个热点话题。

从法学角度看，苏格拉底接受雅典城邦的法律，是一个国家法律的坚定守护者，正体现了法实证主义的命令说、授权说以及政治理论的主权说的基本立场——法律就是实证法，政治服从就是人们理所当然要履行的义务。无论在非常法治时期还是在常态法治社会，法的安定性是有序社会的基础，遵守法律、维护法的安定性是每个公民的第一要务。苏格拉底以死亡为代价维护了国家法律的安定性，守护了法治最为重要的原则。他这种守法信仰对西方法治理念与政治实践都产生了深远的影响，被奉为国民遵守法律、信仰法律的典型。

从政治学角度看，一方面，苏格拉底明白，指控他的并非雅典民众，而是少数自由派知识人士，最后是雅典民众同意这些人的指控而做出死刑裁决。那么，雅典民众这次做出的判决，说明了这"众人"并非拥有判断正义与否的最高智慧，这次判决暴露了民主政体的弊端。另一方面，在柏拉图记录的这篇对话中，与"众人"相对的概念是少数人或一人，是有能力做出智慧判断的人，苏格拉底先后用了三种表述——"最出类拔萃者""明智的人""主管和内行"。前两者都是用复数，而"主管和内行"用单数。苏格拉底并不认为自己就是这一位"主管和内行"，那在哪里可以找到这一位？要是找不到这一位该怎么办？苏格拉底在此并没有给出答案。但写作这篇对话的柏拉图借此暗示了民主政体的弊端，同时为他的《理想国》埋下伏笔。在《理想国》中，柏拉图就此问题展开充分讨论并提出，苏格拉底心中的"主管和内行"，即柏拉图设想的"哲人王"成为君主当政才是理想政体。当然，柏拉图的"哲人王"确实是极度完美的君王，历史上并没有真正出现过，只是作为柏拉图以及历代思想家心中的理想人物存在于他们的理念世界而已。

第五节 《大雁归来》研究

一、利奥波德与《大雁归来》的创作背景

奥尔多·利奥波德（Aldo Leopold，1887—1948），被称为"生态伦理之父""美国荒野之父"，在生态运动中的贡献是提出人与环境是"共同体"，理应建立起一种伦理道德关系，这种关系是人与人、人与社会之间道德关系的延伸和补充，他称其为"大地伦理"，该思想冲击了人类将环境视为无生命、无情感的工具的传统观念，为生态伦理学的建立开辟了道路。

与美国生态思想的先驱爱默生、梭罗相比，利奥波德的"林业工作者"和"科学家"的身份尤其值得注意，在林业和野生动物管理部门的工作、在威斯康星大学里的专业教学和科学研究让他接触到更多客观事实，形成了领先于时代的生态思想。除此之外，利奥波德还是一个生态修复者，《沙乡年鉴》的主要内容之一就是他在一块废弃的荒地上进行生态修复实践时的观察、记录和思考。

除了数百篇科技论文，利奥波德的著作中影响最大的就是《沙乡年鉴》。《沙乡年鉴》由三部分组成：第一部分"一个沙乡的年鉴"记录了一到十二月份各个月份沙乡的动植物以及环境状况的变化；第二部分"随笔：这儿和那儿"是作者对美国其他地方生态状况变化的记录与思考；第三部分"结论"表达了作者对于人与环境关系的思考。在结论部分作者以"伦理道德三阶段说"为基础提出"土地伦理"（Land Ethic），认为"最初的伦理观念是用以处理人与人之间的关系，后来扩展到处理人与社会的

关系。但是，迄今为止还没有一种处理人与土地，以及人与在土地上生长的动物和植物之间的伦理观"。作者认为下列观点急需改变，即"人和土地的关系仍然以经济为基础。人们只需要特权，而无需尽任何义务"。在此基础上作者提出了"生态整体主义"（Ecological Integrity）的核心准则："有助于维持生命共同体的和谐、稳定和美丽的事就是正确的，否则就是错误的。"作者还指出了原初的大自然——"荒野"的三大作用：为休闲而用、为科学而用、为野生动物而用。作者重申并强调了梭罗的观点：荒野是文明与文化的原材料，是世界文化丰富多样性的基础和反映。

《沙乡年鉴》出版于1949年，正值战后经济复苏，人们都在充满信心地征服和利用自然，生态意识十分淡薄，对自然的保护也主要是基于有序开发以确保长久利用的功利观念。直到二十世纪六十年代，生态危机的各种灾难性后果集中爆发，《沙乡年鉴》的价值终获肯定。

《大雁归来》是《沙乡年鉴》中的第三篇文章，描写了三月份沙乡的自然风貌。

二、《大雁归来》分析

《大雁归来》以三月迁徙归来的大雁作为书写对象，既是专业细致的科学观察笔记，也是富有诗意、充满哲理的生态散文，它立足生态观念，用一种新的伦理情感来看待和表现人与动物的关系，体现出重塑人与自然关系的努力。

本文可以分为三个部分，第一部分细致描写春雁生活，第二部分是对春雁活动的议论，第三部分是总结。科学性、抒情性、哲理性，以及平衡前三者的含蓄性共同形成了本文的总体风格。

科学性主要表现在对春雁活动的准确把握和精确表达。比如作者记录了雁群从自己的农场飞到最近的大湖至少还有200英里，提到了具体时间1946年4月11日，记录了大雁的具体数量，如农场共有642只大雁。比如作者及其团队花费了六年的时间来分析从这里经过的每支雁队的数字，最后发现基本都是"六只或以六的倍数组成的雁队"，而且比偶尔出现一只的情况要多得多。又比如作者指出大雁的迁徙是经过精准计算然后定下日期的。诸如此类的表达是科学观察的结果，是科学的、客观的、精确的事实。

抒情性主要表现在对春雁活动的拟人化描述。比如作者将大雁归来视作其"下定了……赌注"的信念之旅，"每年三月，它们都要用自己的生命来为实现这个基本的信念做赌注"。归来后的大雁"向每个沙滩低语着，如同向久别的朋友低语一样"。可以说，在作者选取的三个主要生活场景——大雁从南方归来时的情景、大雁吃东西的画面以及雁群集会的场景之中，大雁都被视为和人类一样，是有灵性、有情感、有情趣的生物。特别需要指出的是，即使是科学化的表述，也被赋予了情感色彩。比如作者通过六年的观察，发现雁群是以"六"为单位聚集而成的，换言之大雁通常是以一个家庭或者是多个家庭组合成的"聚合体"出现的，这就从侧面解释了孤雁的习性——飞行和鸣叫都很频繁，而且声调忧郁，它们是"伤心的单身"。

哲理性主要体现在对自然规律的揭示、尊重和思考。在文章开头，作者就指出大雁的定期迁徙是一种令人着迷的自然规律，作者将主教雀、花鼠与大雁进行对比，指出这种远距离迁徙是以生命为赌注而开展的，因其危险，所以更令人感叹大自然的神秘与伟大。在文中，作者指出大雁飞行的线路是直的，但有时却是曲折的，而且是"试探性"的盘旋，"慢慢地""静静地"滑翔。这些描述暗示了人类和大雁之间的紧张关系，正因为人类经常猎杀大雁，所以大雁才会有这些小心翼翼的动作。人类没有意识到自己将这些美丽的大雁逼到如此战战兢兢的地步。在文末，作者将大雁的联合与人类不可预测的、姗姗来迟的、心怀鬼胎的联合做了对比，指出大雁这种联合的观念是与生俱来的，而且是超时空的。无论身在哪里，每年的三月，大雁都会准时吹响联合的号角。这里显然揭示出一个严峻的、令人费解的事实：人类作为万物灵长，彼此之间却做不到像大雁一样实现平等、联合，也就无法解决人类内部的矛盾。

含蓄性主要体现在大多数时候，作者对所要表达的观点要么引而不发，要么点到即止。比如谈到人类狩猎对大雁的情感伤害，引起其行为习惯的改变这样恃强凌弱，为一己之私而滥杀无辜的行为时本可以声色俱厉地予以痛斥，但作者只是含蓄地点出大雁行为发生改变的原因，并指出大雁在"休战"时期的欢愉、自由。又比如对于孤雁的同情，也是点到即止。即使是在赞美大雁联合迁徙，以及嘲讽当中的人类内斗不断时，作者也没有声色俱厉，而是指出这种联合的与生俱来、超越时空、亘古不变，以及这种行为带来的好处——在迁徙的过程中传播了玉米种子，使生命延续，并将其总结为一句含义隽永的话："在这每年一度的迁徙中，整个大陆所获得的是从三月的天空洒下来的一首有益无损的带着野性的诗歌。"科学事实需要验证，但动物与整个自然界的情感和信仰却又难以验证，因此，含蓄的表达可能是最佳选择。

三、问题探讨

与其他动物书写相比，《大雁归来》在思想上有什么不同？

文学作品以动物为书写对象有着悠久的历史，这一点可以从世界各国的神话传说、民间故事和童话寓言中找到大量的佐证。但是《大雁归来》不同于一般的"动物书写"，因为文学史上的许多"动物书写"并不具有生态意识。仅以人教版初中语文教科书所选的篇目为例，这些作品或是着墨于饲养动物的趣事或回忆，如老舍、郑振铎笔下的猫；或是用文学笔法进行科普说明，如法布尔的《蝉》；或是带有寓言性质的动物小说，如蒲松龄的《狼》等。而《大雁归来》则是以生态主义作为写作的出发点，用一种新的伦理情感来思考人与动物的关系，体现出对人类观念重造的努力。

在这篇作品中，利奥波德将三月归来的大雁与十一月南飞的大雁加以对比，发现十一月南飞的大雁常常是"目空一切地从我们的头上高高飞过，即使发现了它们所喜欢的沙滩和沼泽，也几乎是一声不响"，因为它们知道"从黎明到夜幕降临，在每个沼泽地和池塘边，都有瞄准它们的猎枪"，而"三月的大雁则不同。尽管它们在冬天的大部分时间里都可能受到枪击，但现在却是休战时刻。它们顺着弯曲的河流拐来拐去，穿过现在已经没有猎枪的狩猎点和小洲，向每个沙滩低语着，如同向久别的朋友低语一样"。观察对比的结果说明，在这两个时间段中，大雁迁徙行为的差异主要源于人类的狩猎行为。

结果虽然是单调枯燥的数字，但让利奥波德感到意外的是这些"单调枯燥的数字竟能如此进一步激发爱鸟者的感伤"。文字虽然简洁洗练，却可以让我们真切地感受到利奥波德对雁群生存处境的关切，对同为生命个体的大雁所受伤害的痛惜，以及对人类应如何对待他者的道德诘问。

附 录

外国文学原著选读

《套中人》[*]

误了时辰的猎人们在米罗诺西茨果耶村边上村长普罗科菲的堆房里住下来过夜。他们一共只有两个人:兽医伊凡·伊凡内奇和中学教师布尔金。伊凡·伊凡内奇姓一个相当古怪的双姓:契木沙-希马拉依斯基,这个姓跟他完全不相称,全省的人就简单地称呼他的本名和父名伊凡·伊凡内奇。他住在城郊一个养马场上,现在出来打猎是为了呼吸一下新鲜空气。然而中学教师布尔金每年夏天都在 N 姓伯爵家里做客,对这个地区早已非常熟悉了。

他们没睡觉。伊凡·伊凡内奇是个高而瘦的老人,留着很长的唇髭,这时候在门口坐着,脸朝外,吸着烟斗,月光照着他。布尔金在房里干草上躺着,在黑暗里谁也看不见他。

他们讲起各式各样的事。顺便他们还谈到村长的妻子玛芙拉。她是一个健康而不愚蠢的女人,可是她一辈子从没走出过她家乡的村子,从没见到过城市或者铁路,近十年来一直守着炉灶,只有夜间才到街上去走一走。

"这有什么可奇怪的!"布尔金说,"那种性情孤僻、像寄居蟹或者蜗牛那样极力缩进自己的硬壳里去的人,在这个世界上是不少的。也许这是返祖现象,是退到从前人类的祖先还不是群居的动物而是孤零零地住在各自洞穴里的时代的现象,不过,也许这只是人类性格的一种类型吧,谁知道呢?我不是博物学家,探讨这类问题不是我的事。我只想说像玛芙拉这样的人并不是稀有的现象。喏,不必往远处去找,就拿两个月前在我们城里死去的一个姓别里科夫的人来说吧,他是希腊语教师,我的同事。当然,这个人您一定听说过。他与众不同,不论什么时候出门上街,哪怕天气很好,他也总是穿着套鞋,带着雨伞,而且一定穿着暖和的棉大衣。他的雨伞总是装在套子里,怀表也总是装在灰色的麂皮套子里,等到他取出小折刀来削铅笔,他那把小折刀也是装在一个小小的套子里的。就连他的脸也好像装在套子里似的,因为他总是把脸藏在竖起的衣领里。他戴黑眼镜,穿绒衣,耳朵里塞上棉花,一坐上出租马车,就吩咐车夫把车篷支起来。一句话,在这个人身上可以观察到一种坚定的和不可遏制的意图,总

---

[*] 契诃夫:《契诃夫小说全集》(第十卷),汝龙译,上海译文出版社 2008 年版。引用时有删改。

想给自己包上一层外壳，给自己制造一个所谓的套子，以便同人世隔绝，不致受到外界影响。现实生活刺激他，惊吓他，使他经常心神不安。也许是为了替自己的胆怯、自己对现实的憎恶辩护吧，他老是称赞过去，称赞从来没有过的事物。他所教的古代语言，实际上对他来说也无异于他的套鞋和雨伞，使他借以逃避现实生活。'啊，希腊语多么响亮，多么美！'他说，做出甜滋滋的表情。仿佛为了证明他的话似的，他眯细眼睛，举起一个手指头，念道：'Anthropos。'①

"别里科夫把他的思想也极力藏在套子里。对他而言，只有政府的通告和报纸的文章上明令禁止的事情，他才觉得清清楚楚。通告上禁止中学生晚上九点钟以后上街，或者某一篇文章要求禁止性爱，他就觉得清楚明确：这是禁止的，那就够了。至于批准和允许的事，他却觉得含有可疑的成分，含有某种模糊而没说透的东西。城里批准成立了戏剧小组，或者阅览室，或者茶馆，他就摇着头，轻声说道：

"'当然，行是行的，这固然很好，可就是千万别闹出什么乱子来啊。'

"各种破坏、规避、偏离规章的行为，虽然看来同他毫不相干，却使得他垂头丧气。如果做祈祷的时候有个同事来迟了，或者中学生顽皮捣乱的事传到他的耳朵里来，或者有人看见女校的女学监很晚还同一个军官在一起，他就激动不安，老是说，千万别闹出什么乱子来。在教务会议上，他简直压得我们透不过气来，老是顾虑重重、疑神疑鬼，而且发表纯粹套子式的论调，说什么如今男子中学和女子中学里的青年人都品行恶劣，又说什么教室里吵吵闹闹，'哎呀，千万别传到上司的耳朵里去！哎呀，千万别闹出什么乱子来啊。'还说什么如果把二年级的彼得罗夫和四年级的叶果罗夫开除，那就好了。后来怎么样呢？他唉声叹气，满腹牢骚，苍白的小脸上架着一副黑眼镜（您要知道，那张脸很小，跟黄鼠狼一样），把我们都降服了，我们就让步，扣彼得罗夫和叶果罗夫的品行分数，把他们关进禁闭室里，最后到底把彼得罗夫和叶果罗夫都开除了事。他有一种古怪的习惯，常常到我们的住处来访问。他来到一个教师家里，就坐下，一言不发，仿佛在暗中侦察什么事似的。他就那样坐上一两个钟头，一句话也没说就走了。他把这叫'和同事们保持良好关系'。显而易见，到我们家里来闷坐，在他是不好受的，他之所以到我们家里来，只是因为他觉得这是他作为同事所应尽的义务。我们这些教师都怕他。甚至校长也怕他。

---

① Anthropos，希腊语"人"的意思。

您看怪不怪，我们这些教师都是有思想的、极其正派的人，受过屠格涅夫和谢德林的教育，然而这个永远穿着套鞋和带着雨伞的人，却足足控制了整个中学有十五年之久！其实何止是一所中学？全城都受他的控制！我们这儿的太太们在星期六不搞家庭演出，因为怕他知道。教士们当着他的面不敢吃荤，不敢打牌。在别里科夫这样的人的影响下，在最近这十年到十五年间，我们全城的人变得什么都怕。他们不敢大声说话，寄信，交朋友，读书，不敢周济穷人，教人识字……"

伊凡·伊凡内奇想开口说话，咳嗽了一声，可是先点燃烟斗，看了看月亮，然后才慢条斯理地说：

"是啊。有思想的人，正派人，既读过屠格涅夫的书，又读过谢德林的书，还读过巴克尔①等人的书，可是遇事就屈服，容让……问题就在这儿。"

"别里科夫跟我同住在一所房子里，"布尔金继续说，"而且同住在一层楼上，房门对房门。我们常常见面，我知道他的家庭生活。他在家里也还是那一套：睡衣啦，睡帽啦，护窗板啦，门闩啦，各种各样的清规戒律，还有'哎呀，千万别闹出什么乱子来啊！'。吃素对健康有害，可是又不能吃荤，担心人家会说别里科夫在斋期里不持斋；于是他就吃用牛油煎的鲈鱼，这固然不能说是素食，然而也不能说是斋期禁忌的菜。女仆他是不用的，因为担心别人会对他有不好的想法。他就雇了个六十岁上下的老头儿做厨师，名叫阿法纳西，傻头傻脑，总是喝得醉醺醺的，从前做过勤务兵，好歹会做一点菜。这个阿法纳西经常在门旁站着，把胳膊交叉在胸前，老是深深地叹着气，嘟哝那么一句话：

"'如今他们这种人多得不行啊！'

"别里科夫的卧室小得像口箱子，床上挂着帐子。他躺下睡觉，总是蒙头盖上被子。房间里又热又闷，外面的风吹动关紧的房门，火炉里嗡嗡地响，从厨房里传来叹息声，不祥的叹息声……

"他在被子里心惊肉跳。他生怕会出什么乱子，生怕阿法纳西来杀他，生怕小偷溜进来，后来通宵做惊慌不安的梦。早晨我们一块儿到中学去的时候，他心情烦闷，面色苍白。看得出来，他所去的那个人数众多的中学惹得他全身心地害怕和厌恶。对他这个性情孤僻的人来说，跟我一块儿走路，也是一件苦事。

---

① 巴克尔，英国历史学家、社会学家、哲学家。

"'我们的教室里吵得很凶,'他说,仿佛极力为他的沉重心情寻找解释似的。'简直不像话。'

"后来这个希腊语教师,这个套中人,您猜怎么着,还差点结了婚。"

伊凡·伊凡内奇很快地朝堆房里扫了一眼,说:

"您开玩笑了!"

"真的,不管多么奇怪,他的确差点结了婚。我们学校里调来了一个新的史地教师,名叫米哈依尔·萨维奇·柯瓦连科,是小俄罗斯人①。他不是一个人来的,而是带着姐姐瓦连卡。他年纪轻,高身量,皮肤黝黑,两只手挺大,凭他的脸相可以看出他说话声音低沉,果然他的嗓音好比是从大桶里发出来的:卜,卜,卜……他姐姐呢,年纪已经不轻,大约有三十岁了,身材也高,而且匀称,黑眉毛,红脸蛋——一句话,她简直不是姑娘,而是蜜饯水果,活泼极了,很爱热闹,老是唱小俄罗斯的抒情歌曲,扬声大笑。她动不动就发出一连串响亮的笑声:哈哈哈!我记得,我们初次真正认识柯瓦连科姐弟是在校长家里的命名日宴会上。在那些死板板的、又紧张又沉闷、把赴命名日宴会也看作应公差的教师中间,我们突然看见一个新的阿佛洛狄忒②从浪花里钻出来了:她走来走去,双手叉着腰,扬声大笑,引吭高歌,翩翩起舞……她带着感情歌唱《风在吹》,后来又唱一支抒情歌曲,随后再唱一支,她把我们大家都迷住了,甚至别里科夫也包括在内。他挨着她坐下,甜滋滋地微笑着说:

"'小俄罗斯的语言那么柔和,那么动听,使人联想到古希腊语言。'

"这话使她感到得意,她就带着感情对他恳切地讲起在加佳奇县他们有一个田庄,妈妈住在田庄上,那儿有上好的梨,上好的甜瓜,上好的卡巴克③!小俄罗斯人把南瓜叫做卡巴克,而把酒馆叫做希诺克,他们用红甜菜和白菜熬的红甜菜汤'可好吃啦,可好吃啦,简直好吃得要命!'

"我们听啊听的,忽然大家灵机一动,生出了同样的想法。

"'要能撮合他们结婚才好。'校长太太轻声对我说。

"不知什么缘故我们大家这才想起来,原来我们的别里科夫还没有成家。这时候我们才感到奇怪:不知怎的,他生活里的这样一件大事,我们

---

① 小俄罗斯人,乌克兰人的旧称。

② 阿佛洛狄忒,希腊神话中爱和希望的女神,相当于古罗马神话中的维纳斯,她生于海中,以美丽著称。

③ 卡巴克,俄语,即"小酒馆"。

以前竟一直没有理会,完全忽略了。总的来说,他对女人采取什么态度呢?这个重要的问题他准备如何解决?以前这件事根本没有引起过我们的兴趣,也许我们甚至不承认这样的想法:一个不问什么天气总是穿着套鞋而且睡觉总要放下帐子的人,也会爱上一个什么人。

"'他早就过了四十岁,而她也三十了……'校长太太说出她的想法,"我觉得她肯嫁给他的。'

"在我们内地,由于闲得慌,什么事都做得出来,人们做过多少不必要的蠢事啊!而这是因为大家不去做必要的事。是啊,比方说,既然大家甚至不能想象这个别里科夫会结婚,那我们又为什么突然要给他撮合婚事呢?校长太太啦,学监太太啦,我们中学里所有的女士们啦,都活跃起来,甚至变得好看多了,好像忽然发现了生活目标似的。校长太太在剧院里定了一个包厢,我们一看,原来她的包厢里坐着瓦连卡,手里拿着一把扇子,眉开眼笑,幸福得很。别里科夫坐在她的身旁,身材矮小,拱起背脊,仿佛他是被人用钳子硬夹到这儿来的。我有时在家里办晚会,太太们就要求我务必把别里科夫和瓦连卡请来。一句话,机器开动起来了。看来瓦连卡并不反对出嫁。她在弟弟那儿住得不大快活,他们成天吵架和相骂。比方有这样一个场面:柯瓦连科在街上走着,高身量,结实,穿一件绣花的衬衫,帽子里有一绺头发钻出来,耷拉额头上,他一只手里拿着一捆书,另一只手里拿着一根有节疤的粗手杖。姐姐跟在他的身后,也拿着书。

"'这本书你一定没看过,米哈依尔里克①!'她大声争辩道,'我跟你说,我赌咒,你根本没看过这本书!'

"'我跟你说,我看过!'柯瓦连科嚷道,把手杖在人行道上顿得咚咚响。

"'哎呀,我的上帝,米哈依尔里克!你发脾气干什么?要知道我们谈的是原则问题。'

"'我跟你说,我看过嘛!'柯瓦连科嚷得越发响了。

"在家里,即便有外人在座,他们也照样互相争吵。这样的生活大概惹得她厌烦,她巴望有自己的小窝了,再者年纪也应该顾到,这时候已经没有选择对象的余地,好歹嫁出去就行,即使嫁给希腊语教师也将就了。况且我们的小姐们大多数都不问嫁给谁,只要能嫁出去就算。不管怎样,

---

① 米哈依尔里克,米哈依尔的小名。

瓦连卡开始对我们的别里科夫表示明显的好感了。

"而别里科夫呢？他也常到柯瓦连科家去，就跟常到我们家来一样。他到了他家里，就坐着，一言不发。他沉默着，瓦连卡就给他唱《风在吹》，或者用她那双黑眼睛若有所思地瞧着他，或者忽然发出一连串笑声：

"'哈哈哈！'

"在恋爱方面，特别是在婚姻方面，外人的怂恿总要起很大的作用。所有的人，同事们和同事的太太们，都向别里科夫游说：他应该结婚了，他的生活里没有别的缺陷，只差结婚了。我们大家都向他道喜，带着一本正经的脸色说出各式各样的俗套头，例如婚姻是终身大事等等；再者瓦连卡长得也不坏，招人喜欢，她是五品文官的女儿，有田庄，主要的是，她是头一个对他亲热恳切的女人。于是他头脑发昏，认为他真的该结婚了。"

"'喏，到了这一步，就应该把他的套鞋和雨伞拿掉了。'伊凡·伊凡内奇说。

"您要知道，这是办不到的。虽然他把瓦连卡的照片放在他的桌子上，还老到我这儿来谈瓦连卡，谈家庭生活，谈婚姻是终身大事，他也常到柯瓦连科家里去，可是他的生活方式丝毫也没改变。甚至刚好相反，结婚的决定好像对他起了有害的影响：他瘦了，脸色苍白了，似乎更深地钻进他的套子里去了。

"'瓦尔瓦拉①·萨维希纳我是喜欢的，'他对我说，淡淡地苦笑一下，'我知道人人都非结婚不可，然而……这件事，您要知道，来得有点突然……应当好好想一想才是。'

"'有什么可想的呢？'我对他说。'您自管结婚就是了。'

"'不成，婚姻是终身大事，应当先估量一下马上要承担的义务和责任……免得以后闹出什么乱子来。这件事弄得我六神不安，我现在通宵睡不着觉。老实说，我害怕：她和她弟弟的思想方式有点古怪，他们议论起事情来，您知道，有点古怪，她的性情又很活泼。一旦结了婚，以后说不定就会惹出什么麻烦来。'

"于是他没求婚，老是拖延，招得校长太太和我们学校里所有的太太们大为烦恼。他老在估量马上要承担的义务和责任，同时差不多每天都跟瓦连卡一块儿散步，也许认为这是处在他的地位理应做的吧。他常来找我

---

① 瓦尔瓦拉，瓦连卡的大名。

谈家庭生活。要不是忽然出了个 Kolossalische Skandal①，到头来，他多半会求婚，于是一桩不必要的、愚蠢的婚事就办成了，而在我们这儿，由于烦闷无聊和无事可做，像那样的婚姻多得不可胜数。必须说明，瓦连卡的弟弟柯瓦连科从认识别里科夫的头一天起就痛恨他，对他不能容忍。

"'我不明白，'他耸动着肩膀对我们说，'我不明白你们怎么能跟这个告密的家伙，这个惹人讨厌的丑八怪相处。哎，诸位先生，你们怎么能在这儿生活！你们这儿的空气恶劣极了，简直会活活把人闷死，难道你们算是导师、教师？你们是官僚，你们这儿不是学府，而是城市警察局，有一股子酸臭气，像在警察亭子里一样。不行，诸位老兄，我跟你们一块儿再生活一阵，就到我的田庄上去，捉虾，教小俄罗斯的孩子们读书。我是要走的，你们跟你们的犹大留在这儿吧，叫他遭了瘟才好。'

"要不然他就哈哈大笑，笑得流出眼泪来，声音时而低沉，时而尖细。他摊开两只手，问我：

"'他为啥跑到我这儿来坐着？他要干啥？他一直坐在那儿发呆。'

"他甚至给别里科夫起了个外号叫'吸血鬼或蜘蛛②'。当然，关于他的姐姐瓦连卡准备嫁给"蜘蛛"的事，我们绝口不谈。有一次校长太太对他暗示说，要是能让他的姐姐嫁给像别里科夫那么一个稳重而且为大家所尊重的人倒很不错，他就皱起眉头，嘟哝说：

"'这不关我的事。她哪怕嫁给一条毒蛇也由她，我不喜欢干涉别人的事。'

"现在您听听后来发生的事吧。有那么一个促狭鬼画了一幅漫画，上面是别里科夫在走路，穿着套鞋，卷起裤腿，带着雨伞，臂弯里挽着瓦连卡，下面的题词是：'恋爱中的 anthropos'。那神态，您知道，画得像极了。那画家一定画了不止一夜，因为男子中学和女子中学的教师们、宗教学校的教师们、文官们，每人都收到一张。连别里科夫也收到一张。这张漫画弄得他难堪极了。

"我们一块儿从房子里走出去，那天恰好是五月一日，星期日，我们全体教师和学生，约好在中学校里集合，然后一同出发，步行到城外小树林里去郊游。我们一块儿走出去，他脸色发青，比乌云还要阴沉。

"'有的人多么坏，多么恶毒！'他说，他的嘴唇发抖。

"我甚至怜惜他了。我们走着，忽然，您猜怎么着，柯瓦连科骑着自

---

① Kolossalische Skandal，德语，指大笑话。
② "吸血鬼或蜘蛛"是乌克兰作家克罗皮夫尼茨基所著的一个剧本的名称。

行车来了，后面跟着瓦连卡，也骑着自行车，满脸通红，十分疲乏，然而兴高采烈，欢欢喜喜。

"'我们先走一步！'她嚷道，'天气真好，真好，简直好得要命！'

"他们两个人走远，不见了。别里科夫的脸色从发青转为发白，好像愣住了。他站定下来，瞧着我……

"'对不起，这是怎么回事？'他问。'要不然，也许是我的眼睛骗了我，中学教师和女人骑自行车，难道这还成体统？'

"'这有什么不成体统的？'我说，'让他们痛痛快快地去骑吧。'

"'可是这怎么行？'他叫道，对我安然的态度感到惊讶。'您在说什么呀？！'

"他大为震动，不愿意再往前走，回家去了。

"第二天他一直心神不定地搓着手，打哆嗦，从他的脸色看得出，他身体不舒服。他没等到下班就走了，这还是他有生以来第一次。而且他没吃午饭。将近傍晚，虽然户外已经完全是夏天的天气，他却穿上厚衣服，慢腾腾地往柯瓦连科家里走去。瓦连卡不在家，他只碰见了她的弟弟。

"'坐吧，请。'柯瓦连科冷淡地说，皱起眉头：他脸上带着睡意，饭后刚刚打了一个盹儿，心绪极其不佳。

"别里科夫沉默地坐了十分钟光景，然后开口说：

"'我来找您，是为了解除我心中的负担。我心里沉重得很，沉重得很。有个不怀好意的家伙画了一张漫画，把我和另一个同我们俩都很亲密的人画成可笑的样子……我认为我有责任向您保证我跟这件事没有任何关系……我没有为这种嘲笑提供任何口实，刚好相反，我的一举一动素来是合乎正人君子的身份的。'

"柯瓦连科坐在那儿生闷气，不说话。别里科夫等了一会儿，继续用悲哀的声调小声说：

"'另外我还有一件事要跟您谈。我已经工作多年，而您还刚开始工作。我认为我作为年长的同事，有责任向您提出忠告。您骑自行车，而这种游戏对教育青年的人来说是完全不成体统的。'

"'为什么呢？'柯瓦连科用低沉的声音问。

"'这难道还要解释，米哈依尔·萨维奇？难道这有什么不好理解的？如果教师骑自行车，那么学生还会做出什么好事来？他们只能头朝下，用脑袋走路了！既然政府的告示里没有写着准许做这种事，那就不能做。我昨天吓了一大跳！我一看见您的姐姐，我的眼前就一片漆黑。一个女人或

者姑娘骑自行车,这太可怕了!'

"'说实在的,您究竟要怎么样?'

"'我所要做的只有一件事,那就是向您提出忠告,米哈依尔·萨维奇。您年轻,有前途,一举一动必须非常慎重,非常慎重,可是您那么随便。啊,太随便了!您经常穿着绣花衬衫,手里拿着些书在街上走,现在又骑什么自行车。关于您和您的姐姐骑自行车的事,校长会知道的,然后就会传到督学的耳朵里……这还会有什么好下场吗?'

"'讲到我和我的姐姐骑自行车,这不关别人的事!'柯瓦连科说,脸孔涨得通红。'谁要来管我家的事,我就叫他滚蛋。'

"别里科夫脸色煞白,站起身来。

"'如果您用这种口气跟我讲话,我就不能继续谈下去了,'他说,'我请求您在我的面前提到上司的时候万万不要说这种话。您对当局应当尊敬才对。'

"'难道我说了当局什么坏话吗?'柯瓦连科问,气愤地瞧着他。'劳驾,请您不要打扰我。我是个正直的人,不愿意跟您这样的先生谈话。我不喜欢告密的人。'

"别里科夫心神不定,着起慌来,动手很快地穿上大衣,脸上露出害怕的神情。要知道,他还是生平第一次听见这样粗鲁的话。

"'您要说什么都随您,'他从前堂走到楼梯口,说:'只是我要向您预先声明:说不定已经有人把我们谈的话偷听了去,为了免得我们的谈话被人曲解,闹出什么乱子来,我得把我们谈话的内容……大体上报告校长先生。我不能不这样做。'

"'报告?你报告去吧!'

"柯瓦连科从后面一把抓住他的衣领,猛地一推,别里科夫就一路滚下楼去,他的套鞋发出乒乒乓乓的响声。楼梯高而且陡,不过他滚到楼下却安然无恙,站起来,摸了摸鼻子,看他的眼镜碎了没有。可是偏巧他滚下楼的时候,瓦连卡走了进来,还带来两位太太。她们站在楼下,呆呆地瞧着他,而这对别里科夫来说比什么都可怕。看来,他宁可摔断脖子,摔断两条腿,也不愿成为笑柄:这样一来,就会弄得全城都知道,难免会传到校长和督学的耳朵里,'哎呀,千万别闹出什么乱子来啊!'人家又要画出一张漫画来,到头来他就只能奉命辞职了。

"等到他站起来,瓦连卡才认出是他,瞧着他可笑的脸、揉皱的大衣、套鞋,不明白这是怎么回事,以为他是自己不小心摔下来的,就忍不住扬声大笑，声音响得整个房子都能听见：

"'哈哈哈！'

"这一连串响亮而清脆的笑声就此结束了一切，结束了婚事和别里科夫在人间的生活。他没有听见瓦连卡说了些什么，而且什么也没看见。他走回家里，首先从桌子上撤掉瓦连卡的照片，然后躺下来，从此再也没有起床。

"过了三天光景，阿法纳西到我家里来，问我要不要去请医师，因为，据他说，他的主人有点不对头。我就到别里科夫的屋里去。他躺着，放下帐子，盖着被子，一声不响。不管问他什么话，他光是回答一声'是'或者'不'，别的什么都没说。他躺在那儿，阿法纳西在他旁边走来走去，脸色阴沉，皱起眉头，深深地叹气，从他身上散发出白酒的气味，就像从酒馆里发出来的一样。

"过了一个月别里科夫死了。我们大家，也就是两个中学和宗教学校的人，都去送他下葬。如今他躺在棺材里，神情温和、愉快，甚至高兴，仿佛在庆幸他终于装进一个套子里，从此再也不必出来了。是啊，他实现了他的理想！在他下葬的时候，老天似乎也在对他表示敬意，天色阴沉，下着雨。我们大家都穿着套鞋，打着雨伞。瓦连卡也去送丧，等到棺材放进墓穴里，她哭了一阵。我发现小俄罗斯女人只会哭或者笑，对她们来说不哭不笑的心情是没有的。

"老实说，埋葬别里科夫这样的人，是一件大快人心的事。我们从墓园回去的路上，脸容庄重，愁眉不展，谁也不愿意露出高兴的心情，而那种心情，在很久以前我们还是小孩子的时候，每逢大人出了家门，我们在花园里跑上一两个钟头，享受充分自由之际才体验过。啊，自由呀，自由！哪怕只有一点点影子，哪怕有那么一线希望，这自由也会使得人的灵魂生出翅膀来。难道不是这样吗？

"我们从墓园里回来，心绪极好。然而一个星期还没过完，生活就又照先前一样，仍然那么严峻、令人厌烦、杂乱无章了。这样的生活固然没有经政府的告示禁止，不过也没有得到充分的许可呀；情况并没有变得好一点。确实，我们埋葬了别里科夫，可是还不知有多少这样的套中人活着，而且将来还不知会有多少呢！"

"问题就在这儿。"伊凡·伊凡内奇说着，点上了烟斗。

"那样的人将来还会有多少啊！"布尔金重复了一句。

中学教师从堆房里走出来。这人身材不高，却挺胖，头顶完全光秃，他的黑胡子长到几乎齐腰。有两条狗跟着他一块儿走出来。

"多好的月色,多好的月色!"他抬头看,说道。

这时候已经是午夜了。往右边瞧,可以看清整个村子。一条长街伸展到远处去,有五俄里光景。一切都进入安静而深沉的睡乡,一点活动也没有,一点儿声音也没有,人甚至不相信大自然能这样安静。人在月夜见到广阔的村街和村里的茅屋、干草垛、睡熟的杨柳,心里就会变得安静。村子在安心休息,隐藏在朦胧的夜色中,避开了操劳、烦恼、痛苦,显得温和、凄凉、美丽,看上去似乎连天空的繁星也在亲切而动情地瞧着它,似乎人世间已经没有坏人坏事,一切都很好。左边,村子到了尽头,便是田野,可以看见它一直伸展到远处,直到地平线,这一大片田野沉浸在月光里,也没有一点儿活动,没有一点儿声音。

"问题就在这儿,"伊凡·伊凡内奇又说一遍。"我们住在空气污浊、极其拥挤的城里,写些不必要的公文,老是玩'文特'①,这岂不也是一种套子?至于我们在懒汉、无端兴讼的家伙和愚蠢而闲散的女人当中消磨我们的一生,自己说,也听人家说各式各样的废话,这岂不也是一种套子?喏,要是您乐意听的话,我就来给您讲一个很有教益的故事。"

"不,现在是睡觉的时候了,"布尔金说。"留到明天再讲吧。"

他们俩就走进堆房,在干草上躺下。这两个人刚盖好被子,正要昏昏睡去,忽然听见轻微的脚步声:吧嗒,吧嗒……有个人在离堆房不远的地方走路,走了不多一会儿就停住了,可是过一分钟又来了:吧嗒,吧嗒……狗汪汪地叫起来。

"这是玛芙拉在走路。"布尔金说。

脚步声渐渐听不见了。

"自己看着别人做假,听着别人说假话,"伊凡·伊凡内奇说,翻一个身,"于是自己由于容忍这种虚伪而被人骂成蠢货;自己受到委屈和侮辱而隐忍不发,不敢公开声明站在正直自由的人一边,反而自己也弄虚作假,面带微笑,而这样做无非是为了混一口饭吃,为了有一个温暖的小窝,为了做个不值钱的小官罢了,不行,再也不能照这样生活下去了!"

"哦,您这是扯到别的题目上去了,伊凡·伊凡内奇,"布尔金说,"我们睡觉吧!"

大约过了十分钟,布尔金睡着了。可是伊凡·伊凡内奇不住地翻身,叹气,后来索性起来,又走出去,在门口坐下,点上了烟斗。

---

① 文特,一种流行于俄国十九世纪末的纸牌游戏。

《醋栗》*

　　从大清早起,整个天空就已经布满了雨云。空中没有风,不热,可是闷,每逢晦暗的阴天,雨云挂在田野的上空,久久不散,看样子要下雨而又不下的时候,往往就会有这样的情况。兽医伊凡·伊凡内奇和中学教师布尔金已经走得很疲劳,他们觉得田野好像没有个尽头似的。前面远处,隐约可以看见米罗诺西茨果耶村的风车,右边有一排土冈朝前伸展,越过村子,消失在远方。他们俩都知道那是河岸,那儿有草场、碧绿的柳树、庄园。如果站在一个土冈上眺望,就可以看见同样辽阔的田野,看得到电报线,远处的一列火车,像是一条毛毛虫在爬。遇上晴朗的天气,从那儿甚至可以看见城市。如今在没风的天气里,整个自然界显得温和而沉静。伊凡·伊凡内奇和布尔金对这片田野充满热爱,两个人都在想:这个地方多么辽阔,多么美丽啊。

　　"上一次我们在村长普罗科菲的堆房里,"布尔金说,"您打算讲一个故事来着。"

　　"对了,当时我原想讲讲我弟弟的事。"

　　伊凡·伊凡内奇深深地叹一口气,点上烟斗,预备开口讲故事,可是正巧这时候天下雨了。过了大约五分钟,雨下大了,空中乌云密布,很难预测这场雨什么时候才会结束。伊凡·伊凡内奇和布尔金站住,考虑起来。他们的狗已经淋湿,站在那儿,夹着尾巴,深情地瞧着他们。

　　"我们得找个地方避一避雨才成,"布尔金说,"我们到阿列兴家里去吧。那儿很近。"

　　"那我们就去吧。"

　　他们就往斜下里拐过去,一路穿过已经收割过的田地,时而照直走,时而往右拐,直到走上一条大道为止。不久就出现了杨树,园子,然后是谷仓的红房顶;河流闪闪发光,顿时眼前豁然开朗,出现一片带磨坊和白色浴棚的水域。这就是阿列兴所住的索菲诺村。

　　磨坊在开工,那响声盖过了雨声,水坝在颤抖。那儿,大车旁边,站着几匹淋湿的马,低下了头。人们披着麻袋走来走去。这儿潮湿,泥泞,憋闷,河水看上去冰凉又凶险。伊凡·伊凡内奇和布尔金已经感到周身潮

---

　　* 契诃夫:《契诃夫小说全集》(第十卷),汝龙译,上海译文出版社2008年版。引用时有删改。

湿、不清爽、不舒服，他们的脚由于沾着烂泥而发沉。他们走过水坝，爬上坡，往地主家的谷仓走去，一路上都没讲话，好像在互相生气似的。

在一个谷仓里，簸谷的风车轰轰地响。仓门开着，门里冒出一股股灰尘。阿列兴本人就在门口站着，这是个四十岁上下的男子，身材高而丰满，头发很长，与其说像地主，不如说像教授或者画家。他穿着一件很久没有洗过的白衬衫，拦腰系一根绳子算是腰带，下身没穿外裤而只穿一条长衬裤，靴子上也沾满了泥浆和麦秸。他的鼻子和眼睛扑满灰尘，变得乌黑。他认出了伊凡·伊凡内奇和布尔金，分明很高兴。

"请到屋里去吧，两位先生，"他含笑说道，"我马上就来，用不了一分钟。"

这是一所两层楼的大房子。阿列兴住在楼下两个拱顶房间里，窗子很小，从前原是管家们居住的。屋里陈设简单，有黑面包、便宜的白酒和马具的气味。他难得去楼上的正房里，只有客人来了，他才上去。伊凡·伊凡内奇和布尔金在房子里遇到一个使女，是个年轻的女人，长得那么美，他们俩不由得同时站住，互相看了一眼。

"你们再也想不出来我见着你们多么高兴，两位先生，"阿列兴跟着他们走进前厅，"这可是万万没想到！彼拉盖雅，"他对使女说，"给客人们找几件衣服来换一换吧。顺便我也换一下衣服。只是我先得去洗个澡，我好像从春天起就没洗过澡。两位先生，你们愿意到浴棚里去吗？也好让他们趁这工夫把这儿收拾一下。"

美丽的彼拉盖雅那么殷勤，样儿又那么温柔，她给他们送来了毛巾和肥皂。阿列兴就和客人们到浴棚里去了。

"是啊，我已经很久没有洗澡了，"他一面脱衣服，一面说，"我的浴棚，你们看得出来，是挺好的，这还是我父亲修建的，可是不知怎的，我总也没有工夫洗澡。"

他在台阶上坐下，给他的长头发和脖子擦满肥皂，他四周的水就变成棕色了。

"是啊，我看也是……"伊凡·伊凡内奇瞧着他的头，意味深长地说。

"我已经很久没有洗澡了……"阿列兴不好意思地又说了一遍，又往自己身上擦肥皂，他四周的水变得像墨水那样的深蓝色了。

伊凡·伊凡内奇走到外面去，扑通一声跳进水里，冒着雨，抡开了胳膊游泳。他把身旁的水搅起了波浪，睡莲就在水波上摇晃。他游到河中央水深处，扎一个猛子，过一分钟又在另一个地方出现，再往远处游去，他继续钻进水里,想触到河底。"哎呀,我的上帝啊……"他反复说着,游得很痛快。"哎呀,我的上帝啊……"他游到磨坊那儿,跟几个农民谈了一阵,再游回来,到了河中央就平躺在水面上,让他的脸淋着雨。布尔金和阿列兴已经穿好衣服,准备走了,可是他还在游水,扎猛子。

"哎呀,我的上帝啊……"他说,"哎呀,求主饶恕我吧。"

"您也游得差不多了!"布尔金对他喊道。

他们回到房子里。等到楼上的大客厅里点上了灯,布尔金和伊凡·伊凡内奇都穿上了绸长袍、暖和的便鞋,坐在圈椅上。阿列兴本人也洗了脸,梳好头,穿着新上衣,在客厅里走来走去,显然因为换了干衣服、轻便的鞋子,身上温暖、洁净而感到满足。美丽的彼拉盖雅静悄悄地在地毯上走着,温柔地微笑,用盘子端来了茶和果酱,——一直到这个时候,伊凡·伊凡内奇才开口讲故事。仿佛听他讲话的不光是布尔金和阿列兴,连那些藏在金边镜框里平静而严厉地瞧着他们的老老少少的太太和军人也在听似的。

"我们是兄弟俩,"他开口说,"我,伊凡·伊凡内奇,和弟弟尼古拉·伊凡内奇,他比我小两岁。我学技术,做了兽医,尼古拉从十九岁起就已经在税务局里工作了。我们的父亲契木沙-希马拉依斯基本来是个世袭兵①,不过后来当上了军官,给我们留下了世袭的贵族身份和一份小小的田产。他死后,那份小田产抵了债,可是不管怎样,我们的童年是在乡间自由自在地度过的。我们完全跟农家的孩子一样,白天晚上都待在田野上,树林里,看守马匹,剥树皮,钓鱼等等。你们要知道,谁一生当中哪怕只钓到过一次鲈鱼,或者秋天只见过一次鸫鸟南飞,看它们怎样在晴朗凉爽的日子里成群飞过乡村,那他就再也不想做城里人了,他一直到死都会向往那种自由的生活。我的弟弟在税务局里老是惦记乡下。光阴一年年地过去,他老是坐在一个地方不动,老是写同样的公文,心里所想的老是一件事:怎样能到乡间去。他的这种苦恼渐渐成为一种明确的愿望,一种梦想——但求在河边或者湖畔买下一个小小的庄园。

"他是个善良温和的人,我喜欢他,可是这种一辈子把自己关在自家的庄园里的愿望,我却是素来不同情的。人们常常说:人只需要三俄尺②的土地。然而要知道,需要三俄尺土地的是死尸,而不是活人。现在还有

---

① 世袭兵,在十九世纪中叶的俄国,兵士的儿子出生后便记入服兵役的名册。

② 俄尺,俄国长度单位。

人说，如果我们的知识分子向往土地，盼望有个庄园，那是好事。可是要知道，这些庄园跟三俄尺土地差不多。离开城市，离开斗争，离开生活的闹声，走得远远的，躲进自己的庄园里，这不是生活，这是利己主义、懒惰，这也算是一种修道生活，然而是毫无成绩的修道生活。人所需要的不是三俄尺土地，不是一个庄园，而是整个地球，整个自然界，在那广阔的天地中人才能表现他的自由精神的全部品质和特点。

"我的弟弟尼古拉坐在他的办公室里，幻想将来怎样吃自己家里的白菜汤，那种令人馋涎欲滴的香气弥漫在整个院子里，怎样在碧绿的草地上吃饭，在阳光下睡觉，一连几个钟头坐在大门外的长凳上，眺望田野和树林。农艺书和日历上一切有关农艺方面的意见给他乐趣，成了他心爱的精神食粮。他还喜欢看报，可是专看报纸上这一类广告：某地有若干俄亩土地，连同草场、庄园、小河、花园、磨坊和活水池塘等一并出售。他的头脑里就画出花园里的小径、花卉、水果、椋鸟巢、池塘里的鲫鱼，总之，你们知道，诸如此类的东西。这类想象的画面因他所见到的广告不同而有所不同，然而不知什么缘故每一张画面上都一定有醋栗。他不能想象一个庄园，一个饶有诗意的安乐窝会没有醋栗。

"'乡村生活自有它舒适的地方，'他常常说，'人可以在露台上坐着，喝喝茶，自己养的小鸭子在池塘里洇水，空中弥漫着好闻的气味，而且……而且醋栗长熟了。'

"他常描画他的田庄的草图，而每一次他的草图上都离不了那么几样东西：（一）主人的正房，（二）仆人的下房，（三）菜园，（四）醋栗。他拼命节省，不让自己吃饱喝足，上帝才知道他穿的是什么衣服，活像个叫化子；他不断地攒钱，存在银行里。他成了财迷。我一瞧见他就痛心，常常给他点钱，遇到过节也总给他寄点去，可是他就连这点钱也存起来。要是一个人打定了主意，那你就拿他没办法了。

"若干年过去，他调到另一个省里去了。他年纪已经过了四十，可是仍旧读报上的广告，攒钱。后来我听说他结婚了。他仍然打定主意要买一个有醋栗的庄园，娶了一个年老而难看的寡妇，对她一点儿感情也没有，只是因为她有几个钱罢了。他跟她生活在一起也仍然十分吝啬，害得她半饥半饱，把她的钱存在银行里而写在他的名下。早先她的丈夫是个邮政局长，在他那儿吃惯了馅饼，喝惯了果子酒，可是跟第二个丈夫一块儿过日子却连黑面包也吃不饱。她过着这样的生活，开始憔悴，不出三年就干脆把灵魂交给了上帝。当然，我的弟弟根本就没有想到过她的死要由他负责。金钱好比白酒,能把人变成怪物。从前我们城里有一个病得快死的商人。临终前,他叫人端来一碟蜂蜜,把他所有的钞票和彩票就着蜂蜜一股脑儿吞下肚去,叫谁也得不到。有一次我在火车站检查畜群,正巧有个马贩子失足摔在火车头底下,压断了一条腿。我们把他抬到急诊室里,血不停地流着,真是吓人。可是他却一个劲儿地要求把他的腿找回来,老是放心不下:原来那条断腿的靴子里有二十个卢布,他担心那钱丢了。"

"您岔到别的事情上去了。"布尔金说。

"我的弟媳死后,"伊凡·伊凡内奇沉吟了半分钟,继续说,"我弟弟就着手物色一份田产。当然,哪怕物色五年,到头来也还是会出错,所买的和所想望的迥然不同。我的弟弟尼古拉通过经纪人买下了一个抵押过的庄园,占地一百一十二俄亩,有主人的正房,有仆人的下房,有花园,可是没有果园,没有醋栗,也没有池塘和小鸭子。河倒是有的,不过河水是咖啡色,因为庄园的一边是造砖厂,另一边是烧骨场。可是我的尼古拉·伊凡内奇倒也不怎么伤心,他订购了二十墩醋栗,栽下,照地主的排场过起日子来。

"去年我去探望他。我心想我去看看那儿的情况怎么样。我弟弟在信上称他的庄园为'楚木巴罗克洛夫芜园',又称'希马拉依斯科耶'。我是在午后到达那个又称'希马拉依斯科耶'的。天很热。到处都是沟渠、围墙、篱笆、栽成行的杉树,弄得人不知道怎样才能走进院子,应该把马拴在哪儿。我往正房走去,迎面遇到一条毛色棕红的肥狗,活像一头猪。它本想吠一声,可是又懒得开口。从厨房里走出一个厨娘,光着脚,身体挺胖,也活像一头猪。她说主人吃过饭后正在休息。我走进屋里去看我的弟弟,他正坐在床上,膝部盖着被子。他老了,胖了,皮肉松弛,他的脸颊、鼻子和嘴唇往前突出,眼看就要像猪那样呼噜呼噜地叫着,钻进被子里去了。

"我们互相拥抱,流下了眼泪,这是因为高兴,也是因为忧郁地想到,从前我们都年轻,现在两个人却白发苍苍,快到死的时候了。他穿上外衣,领着我去看他的庄园。

"'哦,您在这儿过得怎么样?'我问。

"'还不错,感谢上帝,我过得挺好。'

"他已经不是往日那个畏畏缩缩的、可怜的小职员,而成了真正的地主老爷了。他已经在这儿住惯,觉得蛮有味道了。他吃得很多,常到澡棚里去洗澡,身子发胖,已经跟村社和两个工厂打过官司,遇上农民不称呼他'老爷',就老大地不高兴。他煞有介事地关心自己灵魂的得救,老爷派头十足,不是实实在在地做好事,而是装腔作势。那么,他做了些什么好事呢?他用苏打和蓖麻子油医治农民的一切疾病;每到他的命名日,就在村子中央做谢恩祈祷,然后摆出半桶白酒来请农民喝,认为事情就该这么办。哎,那可怕的半桶白酒!今天这个胖地主拉着农民们到地方行政长官那儿去,控告他们把牲畜放出来踏坏他的庄稼,明天遇上隆重的节日,却摆出半桶白酒来请他们喝,他们一面喝酒一面喊着,'乌啦',喝醉了的人就给他叩头。生活好转、饱足、闲散,往往在俄国人身上培养出最为骄横的自大心理。尼古拉·伊凡内奇以前在税务局里甚至不敢有他自己的见解,可是现在他所讲的话却没有一句不是至理名言,而且是用大臣那样的口吻讲出来的:'教育是必不可少的,然而对老百姓来说还未免言之过早','总的来说,体罚是有害的,不过在某些场合却是有益的,不可缺少的'。

"'我了解老百姓,善于对付他们,'他说,'老百姓都喜欢我。我只要动一下手指头,他们就会把我所要办的事统统给我办好。'

"所有这些话,请注意,都是带着聪明而善良的笑容说出来的。'我们这些贵族''我以贵族的身份'这类用语他反反复复说过二十遍,分明已经不记得我们的祖父是个庄稼汉,父亲是个兵了。我们的姓契木沙-希马拉依斯基实际上十分古怪,可是现在他却觉得它响亮、高贵、颇为悦耳了。

"然而问题不在他,而在我自己身上。我想对你们讲一讲我在他的庄园里盘桓了不多几个钟头,我自己起了什么样的变化。傍晚我们正在喝茶,厨娘端来满满一盘醋栗,放在桌子上。这不是买来的,而是他自己家里种的,自从栽下那些灌木以后这还是头一回收果子。尼古拉·伊凡内奇笑起来,默默地瞧了一会儿醋栗,眼泪汪汪,激动得说不出话来。然后他拈起一个果子放进嘴里,瞧着我,露出小孩子终于得到心爱玩具后的得意神情,说:

"'多么好吃啊!'

"他贪婪地吃着,不住地重复道:

"'嘿,多么好吃啊!你尝一尝!'

"果子又硬又酸,可是正如普希金所说的,'我们喜爱使人高兴的谎话，胜过喜爱许许多多的真理'①。我看见了一个幸福的人，他心心念念的梦想显然已经实现，他的生活目标已经达到，他所想望的东西已经拿到手，他对他的命运和自己都满意极了。不知什么缘故，往常我一想到人的幸福，总不免带点忧郁的心情，如今我亲眼见到了幸福的人，我的心里却充满了近似绝望的沉重感觉。夜里我心头特别沉重。他们在我弟弟的卧室的隔壁房间里为我铺了床，我听见他没有睡着，常常起床，走到盘子那里拿醋栗果子吃。我心想：实际上有多少满足而幸福的人啊！这是一种多么令人压抑的力量！你们来看一看这种生活吧：强者骄横而懒惰，弱者愚昧，像牲畜一般生活着，周围是难以忍受的贫困、憋闷、退化、酗酒、伪善、撒谎……然而，所有的房屋里和街道上却安安静静，心平气和。住在城里的五万人当中竟然没有一个人大叫一声，高声说出他的愤慨。我们看见一些人到市场去买食品，白天吃喝，晚上睡觉，他们说废话，结婚，衰老，安详地把死人送到墓园里去；可是那些受苦受难的人，那些隐在暗处什么地方进行着的生活里的惨事，我们却没看见，也没听到。一切都安静太平，提抗议的只有不出声的统计数字：若干人发了疯，若干桶白酒被喝光，若干儿童死于营养不良……这样的世道分明是必要的；幸福的人之所以感到逍遥自在，仅仅是因为不幸的人沉默地背负着他们的重担，而缺了这样的沉默，幸福就难以实现。这是普遍的麻木不仁。每一个满足而幸福的人的房门边都应当站上一个人，手里拿着小锤子，经常敲着门提醒他：天下还有不幸的人，不管他自己怎样幸福，生活迟早会对他伸出魔爪，灾难会降临，例如疾病、贫穷、损失等。到那时候谁也不会看见他，不会听见他，就像现在他看不见，也听不见别人一样。然而世上没有拿着小锤子的人，幸福的人生活得无忧无虑，生活中细小的烦恼微微激起他内心的波澜，就像风吹杨树一样，于是天下太平。

"这天晚上我才明白我也满足而幸福。"伊凡·伊凡内奇站起来，继续说，"我在吃饭和打猎的时候也教导别人该怎样生活，怎样信仰，怎样管好老百姓。我也说学问是光明，教育是必不可少的，然而目前对普通人来说，能读会写也就足够了。我说自由是幸福，缺了它如同缺了空气一样，是不行的，然而应当等待。是的，我常这样说，可是现在我要问：为什么要等？"伊凡·伊凡内奇生气地瞧着布尔金，问道，"我问你们：为什么要等？根据什么理由？人家对我说，不能一下子就把样样事情都办成，每一

---

① 引自俄国诗人普希金的《英雄》一诗，但引文不确切。

种理想在生活里都是逐步地、到适当的时候才实现。然而这话是谁说的？有什么证据足以证明这话是正确的？你们引证事物的自然规律，引证社会现象的合法性，可是我，一个有思想的活人，站在一道沟面前，本来也许可以从上面跳过去，或者搭一座桥走过去，却偏偏要等着它自动封口，或者等着淤泥把它填满，难道这也说得上什么规律和合法性？再说一遍，为什么要等？等到没有力量生活了才算？可是人又非生活不可，而且也渴望生活！"

"我一清早就离开我弟弟的家，从那时候起，住在城里便使我不堪忍受了。那种安静而太平的气氛使我苦恼。我不敢瞧人家的窗子，因为现在对我来说，再也没有比幸福的一家人围住桌子坐着喝茶的情景更使人难受的了。我已经年老，不适宜作斗争，我甚至不会憎恨人了。我只是心里悲伤、生气、烦恼，每到夜里我的脑子里各种思想纷至沓来，弄得我十分激动，睡不着觉……唉，要是我还年轻就好了！"

伊凡·伊凡内奇激动得从这个墙角走到那个墙角，反复地说：

"要是我还年轻就好了！"

他忽然走到阿列兴跟前，先是握他的这只手，后来又握他的那只手。

"巴威尔·康斯坦丁内奇！"他用恳求的声调说，"不要心平气和，不要让自己昏睡！趁年轻，强壮，血气方刚，要永不疲倦地做好事！幸福是没有的，也不应当有。如果生活有意义和目标，那么，这个意义和目标就断然不是我们的幸福，而是比这更合理、更伟大的东西。做好事吧！"

所有这些话都是伊凡·伊凡内奇带着可怜的、恳求的笑容说的，仿佛他在为他自己请求什么事似的。

后来这三个人在客厅里各据一方，在三把圈椅上坐下，沉默了。伊凡·伊凡内奇的故事既没满足布尔金，也没满足阿列兴。金边镜框里的将军们和太太们在昏光中像是活人，垂下眼睛瞧着他们，在这样的时候听那个可怜的、吃醋栗的职员的故事是很乏味的。不知什么缘故，他们很想谈一谈或者听一听高雅的人或者女人的事。他们所在的这个客厅里，一切东西，不论是蒙着套子的枝形烛架也好，圈椅也好，脚底下的地毯也好，都在诉说：现在从镜框里往外看的那些人，从前也在这儿走过路，坐过，喝过茶，而且美丽的彼拉盖雅目前正在这儿不出声地走来走去——这比任何故事都美妙得多呢。

阿列兴非常想睡觉。他一清早两点多钟就起床料理农活，现在他的眼皮合在一起了，可是他生怕他不在，两位客人会讲出什么有趣的事，就没有走掉。至于刚才伊凡·伊凡内奇所讲的故事是否有道理，是否正确，他却没有去细想。两位客人没谈麦粒，没谈干草，没谈焦油，而是谈些同他的生活没有直接关系的事，他心里暗暗高兴，希望他们继续谈下去才好……

"可是到睡觉的时候了，"布尔金站起来说，"请允许我向你们道晚安吧。"

阿列兴道了晚安，回到楼下他自己的房间里去了。两位客人留在楼上。他们俩被人领到一个大房间里去过夜，那儿摆着两张旧式的雕花大床，房角上挂着刻有耶稣受难像的象牙十字架。他们那两张凉快的大床已经由美丽的彼拉盖雅铺好被褥，新洗过的床单发散着好闻的气味。

伊凡·伊凡内奇不声不响地脱掉衣服，躺了下来。

"主啊，饶恕我们这些罪人吧！"他说，拉过被子来蒙上了头。

他的烟斗放在桌子上，冒出浓重的烟草味。布尔金很久没有睡着，心里一直在纳闷，无论如何也弄不明白这股刺鼻的气味是从哪儿来的。

雨点通宵抽打着窗子。

《关于爱情》*

第二天吃早饭的时候，仆人端来很可口的小馅饼、虾、羊肉排；我们正吃着，厨师尼卡诺尔走上楼来，问客人们中饭想吃什么菜。这个人中等身材，胖胖的脸，小小的眼睛，胡子刮光，看上去他的唇髭好像不是剃掉而是拔掉的。

阿列兴说美丽的彼拉盖雅爱上了这个厨师。由于他是个酒徒，脾气暴躁，她就不愿意嫁给他，只同意这样同居下去。他呢，笃信上帝，宗教信仰不允许他照这样同居下去；他要求她嫁给他，要不然就不肯再同居。每逢他喝醉了酒，总是骂她，甚至打她。他喝醉酒的时候，她就躲到楼上去哭，于是阿列兴和仆人们就不走出家门，为的是在必要的时候好保护她。

大家开始谈到爱情。

"究竟爱情是怎样产生的？"阿列兴说，"为什么彼拉盖雅不爱上另外一个在内心和外貌方面更配得上她的人，却偏偏爱上尼卡诺尔这个丑八怪（我们这儿大家都叫他丑八怪）？个人幸福的问题在爱情里究竟重要到什么程度，这都不得而知，关于这一切，要怎样解释就可以怎样解释。到目前为止关于爱情，只有一句话可以算得上是无可辩驳的真理：'这是个极大的秘密'，至于此外人们关于爱情所写和所说的话，那都称不上是答案，只是把至今得不到解决的问题提出来罢了。某种解释看来似乎适合某一种情况，然而却不适合另外十种情况，依我看来，最好是对每一种情况分别加以解释，不要一概而论。像医师们所说的那样，每个情况应该分别处理。"

"完全正确。"布尔金同意道。

"我们这些俄国的正派人对这些至今没有得到解决的问题有一种偏爱。通常人们美化爱情，给它装点上玫瑰和夜莺，而我们俄国人却用那些要命的问题来装点它，而且所选择的往往是其中最没有趣味的问题。当初在莫斯科，我还是个大学生的时候，我有过一个生活伴侣，一个可爱的女人，每一次我把她搂在怀里，她心里却在想我一个月会给她多少钱，现在一磅牛肉卖什么价钱。同样，我们爱着别人的时候，也不断地给自己提出问题：这样做是不是正直，是聪明还是愚蠢，这场恋爱会闹到什么下场，等

---

* 契诃夫：《契诃夫小说全集》（第十卷），汝龙译，上海译文出版社2008年版。引用时有删改。

等。这种情形是好还是不好，我不知道，不过这会败人的兴，使人不满足，惹得人生气，这我是知道的。"

看样子他像是要讲一件事。凡是生活孤独的人，心里总是藏着点什么，很想一吐为快。在城里，单身汉往往特意到澡堂或者饭馆里去，目的仅仅在于谈天，有的时候会把很有趣的事情讲给澡堂工人或者堂倌听，而在乡下，他们通常是在客人面前吐露他们的衷曲。此刻，从窗口望出去只看得见灰色的天空和被雨水淋湿的树木，在这样的天气是没有地方可去的，而且也没有什么别的事情可做，只有讲话和听别人讲话了。

"我在索菲诺住下来经营田产，已经很久了。"阿列兴讲开了头，"自从大学毕业以后一直到现在。按我所受的教育来说，我不是个从事体力劳动的人，按我的素质来说，我喜欢坐在书斋里工作，然而当初我到这儿来的时候，这个田庄已经欠了一大笔债；我父亲借债，其中一部分原因是在我的教育方面花了很多钱，所以我就决定不走，就在这儿工作，直到债务还清为止。我作了这样的决定，就开始在此地工作，不过说老实话，心里未尝不感到厌恶。这儿的土地出产不多，为了使农业经营不致赔钱，就得利用农奴或者雇农的劳动，而这两种情况差不多是一样的，要不然，就得照农民的作法来经营我的田产，也就是亲自下地干活，带着全家人一起干。中间道路是没有的。不过那时候我没有考虑得这样仔细。我连一小块土地也没有放过，我把附近村子里所有的农民和农妇都找来，我这儿的工作就热火朝天地干开了；我自己也耕地，播种，收割，同时又觉得乏味，厌恶地皱起眉头，好比乡下那种饿得发慌、溜进菜园里去吃黄瓜的猫；我浑身酸痛，一边走路，一边就睡着了。起初我以为我能够很容易地使这种劳动生活和我文明的习惯同时并存；我想，要做到这一点只要在生活里保持一种外部的秩序就行了。我在楼上的正房里住下来，吩咐仆人在早饭和午饭以后给我送咖啡来，咖啡里加上蜜酒，晚间我上床躺下以后就看《欧洲通报》①。可是有一天我们的教士伊凡神甫来到这里，一下子把我的蜜酒都喝光了，《欧洲通报》也给神甫的那些女儿拿了去。在夏天，特别是在割草的季节，我没有工夫回到家里上床睡觉，往往就在板棚里，在雪橇上，或者在哪个守林人的小屋里睡上一觉，这样一来，怎么还谈得上看书呢？渐渐地，我搬到楼下来住，开始在仆人的厨房里吃饭了；我往日的奢侈生活就此完结，保留下来的只有当年伺候过我父亲的这些仆人，我不忍

---

① 当时在彼得堡出版的一种俄国资产阶级自由派文学与政治月刊。

心辞退他们。

"我在这儿住了没有几年,就被选为当地的荣誉调解法官。有时候我得坐车到城里去参加调解法官会审法庭和地方法庭的审讯,这倒能使我散一下心。在此地一连住上两三个月而不到外地去,特别是在冬天,那么最后人就会想念黑色的礼服了。在地方法院里既有礼服,又有制服,还有燕尾服,大家都是受过一般教育的法律工作人员,要谈天也可以找到伙伴。平时在雪橇上睡觉,在仆人的厨房里吃饭,这时候却坐在圈椅里,身穿干净的衬衣,脚登轻便的靴子,胸前挂着表链,那是多么惬意啊!

"在城里,人们亲热地接待我,我也乐于结交。在所有的熟人当中,跟我交情最好,而且说实话,也最跟我合得来的,就是地方法庭的副庭长卢加诺维奇。你们俩都认得他,这是个极可爱的人。我们之间的结交是在审完那个著名的纵火案以后开始的,审讯连续进行了两天,我们都累了。卢加诺维奇瞧着我,说:

"'您听我说,到我家里吃饭去吧。'

"这是出人意外的。因为我跟卢加诺维奇相交还浅,只是公事上的接触罢了,我一次也没有到他家里去过。我连忙回到旅馆里,换了一身衣服,就赶去吃饭。在那儿我有机会认识了卢加诺维奇的妻子安娜·阿历克塞耶芙娜。那时候她还很年轻,不过二十二岁,半年以前刚生过头一个孩子。这是过去的事了,现在要我说明她究竟有什么与众不同的、惹我喜欢的地方,我也说不清了,可是当时,吃饭的时候,我却是十分清楚的:我看到了一个年轻的、漂亮的、善良的、有知识的、迷人的女人,一个我早先没有碰到过的女人;我立刻觉得她是一个亲近的、早已熟识的人,仿佛那张脸,那对殷勤而聪明的眼睛,我以前小时候在我母亲的抽屉柜上放着的那本照片簿上已经见过似的。

"在那个纵火案里,被告是四个犹太人,人们认定他们是同谋犯,而依我看来这是完全没有根据的。吃饭的时候我很激动,很痛心,现在我记不得我讲过一些什么话了,只是安娜·阿历克塞耶芙娜不住地摇头,对她的丈夫说:

"'德米特利,怎么会这样呢?'

"卢加诺维奇是个好心肠的、朴实的人,像这样的人坚定地抱着一种看法,认为人一旦受审,那就必定是有罪,谁对判决的公正有所怀疑,谁就只能按照法定手续用书面提出,而万万不能在吃饭的时候,在私人间的闲谈里表达出来。

"'我和您没有放过火,'他温和地说,'所以您瞧,我们就没有受审,没有被关进监狱啊。'

"他们夫妇俩极力要我多吃一点,多喝一点;从一些小事上,比方说从他们俩一起烧咖啡,彼此只要说半句话就能互相会意的情形看来,我可以推断他们生活得融洽、和睦,喜欢招待客人。饭后他们俩一起弹钢琴,后来天黑下来,我就回去了。这是在早春时节。后来整个夏天我都是在索菲诺度过的,不曾离开过,我连想一想城里的工夫都没有,然而在那些日子里,那个身材苗条的金发女人的形象却一直跟我在一起;我没有想她,可是她那轻盈的影子却印在我的心上了。

"到了晚秋,城里举行了一次为慈善事业募捐的戏剧演出。我走进省长的包厢(我是在幕间休息的时候被邀请到那儿去的),一眼看见安娜·阿历克塞耶芙娜跟省长夫人坐在一起,于是那美丽的模样,那对亲切可爱的眼睛又对我产生不可抗拒的、使人震颤的印象,产生了那种亲近的感觉。

"我们并排坐着,后来就走到休息室里去了。

"'您瘦了,'她说,'您生过病吧?'

"'对了。我的肩膀受了寒,到下雨天我就睡不好觉。'

"'您好像没精神的样子。春天您来吃饭的时候要显得年轻得多,也活泼得多。那一回您精神振奋,讲了许多话,十分有趣,老实说,我简直有点给您迷住了。不知什么缘故,这个夏天我常常想起您,今天我动身到剧院里来的时候,就觉得我一定会见到您。'

"说着,她笑了。

"'可是今天您好像没精神的样子,'她又说一遍。'这就使得您显老了。'

"第二天我在卢加诺维奇家里吃早饭,饭后他们坐车到他们的别墅里去料理一下在那里过冬的事,我跟他们一起去了。我又随同他们回到城里,午夜在他们那儿,在安静的家庭环境里喝茶,壁炉生上了火,年轻的母亲老是走出去看一下她的女儿睡熟没有。这以后,我每次进城就一定要到卢加诺维奇家里去。他们跟我处熟了,我也跟他们处熟了。我照例不经仆人通报就走进去,就像他们家里的人一样。

"'谁啊?'远处一个房间里传来柔和的说话声,听起来十分悦耳。

"'是巴威尔·康斯坦丁内奇来了。'女仆或者奶妈回答说。

"安娜·阿历克塞耶芙娜总是带着忧虑的神色出来见我,每一次都要问：

"'为什么您这么久没有来？出了什么事吗？'

"她的目光、她那只向我伸过来的优美高贵的手、她那件家常穿的连衣裙、她的发型、她的说话声、她的脚步声，每一次都在我的心里、在我的生活里留下崭新的、不同寻常的、了不起的印象。我们常常谈得很久，也常常沉默很久，各人想各人的心思，要不然她就给我弹钢琴。要是他俩都不在家，那么我就留下来等着，跟奶妈闲谈，跟孩子玩耍，或者到书房里去，躺在一张土耳其式的长沙发上看报；等到安娜·阿历克塞耶芙娜回来，我就到前厅里去迎接她，从她手里接过来她所买的种种东西，不知什么缘故，每一次我都像小孩子那样满心热爱、得意洋洋地抱着那些包裹。

"有一句俗话说：乡下娘们儿没有操心事，就买口小猪来养着，自找麻烦。卢加诺维奇家的人本来没有操心的事，所以他们就跟我交上了朋友。要是我很久没有到城里去，那一定是我生病了，或者出了什么事，他们俩就十分担心。他们看到我这样一个受过教育、通晓好几国语言的人不从事科学或者文学工作，却住在乡下，像踩着轮子的松鼠那样忙个不停，干很多的活，却老是穷得连一个小钱也没有，心里总感到不是滋味。他们以为我很郁闷，如果我说话、发笑、吃东西，那也只是为了掩盖我的痛苦，甚至在我快活的时候，在我情绪畅快的时候，我也感觉到他们向我投来追根究底的眼光。每逢我真的心情沉重，某个债主把我逼得很紧，或者我的钱不够，无法支付到期的欠款时，他们总是特别使人感动。夫妇俩走到窗口去交头接耳，商量一阵，然后他走到我面前来，带着严肃的神色说：

"'如果您，巴威尔·康斯坦丁诺维奇，眼前缺钱用，那么我和我的妻子请求您不要客气，把我们的钱拿去用吧。'

"他激动得耳朵都涨红了。有一回，他也像那样在窗口和妻子交头接耳地商量一阵以后，就走到我跟前来，耳朵发红，说：

"'我和我的妻子恳切地要求您收下我们的这点礼物。'

"他就拿给我一副袖扣、一个烟盒，或者一盏灯；为此我也从乡下派人把打死的飞禽、牛油、花束给他们送去。顺便提一句，他们俩很有钱。当初我常常向别人借钱，而且不大选择对象，哪儿借得到就在哪儿借，然而任什么力量也不能促使我向卢加诺维奇夫妇借钱。可是何必谈这些呢！

"我心里很苦。不论在家里也好，在田野上也好，在板棚里也好，我总是想着她，我极力要了解这个年轻、美丽、聪明的女人的秘密，她怎么会嫁给一个枯燥乏味、几乎是个老头儿的人（她的丈夫已经四十多岁了），还跟他生下了孩子；我也极力要了解那个枯燥乏味的人，那个好心肠、朴实的人的秘密，他总是讲些没趣味的老生常谈，在舞会和晚会上总是挨近那些稳重的人，没精打采，显得是个多余的人，脸上挂着一副温顺、冷漠的神情，仿佛是人家把他运到这儿来出售似的。而他却相信他有权利享受幸福，有权利跟她生孩子；我苦苦地要了解为什么她遇见的恰恰是他而不是我，为什么我们的生活里必须产生这样可怕的错误。

"我每一次到城里去，总是从她的眼神看出来她在盼望我；她自己也对我承认说，从早晨起她就有一种特别的感觉，她料着我要去了。我们谈了很久，沉默了很久，可是我们彼此之间没有说穿我们的爱情，而是胆怯地、严密地把它掩盖起来。我们害怕那些足以泄露我们的秘密的事情。我温柔而深切地爱着她，可是我左思右想，问我自己，如果我们没有足够的力量克制我们的爱情，那么这种爱情会导致什么样的后果？我难以想象，我这种温柔、忧郁的爱情会突然粗暴地破坏她丈夫、她孩子、她一家的幸福生活，而他们是十分爱我，十分信任我的。这样做正当吗？她固然会跟着我走，可是走到哪儿去呢？我能把她带到哪儿去呢？假如我过着美好、有趣的生活，比方说，假如我在为祖国的解放战斗，或者是个著名的学者、演员、画家，倒也罢了，可是照眼前的情形看来，这无非是把她从一个普通而平庸的环境里拉到另一个同样平庸，或者更平庸的环境里去罢了。而且我们的幸福能够维持多久呢？万一我害病了、死了，或者干脆我们不再相爱了，那她怎么办呢？

"她显然也在这样考虑。她想到她的丈夫，想到她的孩子，想到她那爱女婿如同爱儿子一样的母亲。如果她放任她的感情，那么，她就得要么说谎，要么说实话，然而处在她的地位上，这两种办法是同样可怕而不相宜的。此外还有一个问题在折磨她：她的爱情会给我带来幸福吗？她的爱情是否会把我这种本来已经沉重的、充满种种不幸的生活弄得更加复杂？她觉得：自己已经不够年轻，跟我不相配，要开始一种新的生活，她也不够刻苦，而且精力也不足。她常对她丈夫说，我需要娶一个聪明贤德的姑娘，做我的好主妇和助手，不过她又立刻补充说，像这样的姑娘全城未必找得到一个。

"一晃就过了好几年。安娜·阿历克塞耶芙娜已经有两个孩子了。每逢我到卢加诺维奇家里去，女仆就殷勤地微笑，孩子们嚷着说巴威尔·康斯坦丁内奇叔叔来了，搂住我的脖子，大家都欢欢喜喜。他们不明白我的心情,以为我也高兴。大家把我看作一个高尚的人。大人也好,孩子也好,都感到有一个高尚的人在房间里走动,这就为他们对我的态度添上一种特别的魅力,仿佛我一来,连他们的生活也纯洁多了、美丽多了似的。我和安娜·阿历克塞耶芙娜常常一块儿到剧院去,每一次都是走着去的;我们并排坐在池座里,肩膀挨着肩膀,我默默地从她的手里接过望远镜,同时感觉到她贴近我,她是我的,把我们拆散是不行的,可是由于一种古怪的误会,我们走出剧院以后却像陌生人那样互相道别、分手。关于我们,城里人已经议论纷纷,天晓得他们说了些什么话,不过,他们所说的话没有一句是真的。

"随后那几年,安娜·阿历克塞耶芙娜常常出门,有时候到她母亲那儿去,有时候到她妹妹那儿去;她常常心绪恶劣,对生活感到不满意,觉得生活已经毁了,在这种时候她就不愿意看到她的丈夫,她的子女。她已经在医治神经衰弱症了。

"我们沉默着,始终沉默着;有外人在场,她总是对我生出一种奇怪的反感;不管我说什么,她老是不同意我的话;如果我在争论,她就站到我的对方那一边去。我失手弄掉了什么东西,她就冷冷地说:

"'我给您道喜。'

"如果我跟她一起到剧院里去,却忘了带望远镜,她事后就会说:

"'我早就知道您会忘记。'

"不知是幸运还是不幸,总之在我们的生活里没有一件事情不是或迟或早要结束的。离别的时刻到了,因为卢加诺维奇奉派到西部的一个省里去做法庭的庭长了。家具、马车、别墅都必须卖掉。我们坐车到他们的别墅里去,以及后来往回走时频频回头,最后看几眼花园和绿色房顶的时候,大家都觉得凄凉,我心里明白:事到如今,我要告别的不仅仅是这个别墅了。大家已经作出决定,到八月底我们要把安娜·阿历克塞耶芙娜送到克里米亚去,那是医师要她去的;不久以后,卢加诺维奇就要带着孩子们到西部那个省里去了。

"我们一大群人去给安娜·阿历克塞耶芙娜送行。等到她已经跟她的丈夫和孩子告别,离第三次摇铃还有一点点时间时,我跑进她的包房,为的是把她差点忘掉的一个筐子放到行李架上去;而且也需要告别。临到在这儿,在这个包房里,我们的眼光碰到一起,我们俩都失去了原有的精神力量,我搂住她,她把脸贴在我的胸口上,眼泪从她的眼睛里流下来;我吻她的脸、肩膀、沾着泪痕的手,啊,我跟她是多么不幸啊!我对她说穿,我爱她。我心里怀着燃烧般的痛苦明白过来:所有那些妨碍我们相爱的东西是多么不必要、多么渺小、多么虚妄啊。我这才明白过来:如果人在恋爱,那么他就应当根据一种比世俗意义上的幸福或不幸、罪过或美德更高、更重要的东西来考虑这种爱情,否则就干脆什么也不考虑。

"我最后吻她一下,握一下她的手,我们就分别了,从此不再相见。火车已经开了。我坐在隔壁一个包房里(那儿空着没人),在那儿一直哭到火车开到下一站。然后我就步行回到索菲诺村……"

在阿列兴讲话的时候,雨已经停了,太阳出来了。布尔金和伊凡·伊凡内奇走出去,站在阳台上,从那儿可以看见花园和眼前在阳光里如同镜子一样发光的水面的美景。他们欣赏着,同时惋惜这个长着善良聪明的眼睛、坦诚地对他们叙述往事的人被困在这儿,在这个大庄园里转来转去,像松鼠踩着轮子那样忙碌着,却不去干科学工作或者别的什么工作,使他的生活变得愉快些;他们想到他在包房里同她告别,吻她的脸和肩膀的时候,那个年轻的女人的神情该多么悲伤。他们俩都在城里看到过她,布尔金甚至跟她相识,认为她长得很美。

《未选择的路》 原文及两种译本

原文*

THE ROAD NOT TAKEN

Two roads diverged in a yellow wood,
And sorry I could not travel both
And be one traveler, long I stood
And looked down one as far as I could
To where it bent in the undergrowth.

Then took the other, as just as fair,
And having perhaps the better claim,
Because it was grassy and wanted wear;
Though as for that the passing there
Had worn them really about the same.

And both that morning equally lay
In leaves no step had trodden black.
Oh, I kept the first for another day!
Yet knowing how way leads on to way,
I doubted if I should ever come back.

I shall be telling this with a sigh
Somewhere ages and ages hence:
Two roads diverged in a wood, and I —
I took the one less traveled by,
And that has made all the difference.

---

* Robert Frost, *Complete Poems of Robert Frost*. Chicago: Holt, Rinehort and Winstion Inc, 1916.

译文一：

未选择的路（节选）*

虽然那天清晨落叶满地，
两条路都未经脚印污染。
呵，留下一条路等改日再见！
但我知道路径延绵无尽头，
恐怕我难以再回返。

也许多少年后在某个地方，
我将轻声叹息将往事回顾，
一片树林里分出两条路，
而我选了人迹更少的一条，
从此决定了我一生的道路。

译文二：

未走之路**

金色的树林中有两条岔路，
可惜我不能沿着两条路行走；
我久久地站在那分岔的地方，
极目眺望其中一条路的尽头，
直到它转弯，消失在树林深处。

然后我毅然踏上了另一条路，
这条路也许更值得我向往，
因为它荒草丛生，人迹罕至；
不过说到其冷清与荒凉，
两条路几乎是一模一样。

---

* 黎华选编：《外国哲理诗精选》，百花洲文艺出版社1991年版。
** 弗罗斯特：《弗罗斯特集》，曹明伦译，辽宁教育出版社2002年版，第142–143页。

那天早晨两条路都铺满落叶,
落叶上都没有被踩踏的痕迹。
唉,我把第一条路留给将来!
但我知道人世间阡陌纵横,
我不知将来能否再回到那里。

我将会一边叹息一边叙说,
在某个地方,在很久很久以后:
曾有两条小路在树林中分手,
我选了一条人迹稀少的行走,
结果后来的一切都截然不同。

《丑小鸭》* （含叶君健的注释）

乡下真是非常美丽。这正是夏天！小麦是金黄的，燕麦是绿油油的。干草在绿色的牧场上堆成垛，鹳鸟用它又长又红的腿子在散着步，啰唆地讲着埃及话。这是它从妈妈那儿学到的一种语言。田野和牧场的周围有些大森林，森林里有些很深的池塘。的确，乡间是非常美丽的，太阳光正照着一幢老式的房子，它周围流着几条很深的小溪。从墙角那儿一直到水里，全盖满了牛蒡的大叶子。最大的叶子长得非常高，小孩子简直可以直着腰站在下面。像在最浓密的森林里一样，这儿也是很荒凉的。这儿有一只母鸭坐在窠里，她得把她的几个小鸭都孵出来。不过这时她已经累坏了。很少有客人来看她。别的鸭子都愿意在溪流里游来游去，而不愿意跑到牛蒡下面来和她聊天。

最后，那些鸭蛋一个接着一个地崩开了。"噼！噼！"蛋壳响起来。所有的蛋黄现在都变成了小动物。他们把小头都伸出来。

"嘎！嘎！"母鸭说。他们也就跟着"嘎嘎"地大声叫起来。他们在绿叶子下面向四周看。妈妈让他们尽量地东张西望，因为绿色对他们的眼睛是有好处的。

"这个世界真够大！"这些年轻的小家伙说。的确，比起他们在蛋壳里的时候，他们现在的天地真是大不相同了。

"你们以为这就是整个世界？"妈妈说。"这地方伸展到花园的另一边，一直伸展到牧师的田里去，才远呢！连我自己都没有去过！我想你们都在这儿吧？"她站起来。"没有，我还没有把你们都生出来呢！这只顶大的蛋还躺着没有动静。它还得躺多久呢？我真是有些烦了。"于是她又坐下来。

"唔，情形怎样？"一只来拜访她的老鸭子问。

"这个蛋费的时间真久！"坐着的母鸭说。"它老是不裂开。请你看看别的吧。他们真是一些最逗人爱的小鸭儿！都像他们的爸爸——这个坏东西从来没有来看过我一次！"

"让我瞧瞧这个老是不裂开的蛋吧，"这位年老的客人说，"请相信我，这是一只吐绶鸡的蛋。有一次我也同样受过骗，你知道，那些小家伙不知道给了我多少麻烦和苦恼，因为他们都不敢下水。我简直没有办法叫他们

---

* 安徒生：《安徒生童话全集》（1），叶君健译，天津人民出版社2014年版，第341－353页。引用时有删改。

在水里试一试。我说好说歹,一点用也没有!让我来瞧瞧这只蛋吧。哎呀!这是一只吐绶鸡的蛋!让他躺着吧,你尽管叫别的孩子去游泳好了。"

"我还是在它上面多坐一会儿吧,"鸭妈妈说,"我已经坐了这么久,就是再坐它一个星期也没有关系。"

"那么就请便吧,"老鸭子说。于是她就告辞了。

最后这只大蛋裂开了。"噼!噼!"新生的这个小家伙叫着向外面爬。他是又大又丑。鸭妈妈瞧了他一眼。"这个小鸭子大得吓人,"她说,"别的没有一个像他;但是他一点儿也不像小吐绶鸡!好吧,我们马上就来试试看吧。他得到水里去,我踢也要把他踢下水去。"

第二天的天气是又晴和,又美丽。太阳照在绿牛蒡上。鸭妈妈带着她所有的孩子走到溪边来。"扑通!"她跳进水里去了。她"嘎!嘎!"地叫着,于是小鸭子就一个接着一个跳下去。水淹到他们头上,但是他们马上又冒出来了,游得非常漂亮。他们的小腿很灵活地划着。他们全都在水里,连那个丑陋的灰色小家伙也跟他们在一起游。

"唔,他不是一个吐绶鸡,"她说,"你看他的腿划得多灵活,他浮得多么稳!他是我亲生的孩子!如果你把他仔细看一看,他还算长得蛮漂亮呢。嘎!嘎!跟我一块儿来吧,我把你们带到广大的世界上去,把那个养鸡场介绍给你们看看。不过,你们得紧贴着我,免得别人踩着你们。你们还得当心猫儿呢!"

这样,他们就到养鸡场里来了。场里响起了一阵可怕的喧闹声,因为有两个家族正在争夺一个鳝鱼头,而结果猫儿却把它抢走了。

"你们瞧,世界就是这个样子!"鸭妈妈说。她的嘴流了一点涎水,因为她也想吃那个鳝鱼头。"现在使用你们的腿吧!"她说,"你们拿出精神来。你们如果看到那儿的一个老母鸭,你们就得把头低下来,因为她是这儿最有声望的人物。她有西班牙的血统——因为她长得非常胖。你们看,她的腿上有一块红布条。这是一件非常出色的东西,也是一个鸭子可能得到的最大光荣:它的意义很大,说明人们不愿意失去她,动物和人统统都得认识她。打起精神来吧——不要把腿子缩进去。一个有很好教养的鸭子总是把腿摆开的,像爸爸和妈妈一样。好吧,低下头来,说'嘎'呀!"

他们这样做了。别的鸭子站在旁边看着,同时用相当大的声音说:

"瞧!现在又来了一批找东西吃的客人,好像我们的人数还不够多似的!呸!瞧那只小鸭的一副丑相!我们真看不惯!"于是马上有一只鸭子飞过去,在他的脖颈上啄了一下。

"请你们不要管他吧,"妈妈说,"他并不伤害谁呀!"

"对,不过他长得太大、太特别了,"啄过他的那只鸭子说,"因此他必须挨打!"

"那个母鸭的孩子都很漂亮,"腿上有一条红布的那个母鸭说,"他们都很漂亮,只有一只是例外。这真是可惜。我希望能把他变个样儿。"

"那可不能,太太,"鸭妈妈回答说,"他不好看,但是他的脾气非常好。他游起水来也不比别人差——我还可以说,游得比别人好呢。我想他会慢慢长得漂亮的,或者到适当的时候,他也可能缩小一点。他在蛋里躺得太久了,因此他的模样有点不太自然。"她说着,同时在他的脖颈上啄了一下,把他的羽毛理了一理。"此外,他还是一只公鸭呢,"她说,"所以关系也不太大。我想他的身体很结实,将来总会自己找到出路的。"

"别的小鸭倒很可爱,"老母鸭说,"你在这儿不要客气。如果你找到鳝鱼头,请把它送给我好了。"

他们现在在这儿,就像在自己家里一样。不过从蛋壳里爬出的那只小鸭太丑了,到处挨打,被排挤,被讥笑,不仅在鸭群中是这样,连在鸡群中也是这样。

"他真是又粗又大!"大家都说。有一只雄吐绶鸡生下来脚上就有蹼,因此他自以为是一个皇帝。他把自己吹得像一条鼓满了风的帆船,来势汹汹地向他走来,瞪着一双大眼睛,脸上涨得通红。这只可怜的小鸭不知道站在什么地方,或者走到什么地方去好。他觉得非常悲哀,因为自己长得那么丑陋,而且成了全体鸡鸭的一个嘲笑对象。

这是头一天的情形。后来一天比一天糟。大家都要赶走这只可怜的小鸭;连他自己的兄弟姊妹也对他生气起来。他们老是说:"你这个丑妖怪,希望猫儿把你抓去才好!"于是妈妈也说起来:"我希望你走远些!"鸭儿们啄他,小鸡打他,喂鸡鸭的那个女佣人用脚来踢他。

于是他飞过篱笆逃走了;灌木林里的小鸟一见到他,就惊慌地向空中飞去。"这是因为我太丑了!"小鸭想。于是他闭起眼睛,继续往前跑。他一口气跑到一块住着野鸭的沼泽地里。他在这儿躺了一整夜,因为他太累了,太丧气了。

天亮的时候,野鸭都飞起来了。他们瞧了瞧这位新来的朋友。

"你是谁呀?"他们问。小鸭一下转向这边,一下转向那边,尽量对大家恭恭敬敬地行礼。

"你真是丑得厉害,"野鸭们说,"不过只要你不跟我们族里任何鸭子结婚，对我们倒也没有什么大的关系。"可怜的小东西！他根本没有想到什么结婚；他只希望人家准许他躺在芦苇里，喝点沼泽的水就够了。

他在那儿躺了两个整天。后来有两只雁——严格地讲，应该说是两只公雁，因为他们是两个男的——飞来了。他们从娘的蛋壳里爬出来还没有多久，因此非常顽皮。

"听着，朋友，"他们说，"你丑得可爱，连我都禁不住要喜欢你了。你做一个候鸟，跟我们一块儿飞走好吗？另外有一块沼泽地离这儿很近，那里有好几只活泼可爱的雁儿。她们都是小姐，都会说：'嘎！'你是那么丑，可以在她们那儿碰碰你的运气！"

"噼！啪！"天空中发出一阵响声。这两只公雁落到芦苇里，死了，把水染得鲜红。"噼！啪！"又是一阵响声。整群的雁儿都从芦苇里飞起来，于是又是一阵枪声响起来了。原来有人在大规模地打猎。猎人都埋伏在这沼泽地的周围，有几个人甚至坐在伸到芦苇上空的树枝上。蓝色的烟雾像云块似的笼罩着这些黑树，慢慢地在水面上向远方飘去。这时，猎狗都扑通扑通地在泥泞里跑过来，灯芯草和芦苇向两边倒去。这对于可怜的小鸭说来真是可怕的事情！他把头掉过来，藏在翅膀里。不过，正在这时候，一只骇人的大猎狗紧紧地站在小鸭的身边。它从嘴里伸出很长的舌头，眼睛发出丑恶和可怕的光。它把鼻子顶到这小鸭的身上，露出了尖牙齿，可是——扑通！扑通！——它跑开了，没有把他抓走。

"啊，谢谢老天爷！"小鸭叹了一口气，"我丑得连猎狗也不愿咬我了！"

他安静地躺下来。枪声还在芦苇里响着，枪弹一发接着一发地射出来。

天快要暗的时候，四周才静下来。可是这只可怜的小鸭还不敢站起来。他等了好几个钟头，才敢向四周望一眼，于是他急忙跑出这块沼泽地，拼命地跑，向田野上跑，向牧场上跑。这时吹起一阵狂风，他跑起来非常困难。

到天黑的时候，他来到一个简陋的农家小屋。它是那么残破，甚至不知道应该向哪一边倒才好——因此它也就没有倒。狂风在小鸭身边号叫得非常厉害，他只好面对着它坐下来。风越吹越凶。于是他看到那门上的铰链有一个已经松了，门也歪了，他可以从空隙钻进屋子里去，他便钻进去了。

屋子里有一个老太婆和她的猫儿，还有一只母鸡住在一起。她把这只猫儿叫"小儿子"。他能把背拱得很高,发出"咪咪"的叫声来;他的身上还能迸出火花,不过要他这样做,你就得倒摸他的毛。母鸡的腿又短又小,因此她叫"短腿鸡儿"。她生下的蛋很好,所以老太婆爱她像爱自己的亲生孩子一样。

第二天早晨,人们马上注意到了这只来历不明的小鸭。那只猫儿开始咪咪地叫,那只母鸡也咯咯地喊起来。

"这是怎么一回事儿?"老太婆说,同时朝四周看。不过她的眼睛有点花,所以她以为小鸭是一只肥鸭,走错了路,才跑到这儿来了。"这真是少有的运气!"她说,"现在我可以有鸭蛋了。我只希望他不是一只公鸭才好!我们得弄个清楚!"

这样,小鸭就在这里受了三个星期的考验,可是他什么蛋也没有生下来。那只猫儿是这家的绅士,那只母鸡是这家的太太,所以他们一开口就说:"我们和这世界!"因为他们以为他们就是半个世界,而且还是最好的那一半呢。小鸭觉得自己可以有不同的看法,但是他的这种态度,母鸡却忍受不了。

"你能够生蛋吗?"她问。

"不能!"

"那么就请你不要发表意见。"

于是雄猫说:"你能拱起背,发出咪咪的叫声和迸出火花吗?"

"不能!"

"那么,当有理智的人在讲话的时候,你就没有发表意见的必要!"

小鸭坐在一个墙角里,心情非常不好。这时他想起了新鲜空气和太阳光。他觉得有一种奇怪的渴望:他想到水里去游泳。最后他实在忍不住了,就不得不把心事对母鸡说出来。

"你在起什么念头?"母鸡问,"你没有事情可干,所以你才有这些怪想头。你只要生几个蛋,或者咪咪地叫几声,那么你这些怪想头也就会没有了。"

"不过,在水里游泳是多么痛快呀!"小鸭说,"让水淹在你的头上,往水底一钻,那是多么痛快呀!"

"是的,那一定很痛快!"母鸡说,"你简直在发疯。你去问问猫儿吧——在我所认识的一切朋友当中,他是最聪明的——你去问问他喜欢不喜欢在水里游泳,或者钻进水里去。我先不讲我自己。你去问问你的主人——那个老太婆吧,世界上再也没有比她更聪明的人了!你以为她想去游泳，让水淹在她的头顶上吗？"

"你们不了解我。"小鸭说。

"我们不了解你？那么请问谁了解你呢？你绝不会比猫儿和女主人更聪明吧——我先不提我自己。孩子，你不要自以为了不起吧！你现在得到这些照顾，你应该感谢上帝。你现在到一个温暖的屋子里来，有了一些朋友，而且还可以向他们学习很多的东西，不是吗？不过你是一个废物，跟你在一起真不痛快。你可以相信我，我对你说这些不好听的话，完全是为了帮助你呀。只有这样，你才知道谁是你的真正朋友！请你注意学习生蛋，或者咪咪地叫，或者迸出火花吧！"

"我想我还是走到广大的世界上去好。"小鸭说。

"好吧，你去吧！"母鸡说。

于是小鸭就走了。他一会儿在水上游，一会儿钻进水里去；不过，因为他的样子丑，所有的动物都瞧不起他。秋天到来了。树林里的叶子变成了黄色和棕色。风卷起它们，把它们带到空中飞舞，而空中是很冷的。云块沉重地载着冰雹和雪花，低低地悬着。乌鸦站在篱笆上，冻得只管叫："呱！呱！"是的，你只要想想这情景，就会觉得冷了。这只可怜的小鸭的确没有一个舒服的时候。

一天晚上，当太阳正在美丽地落下去的时候，有一群漂亮的大鸟从灌木林里飞出来，小鸭从来没有看到过这样美丽的东西。他们白得发亮，颈项又长又柔软。这就是天鹅。他们发出一种奇异的叫声，展开美丽的长翅膀，从寒冷的地带飞向温暖的国度，飞向不结冰的湖上去。

他们飞得很高——那么高，丑小鸭不禁感到一种说不出的兴奋。他在水上像一个车轮似的不停地旋转着，同时，向他们高高地伸着自己的颈项，发出一种响亮的怪叫声，连他自己也害怕起来。啊！他再也忘记不了这些美丽的鸟儿，这些幸福的鸟儿。当他看不见他们的时候，就沉入水底；但是当他再冒到水面上来的时候，却感到非常空虚。他不知道这些鸟儿的名字，也不知道他们要向什么地方飞去。不过他爱他们，好像他从来还没有爱过什么东西似的。他并不嫉妒他们。他怎能梦想有他们那样美丽呢？只要别的鸭儿准许他跟他们生活在一起，他就已经很满足了——可怜的丑东西。

冬天变得很冷，非常的冷！小鸭不得不在水上游来游去，免得水面完全冻结成冰。不过他游动的这个小范围，一晚比一晚缩小。水冻得厉害，人们可以听到冰块的碎裂声。小鸭只好用他的一双腿不停地游动，免得水完全被冰封闭。最后，他终于昏倒了，躺着动也不动，跟冰块结在一起。

大清早，有一个农民在这儿经过。他看到了这只小鸭，就走过去用木屐把冰块踏破，然后把他抱回来，送给他的女人。他这时才渐渐地恢复了知觉。

小孩子们都想要跟他玩，不过小鸭以为他们想要伤害他。他一害怕就跳到牛奶盘里去了，把牛奶溅得满屋子都是。女人惊叫起来，拍着双手。这么一来，小鸭就飞到黄油盆里去了，然后就飞进面粉桶里去了，最后才爬出来。这时他的样子才好看呢！女人尖声地叫起来，拿着火钳要打他。小孩们挤做一团，想抓住这小鸭。他们又是笑，又是叫！幸好大门是开着的。他钻进灌木林中新下的雪里面去。他躺在那里，几乎像昏倒了一样。

要是只讲他在这严冬所受到的困苦和灾难，那么这个故事也就太悲惨了。当太阳又开始温暖地照着的时候，他正躺在沼泽地的芦苇里。百灵鸟唱起歌来了——这是一个美丽的春天。

忽然间他举起翅膀：翅膀拍起来比以前有力得多，马上就把他托起来飞走了。他不知不觉地已经飞进了一座大花园。这儿的苹果树正开着花；紫丁香在散发着香气，它又长又绿的枝条垂到弯弯曲曲的溪流上。啊，这儿美丽极了，充满了春天的气息！三只美丽的白天鹅从树荫里一直游到他面前来。他们轻飘飘地浮在水上，羽毛发出飕飕的响声。小鸭认出这些美丽的动物，于是心里感到一种说不出的难过。

"我要飞向他们，飞向这些高贵的鸟儿！可是他们会把我弄死的，因为我是这样丑，居然敢接近他们。不过这没有什么关系！被他们杀死，要比被鸭子咬、被鸡群啄，被看管养鸡场的那个女佣人踢和在冬天受苦好得多！"于是他飞到水里，向这些美丽的天鹅游去，这些动物看到他，马上就竖起羽毛向他游来。"请你们弄死我吧！"这只可怜的动物说。他把头低低地垂到水上，只等待着死。但是他在这清澈的水上看到了什么呢？他看到了自己的倒影。但那不再是一只粗笨的、深灰色的、又丑又令人讨厌的鸭子，而却是——一只天鹅！

只要你曾经在一只天鹅蛋里待过，就算你是生在养鸭场里也没有什么关系。

对于他过去所受的不幸和苦恼，他现在感到非常高兴。他现在清楚地认识到幸福和美正在向他招手。

——许多大天鹅在他周围游泳，用嘴来亲他。花园里来了几个小孩子。他们向水上抛来许多面包片和麦粒。最小的那个孩子喊道："你们看那只新天鹅!"别的孩子也兴高采烈地叫起来:"是的,又来了一只新的天鹅!"于是他们拍着手,跳起舞来,向他们的爸爸和妈妈跑去。他们抛了更多的面包和糕饼到水里,同时大家都说:"这新来的一只最美!那么年轻,那么好看!"那些老天鹅不禁在他面前低下头来。

  他感到非常难为情。他把头藏到翅膀里面去,不知道怎么办才好。他感到太幸福了,但他一点也不骄傲,因为一颗好的心是永远不会骄傲的。他想起他曾经怎样被人迫害和讥笑过,而他现在却听到大家说他是美丽的鸟中最美丽的一只鸟儿。紫丁香在他面前把枝条垂到水里去。太阳照得很温暖,很愉快。他扇动翅膀,伸直细长的颈项,从内心里发出一个快乐的声音:

  "当我还是一只丑小鸭的时候,我做梦也没有想到会有这么多的幸福!"

    叶君健:这篇童话也收集在《新的童话》里。它是安徒生在心情不太好的时候写的。那时他有一个剧本《梨树上的雀子》在上演,像他当时写的许多其他的作品一样,它受到了不公正的批评。他在日记上说:"写这个故事多少可以使我的心情好转一点。"这个故事的主人公是一只"丑小鸭"——事实上是一只美丽的天鹅,但因为他生在一个鸭场里,鸭子觉得他与自己不同,就认为他很"丑"。其他的动物,如鸡、狗、猫也随声附和,都鄙视他。他们都根据自己的人生哲学来对他评头论足,说:"你真是丑得厉害,不过只要你不跟我们族里任何鸭子结婚,对我们倒也没有什么大的关系。"他们都认为自己门第高贵,了不起,其实庸俗不堪。相反,"丑小鸭"却是非常谦虚,"根本没有想到什么结婚"。他觉得"我还是走到广大的世界上去好"。就在"广大的世界"里有天晚上他看见了"一群漂亮的大鸟从灌木林里飞出来……他们飞得很高——那么高,丑小鸭不禁感到一种说不出的兴奋"。这就是天鹅,后来天鹅发现"丑小鸭"是他们的同类,就"向他游来……用嘴来亲他"。原来"丑小鸭"自己也是一只美丽的天鹅,即使他"生在养鸭场里也没有什么关系"。这篇童话一般都认为是安徒生的一篇自传,描写他童年和青年时代所遭受的苦难,他对美的追求和向往,以及他通过重重苦难后所得到的艺术创作上的成就和精神上的安慰。

《乌鸦喝水》[*]

口渴的冠乌

  冠乌口渴,来到一只水罐旁边,使劲推它,但水罐立得很稳,推不倒。冠乌想起了他惯用的手法,把石子投在水罐里,罐底石子增多,水面逐渐上升。这样,冠乌便喝到水,解了渴。

  由此可见,力气敌不过智慧。

---

[*] 伊索:《伊索寓言》,罗念生等译,人民文学出版社2020年版。

《伊索寓言·英译本序》[*]

《伊索寓言》——一个何等响亮的书名！在所有古希腊作家中，最为人知的也许是伊索，其声誉之隆甚至超过了荷马。具有讽刺意味的是，伊索纵然享有盛名，涉及其作品和身世的确切资料却十分匮乏，而且此前尚无一部完整的《伊索寓言》英译本面世。伊索颇有几分像电影明星，可谓妇孺皆知，唯所了解者仅止于他扮演的若干角色。伊索在儿童心目中始终扮演一个故事大王的角色，流行于维多利亚时代的诸如"欲速则不达""骄矜者必败"一类的格言都归于他的名下，而实际上在《伊索寓言》里从未出现过此类格言。迄今为止，父母仍然热衷于买来动物故事书当作生日礼物送给孩子，只是书中的故事和真正的伊索寓言几无相同之处。每当我提及"真正的伊索"，总觉得迟疑不决，因为人们对历史上的伊索所知甚微，以至于有人认为世上本无伊索其人。

然而，有迹象表明，伊索其人并非子虚乌有。早于柏拉图时代出现的《伊索寓言》一书，虽说内容多半是向壁虚构的片断轶闻，但经过严肃的学者亚里士多德及其门人一番去伪存真的考辨，得出与时人看法相左的结论：伊索并非小亚细亚的弗里吉亚人氏，而是色雷斯一个名为梅森布列亚的小镇上的居民。他曾在萨摩斯岛上住过一段时日（参见亚里士多德佚作《萨摩斯地方志》的残篇）。

伊索似乎曾因被俘而当过奴隶。"奴隶"在希腊文里用两个不同的词来表达，一个是 doulos，指生而为奴者；另一个是 andrapodon，指当了战俘卖身为奴者。伊索显然属于后一种范畴，这一身份其实对他更为不利，容易被人转卖，而应享有的权利也随之丧失殆尽。看来伊索比较幸运，长期担任主人的私人文书，甚或是亲信一类的角色。伊索机智幽默，聪颖过人，与人商讨事务常以各类动物故事作譬，语惊四座，时人莫不为之倾倒。"伊索"于是变成一个富有传奇色彩的名字，以他命名的动物故事集妙语连珠、历代相传、蔚为大观，只是保留至今的作品中的大部分故事也许并非出自他的手笔。

伊索生活的时代约为公元前六世纪初期，有人推测他死于公元前564年，此说较为可信。古希腊名妓杜丽佳，以别号罗多琶著称，色雷斯人，

---

[*] 伊索：《伊索寓言全集》，奥维利亚·坦普尔、罗伯特·坦普尔英译，李汝仪中译，译林出版社2019年版。引用时有删改。

据传与伊索同时被俘后沦落为奴,很可能和伊索一起被带往埃及。罗多琶国色天香,甚具魅力,迅即在地中海一带声名鹊起,艳压群芳。女诗人萨福之弟,住在米蒂利尼岛的卡拉索斯,沉湎于罗多琶的美色,不惜花费巨资为她赎身。其时卡拉索斯往返埃及,忙于经商,兜售莱斯博斯岛酒。萨福得悉其弟竟然为一名风尘女子浪掷钱财,震怒之余,特意赋诗一首以示嘲讽。以上史实当有助于廓清伊索的生存年代。另外,据传伊索和吕底亚国王克罗伊斯有过交往,此说已被证明纯属无稽之谈。至于伊索曾被派往特尔斐,因讲述"鹰和屎壳郎"的故事而被人推下悬崖丧生一节,亦被证明完全是后人的杜撰。由于这一说法流传甚广,大家信以为真,所以阿里斯托芬在《黄蜂》里提及此事时,仅仅一笔带过,深信读者业已熟谙个中细节,无须再加缕述,其时为公元前422年。

《伊索寓言》中的精华部分说理深邃,极富谐趣,难怪身为喜剧作家的阿里斯托芬对之情有独钟,在他的作品中时时提及伊索和他的寓言,从而为我们提供了有关《伊索寓言》创作素材的时代背景。在公元前414年创作的《鸟》这部作品里,有个角色责怪另一个角色对鸟的演变史所知甚微,说道:"只怨你头脑简单,闭目塞听,未下功夫去钻研《伊索寓言》。"由此我们可以推断,伊索寓言早已结集问世。《黄蜂》一书有两处引语耐人寻味:第565行,阿里斯托芬谈及伊索故事的构思时说道:"有人告诉我们一则古老的传说,或不如说是伊索讲述的一个笑话,堪称匠心独运,趣味隽永……"第1225行,两个角色讨论参加酒宴的得失问题,一个抱怨有人在酒宴上举止粗野,酒后失态,另一个反驳说:"你可知道,和有教养的人在一起喝酒情况就不同了,他们谈笑风生,会讲一些从酒宴上听来的锡巴里斯或伊索式的有趣故事,闻者无不开怀大笑,乐不可支……"对方回答说:"噢,有那么多的有趣故事,我可得一饱耳福了……"

从以上引用的资料可以看出,公元前五世纪的雅典城,在较为高雅的酒宴上,讲述趣味隽永的故事蔚然成风,在座者为取悦他人,免不了插科打诨,为此就得熟悉《伊索寓言》,倘若家中未备《伊索寓言》一书,就得牢记席间听来的故事。迄今流传的《伊索寓言》中的大部分故事,吉光片羽,不成体段,无非是我们眼下称为俏皮话的一类笑料而已。依照阿里斯托芬的观点,伊索本质上是一个幽默作家。

《伊索寓言》脍炙人口,尚可援引下列事实为证。据柏拉图在《斐多篇》里的记载,苏格拉底身陷囹圄等待处决时,曾打算将若干《伊索寓言》用诗体形式加以改写。柏拉图的《对话录》里也曾数次提及伊索。

《伊索寓言》195则被巧妙地用于对话录《亚西比德》（不过，关于这篇对话是否出自柏拉图手笔，至今聚讼未决）。

  古希腊堪称伊索知音的当数亚里士多德及其信徒。亚里士多德一直热衷于系统地收集谜语、俗谚和民间故事，尤其致力研究谜一般的特尔斐神谕，对其形成历史的过程——悉心收录，同时他可能一并留意采集伊索的寓言，然后条分缕析，传授给他的门人。他的外甥卡利斯提尼斯随亚历山大大帝远征亚洲，看来亚里士多德正是通过这一途径，得到亚述人名为《阿希卡书》的一部著作，其中若干故事与伊索的寓言内容相似。亚里士多德的同行泰奥弗拉斯托斯出版过书名雷同的著作（采用希腊文 Akicharos），显然由亚述文迻译而成，其中附有他写的一篇评论（至今已散佚无存）。泰奥弗拉斯托斯的学生德米特里厄斯接着将《伊索寓言》汇集成编，计一百余则，成为嗣后几个世纪的范本。倘无德米特里厄斯的不懈努力，时至今日，《伊索寓言》的大部分内容势必荡然无存。他曾经在亚里士多德的雅典学园长期治学，很可能借助于学园图书馆（类似当地的大学图书馆）里的资料，不仅编了一本《七贤嘉言录》，还完成了《伊索寓言》的收集工作。

  亚里士多德的弟子卡梅里翁，亦为德米特里厄斯的熟人，对《利比亚故事》进行过一番研究。亚里士多德在《修辞学》里说该书也是一本寓言集，认为无论是《伊索寓言》还是《利比亚故事》，都能为演说提供有用的资料。《伊索寓言》里还保留若干利比亚故事，此点下文还要提及。卡梅里翁在一部佚著中（其断章残篇并非由威利辑录，而仅由阿伯塔·洛伦佐尼收入 *Museum Criticum*），判定《利比亚故事》的作者系基比索斯或基比西斯。嗣后卡梅里翁在研究各方寓言时提及一个名为苏黎士的人，认为他是《锡巴里斯故事》的作者，该书的故事也是寓言（阿里斯托芬在《黄蜂》里将其称为"锡巴里斯的笑料"），同时还谈到科尼斯其人，说他撰写过小亚细亚的西里西亚寓言。另有名为西翁的作者，也许受了卡梅里翁的启发，对源自弗里吉亚和埃及的寓言作过进一步的阐述。值得注意的是，上述各类寓言的部分或者全部可能就是我们今日看到的《伊索寓言》一书的原型。

  亚里士多德确曾引述过两则早期版本的《伊索寓言》，分别载入他的两部著作——《气象学》（寓言19）和《动物器官》（寓言123）。亚里士多德在《修辞学》里述及一件有关伊索的趣闻。当时伊索住在萨摩斯岛，在集会上为一个被处死刑的民众领袖辩护。伊索讲了一则狐狸过河时被急流冲走的寓言。狐狸被水冲进石洞后钻不出来,遭到一大群狗虱的叮咬。一只路过的刺猬同情她,狐狸却拒绝对方的帮助,说道:"这些狗虱此刻已喝饱了我的血,再也喝不下多少了。要是你把他们撵走,别的狗虱还会飞来,他们饥火烧肠,准会把我剩下的血喝得一干二净。"伊索的寓言旨在说明,受其辩护者业已发财致富,对他无须再加防范,倘若把他处死,别的人就会接踵而至,因囊中羞涩而大肆掠夺钱财。亚里士多德长期潜心研究萨摩斯岛的历史,所述故事估计与实际情况相去无几。这个故事还告诉我们,伊索曾经当过律师,在萨摩斯出庭为人辩护,引用自己的寓言作譬,其后数百年的演说家无不仿效此例。上述寓言真实性强,惜已失传,故未被收入本书。

B. E. 佩里乃屈指可数的伊索专家,有关伊索的著述甚丰,二十世纪的学者无出其右。根据他的看法,举凡伊索创作的寓言,大多含有神话的因素,本书寓言119《宙斯和人》即为其中一例。此类寓言往往将万物缘起归诸神话,间或笔意谐谑,妙趣横生。他例尚有寓言73《北风和太阳》、寓言120《宙斯和阿波罗》、寓言122《宙斯和好事坛》(脱胎于故事《潘多拉的盒子》)、寓言125《宙斯判案》、寓言209《狮子、普罗米修斯和大象》、寓言233《蜜蜂和宙斯》、寓言290《被践踏的蛇和宙斯》、寓言297《代管钱财的人和荷耳科斯神》、寓言318《波勒摩斯和海波丽丝》以及寓言321《普罗米修斯和人》。寓言123《宙斯、普罗米修斯、雅典娜和摩莫斯》里的角色或有变更,在另一版本里则以《波塞冬、宙斯、雅典娜和摩莫斯》的篇目命名。至于载入上述亚里士多德《动物器官》一书里的寓言,又是另一种版本了。

不仅诸神的名号有所变易,而且根据佩里的确切判断,随着时间的推移,寓言逐步呈现出一种"非神话化"的倾向。他认为这方面最明显的例子莫过于寓言19,这是一个讲述泥土吞吸海水的故事,而据亚里士多德《气象学》一书所载,在最初的版本里,吞吸海水的是女妖卡律布狄斯,而不是泥土。由于希腊文化日益演进,人们的虔诚之心渐渐淡薄,古老神话已不再具有独特的神秘色彩,寓言随之趋向于失落原先蕴含的神话因素,卒为中性的自然力量所取代。简言之,寓言日趋世俗化,更为接近日常生活,远远失去了往昔的古朴风貌。此外,回顾上述寓言的发展进程,当有助于我们了解其源远流长的历史以及它们是否出自伊索手笔;还有助于我们了解为何如今呈现在我们眼前的集子竟会是一种"大为逊色"的版本。

佩里发现还有一种途径，即追溯 logos 一词的用法变化，也能帮助我们判定寓言的形成年代。在希腊化时代（始于亚历山大大帝当政时期）以前，寓言在希腊文里称为 logos，这一用法后来不再流行，于是 mythos 一词应运而生。众多寓言结尾的寓意分别以三种形式来表示：或曰"本 logos 意谓……"；或曰"本 mythos 意谓……"；而第三种方式有所不同，以诸如"由是观之……"一类的表述开头。佩里认为，第一种寓意形式出现在第二种寓意形式之前。前者约先于亚历山大大帝时代即已存在，后者出现的年代则和 logos 为 mythos 所更易的时期相当。此说合乎情理，殊足凭信。

但是，如果把数以百计的希腊文一一照搬过来，未免单调乏味，正因为考虑到这一点，所以我们的译文并未将 logos 和 mythos 这两者加以区别，一概以"This fable shows that…"来表示。有人如对 logos 和 mythos 两者的区别以及与之相关的年代问题有兴趣，不妨去参阅一下钱伯里译本的希腊原文，唯有在希腊原文里出现 logos 或 mythos 字样时，我们才采用"This fable shows…"的译法，用以区别那些不带 logos 或 mythos 字样的寓言。通常认为，最后提及的那类寓言中的大多数，也许写成于更早的年代；其中少数几则寓言饶有古风，则有可能是最早出现的作品。看来附于寓言末尾的寓意部分均系后人添加，所示的成文年代并不适用于寓言本身，而仅仅表明寓言结集的时间。

关于寓意问题尚须略加阐述。多数读者不难发现，与寓言正文相比，寓意多半显得荒唐可笑，既无新意，亦乏情趣，有些寓意读后令人瞠目结舌，不知所云。由于寓意均为编辑者事后添加，本书采用楷体字母印刷，以区别于正文。寓言中除了为数不多的几则外，一般都附有寓意。读者有时也能见到颇具文采、甚有价值的寓意，如本书寓言 22："由是观之，单凭技能偏偏无由获取，时来运转每每唾手可得。"此类寓意带有较强的哲理性。一些以"This fable shows…"开首的寓意不外是演说家在收集寓言权充谈资时添加的词语。有人从实用的角度出发，翻检《寓言集》寻觅与之相关的故事，对他们来说，寓意无疑具有人生指南的功效。例如，寓言 77 适用于好与人辩者，寓言 74 运用于因失信于人而声名狼藉者，寓言 119 适用于体格魁伟而心智衰弱者，寓言 184 适用于贪求苟得之徒，而寓言 233 适用于因心术不正而自取其咎者。

有时候寓意甚至专指民众集会或法庭上出现的某一情景，例如寓言 288 告诉我们："卷入两派政客纷争之民众，受其蛊惑而卒为双方戕害。"寓言 303 提醒我们："于本行无涉之事，偏偏强行介入，岂止一无所获，且将危及己身。"批评矛头指向那些并未参与公共事务,却对某项政策妄加非议的人,可谓一语中的。寓言300则针对"为激情所驱,不假思索,率尔行事"之人,旨在攻击那些感情用事、胡乱施政的政客。有人在民众集会上目睹对手胜券在握、咄咄逼人,为息事宁人计,发言时不妨引用寓言120:"……不自量力,偏与强者争先斗胜,岂止徒劳无功,且将贻笑大方。"此举十分得体,足以自我解嘲。

演说家们出自功利的动机,不时运用寓言,也许正因为如此,才使得这些寓言得以保留至今,所以我们不宜对他们添加的寓意嗤之以鼻,不屑一顾。其实,一旦人们弄清了寓意的性质和来龙去脉,以及其雕章镂句的表达方式,兴趣自会随之萌生,如同有人热衷于赏玩供装饰用的茶壶一样。

《伊索寓言》远不如许多人心目中的儿童故事那般引人入胜。多数儿童版本的《伊索寓言》经过精心筛选、再三修改和反复增添,和原始版本已相去甚远。至少有一百则最有趣味,亦即神话色彩较浓的寓言始终未被译成英文。就这样,经过几次三番的"净化"和"粉刷",结集成书的《伊索寓言》迄今尚以"伪经典作品"的形象呈现在世人面前。我们不妨以下述缘由来说明这一现象:世人视为"经典"者,必须获得"一致认同"。《伊索寓言》里的一些故事有悖情理,倘读者不只限于希腊学者,而且还包括普通大众,那么,这种"一致认同"势必迅即土崩瓦解,不复存在了。《伊索寓言》里缺乏人们奉为圭臬的维多利亚时代的道德规范,相反,充斥其间的只是残忍、粗鄙、野蛮和冷酷无情的行为举止;除了君主专制,别无其他政体;国王几乎无一不是暴君。寓言描述的妇女中有一位年轻太太,悍然伸手抓破她丈夫的脸颊;还写到一种化为人形的动物,见了老鼠就猛扑上去将其捕食。

伊索的世界里不乏举止野蛮、生性残忍之徒,此类人诡计多端、居心叵测、杀人越货、矫情饰诈、幸灾乐祸、一味嘲弄轻侮他人。伊索的世界里同样充满了粗犷的幽默、圆熟的智慧、巧妙的文字游戏、胜人一筹的本领以及"我不早就告诉过你了"一类的揶揄口吻。伊索的世界如此严酷的现实不禁使我们产生以下两点观感:其一,妇女的地位深受贬抑,作为弱势群体,女人无法去左右男人的行为或规劝他们改邪归正,她们实质上和奴隶并无区别。(通过对现存法律资料的分析得知,古希腊一名拥有财产继承权的女子竟然被其娘家人从她丈夫和子女的身边强行带走,逼她嫁给素不相识的一位远亲,以确保她名下的财产由其父亲的家族掌管,因为当时规定家庭财产的拥有者必须是男性主人。）其二，依照普遍认同的道德观念，"怜悯他人"似乎并不是什么值得称道的品质。

　　上述第二点的观感尤为显得重要。基督教的兴起带来了西方文化在伦理观念上的转变，对此我们往往估计不足。当今西方社会尽管依然存在不少野蛮、强暴和腐败的行径，但为公众认可的道德观念同样十分流行，提倡人们善待儿童、关怀不幸者、帮助邻居、搀扶老人过街，以及遇溺水者或遭劫者立即援之以手。这一类善举在古希腊似乎并不存在，偶尔出现也仅仅是少数人的个别行为。伊索的世界奉行的基本信条是："人生在世独善其身，他人有难落井下石。"在伊索笔下，不论人间社会，抑或动物世界，崇尚的似乎都是弱肉强食的"丛林法则"。由此看来，让动物充任故事的主要角色，可谓顺理成章，非常恰当。

　　《伊索寓言》为我们展示了古希腊社会平民生活的有趣场景，刻画描写具体细微，涉及诸如假发、狗项圈一类的日常用品，读后令人惊叹不已。通过作品，读者仿佛置身于古希腊人的家园，从而了解当时的老鼠喜欢偷吃何种食物，由此推断一般人家中贮藏什么食品。读者还能了解人们怎样对待宠物；如何溺爱孩子；当时人有多迷信；商贾怎么生财牟利；某一农夫如何心血来潮改行从商，仅仅置办少许货物就急于出海航行；当时的海难事故何等频繁；驴子如何横遭虐待；悭吝人怎样掩埋金子；主人以何种方式添购奴隶；以及有人如何急中生智、巧妙地应对他人的嘲弄。凡此种种均有助于我们理解古希腊的生活风貌，这是我们在阅读柏拉图或修昔底德的著作时无法获得的一种知识。读《伊索寓言》时我们面对的是农夫、商人和普通民众，而不是衣冠楚楚的知识阶层。书中随处可见村夫野老式的幽默和笑话，其中有些依旧适用于当今世界的边远地区和穷乡僻壤。

　　《伊索寓言》就其性质而言，相当于一部笑话集、一本古代的笑话大全，犹如阿提米多勒斯的《梦的解析》乃古代的一本释梦大全。此类大全供古希腊人翻检查阅，以备不时之需，堪称实用的参考书籍。

　　由于《伊索寓言》的内容诙谐多趣，文字有欠雅驯，正统的学者往往对之不屑一顾。他们自视甚高，总以为去研究村夫野老的粗俗笑谈和引车卖浆之流的行为举止未免纡尊降贵，有失身份。《伊索寓言》竟然长期遭受古典学者的冷遇，先前也没有完整的英译本问世，也许与上述因素不无关系。据我所知，目下也未见有希腊文本的《伊索寓言》付梓。洛布文库于1965年未出《伊索寓言全集》，却刊印了一卷本题为《巴布里乌斯和费德鲁斯》的著作,署名者为伊索学者 B. E. 佩里。巴布里乌斯和费德鲁斯两人合作,于公元一世纪将《伊索寓言》用诗体形式扩编成书。为何后起学者对这一改写本刮目相待,加以精心翻译和编辑,唯独对《伊索寓言》的原著漠然置之呢?实在令人费解。作为改编者,巴布里乌斯和费德鲁斯充其量不过二三流水平,书的内容索然寡味、殊乏意趣。在他们著作的结尾附有佩里的一篇长文,题为"简析承袭伊索传统的希腊和拉丁寓言"。该文内容未能囊括钱伯里本子所收入的寓言,提供的资料也并非全然可信。

如何为《伊索寓言》涉及的动植物确切定名,由于这一问题事关宏旨,我们为之殚精毕力,不敢稍有懈怠。我们特意把原文中的一种鸟译成 chough(红嘴山鸦),并非为了咬文嚼字,卖弄学问。这种鸟目前在英国几近绝迹,而在古希腊则随处可见,连要饭的都带着它们行乞,犹如当今许多伦敦人在外遛狗一般寻常,难怪这种鸟的名字在希腊文里也可用作动词,意谓"行乞"。

对专有名称的再三斟酌亦有助于我们发现一些史实,例如古希腊人豢养的宠物往往不是猫,而是经过驯化的鸡貂,又称家貂(galē)(见寓言76、77 和 250。中文似无确切对应词,为便于理解计,权且译作"黄鼠狼"。——汉译者注)。唯有寓言 12、13 和 14 提到的动物才是我们习见的那种猫(ailouros),至于寓言 14 里出现的"猫"医生,原先或许是另一类动物,该寓言被收入集子时才改为"猫"这一名称。猫当初由埃及传入希腊,但直至希腊化时期,家中养猫的现象依然十分罕见。广为人知的寓言76,述及爱神将黄鼠狼(家貂)变成少女一节,所指动物与我们熟知的猫不啻有天壤之别。

翻译伊索寓言,堪称荆棘塞途、险象环生。有些词连利德尔和斯科特的《词汇集释》也未见收录,如 diarragentos(见寓言 192,意为"海鸥'撑破'了喉咙")一类的生僻词语,根本无由觅得,而巴布里乌斯著作里的用词"劈开"(寓言 100,樵夫拿斧子"劈开"橡树树干)却不难在《词汇集释》里找到(虽说在该书 1996 年的版本里"劈开"一词也不见了踪影)。多数古典学者长期对《伊索寓言》漠然视之,由此似乎又添了一项例证。

翻译《伊索寓言》要求我们熟谙故事的来龙去脉,进而对其细节加以考证,并就其内容进行理论性的探索。我们发现《伊索寓言》选择了某些独特的叙事模式和动物类型,下文当就此问题略作阐述。某些故事之所以有悖常理，显然与适才提及的两个因素相关。先从动物类型谈起，书中数次提到野驴和狮子相约外出打猎，然后分配所获猎物，故事情节让人觉得不可思议。尽人皆知，野驴并非食肉动物，寓言作者无疑忽略了这一常识问题。接下来一个问题同样引起我们的注意，即有关狮子的寓言其情节大体雷同，与别类故事相比，更具讽刺意味和政治色彩。在享有绝对权力的狮王面前，狐狸似乎扮演了一个弄臣的角色。我们由此可以推测，伊索借题发挥，通过此类寓言旨在讥刺朝政、奚落君主。接二连三的寓言皆为嘲讽时政而设，殆无希腊风味，内中一班角色亦与希腊无涉，狐狸则起了帮闲和爪牙的作用。古希腊人亲眼见过狮子的寥寥无几，至多只见过圣得洛斯岛上的石雕纳克索斯狮子。考古学家指出，这些狮子全凭想象雕成，状貌欠真，比例失当，一如枵腹的猎犬。如果希腊人都无法为圣地雕刻标准狮像，他们又为什么偏让狮子在那么多的寓言里担任主角呢？其中的奥妙究竟何在？

让人觉得更为奇怪的是，明明希腊有猪而无骆驼，但骆驼在寓言里出现的场合却要比猪来得多。那么为何《伊索寓言》的异域色彩如此浓厚呢？现已证明，我们目前所见到的大量伊索故事并非源自希腊。上文述及亚里士多德曾将《伊索寓言》和《利比亚故事》相提并论，此举颇为发人深思。《利比亚故事》中的动物想必均系当地物种。尽人皆知，利比亚境内时有狮子豺狼出没，民众深受其扰，此外骆驼也是那儿的常见动物。《伊索寓言》中不少以狮子为主角的故事，也许都是以《利比亚故事》为蓝本。正因为这样，后者才得以保存至今，不致散佚失传，而《伊索寓言》之"非希腊化"，原因亦即在此。

寓言 144 里出现的骆驼、大象和猴子，都不是希腊动物，由此推定该寓言来源于异国他乡。故事叙及大象惧怕小猪，唯有大象产地的居民才会熟悉此类细节，希腊人根本不可能了解这一点。那么拥有大象的地域又在何处呢？迦太基人曾乘骑大象越过阿尔卑斯山脉。推本溯源，又把我们的思路引向了利比亚。寓言 146 讲述骆驼跳舞的故事，有哪个希腊人如此熟谙骆驼习性，能写出逗人发笑、兴味盎然的寓言来嘲弄骆驼的行走姿态呢？穷原竟委，我们的思路再次被引向了利比亚。

除了利比亚的故事，尚有一些寓言带有埃及色彩。寓言 4 是一个明显的例证，其间杂有埃及的神话传说。另一具有鲜明埃及色彩的例证当数寓言 136，讲到一个捕鸟人被一种小毒蛇（印度眼镜蛇）咬了，这种蛇在希腊并不存在。（当然，该寓言亦可能来源于利比亚。）只是有一点我们无法肯定，即在埃及或利比亚是否真有过使用粘鸟胶的捕鸟人。类似这样的捕鸟人是希腊寓言里的俗套角色。这个故事要是换了希腊人来写，捕鸟人踩到的就准会是一条小蝰蛇了，因为小蝰蛇在不少寓言里担任角色，是希腊常见的一种毒蛇。再者，一些涉及猴子的寓言显然亦非源于希腊。寓言303 描写一只猴子坐在大树上，观看渔夫把网撒入河里。在希腊根本不可能出现此类情景。寓言305 述及一只猴子和一头骆驼，也不大可能出自希腊人手笔，因为他们多半未见过这两种动物（虽说城里的希腊人偶尔也把猴子当成宠物豢养）。

由此可见，本书不少有关动物乃至植物的描述，洵属荒诞无稽。产生这一现象可能基于下述情况，即众多《伊索寓言》并非源自希腊本土。上文已经提及，在古希腊曾有多种外国寓言集行世，唯无一流传至今。这些寓言集的部分内容或许已被采撷收入《伊索寓言》。此说合乎情理，并非妄断臆测。我们所以敢于做出这样一个结论，亦当归因于 B. E. 佩里的研究成果。佩里对德米特里厄斯保存《伊索寓言》一事做过研究，发现他所收集的伊索未满百则，并指出有几则散佚的寓言也未见收入钱伯里的版本。依此推理，《伊索寓言全集》里有两百五十则以上的故事均系后人添加，有几则篇幅甚短，殊乏新意，类同笔墨游戏。毫无疑问，《伊索寓言》留下的"余地"尚多，遂使一批外国寓言得以充实其间，包括《利比亚故事》，可能还包括埃及的、西里西亚的以及其他国家的作品。以寓言 29 为例，故事背景置于小亚细亚的米安德河河畔，作者把米利都城位于米安德河河口这一鲜为人知的细节凭空设想为一个众所周知的事实。

显而易见，有几则关于狮子的寓言旨在讽喻时政，而野驴居然成了狮子的朋友，未免令人啧啧称奇。读了那些以狮子为角色的寓言，人们不难发现，它们与集子中的多数寓言在格调上大异其趣。例如寓言 193 仅短短一两行，颇具希腊风致，将狮子抽象化，使之成为力量的象征。可是，37、38、39、41、194、195、197、198、204、206、207、208、211、212、268 和 269 这 16 则寓言似乎出处相同，像是节录自某一部非希腊本土的讽刺作品，目的在于讽刺时政，笔锋辛辣机智，具有较高的文学价值。至于野驴这一角色，本当由另一种食肉动物来扮演，所以才显得有点不伦不类。可能狐狸原为胡狼，野驴本是鬣狗。寓言里此类动物角色的转换十分频繁，在在皆是。狮子在当今希腊已是妇孺皆知的动物，其担任的角色自能获得公众的认可，但由于希腊本无胡狼和鬣狗这两类动物，胡狼才换成家喻户晓的狐狸，鬣狗则改作另一种步履轻捷的动物——野驴。美中不足的是，野驴乃食草动物，断无兴趣去追随狮子狩猎，以分享所得猎物。

以上所述，旨在探讨《伊索寓言》的来源问题和嬗变过程。少数几则寓言和在印度找到的故事内容类似，至于两者之间的关系，即彼此出现的顺序先后以及与之相关的传播途径，似乎终难加以判定。

笔者深信，收入本书的寓言，无论对深入理解历史抑或从事人性的研究，都具有重大的价值。采用动物形象替代各色人等的构思，当收叙事简约、寄慨遥深之效，与"刻意简化"不可同日而语。通读本书寓言者，无不受其熏陶，陡增悲天悯人之情。书中动物结局惨烈、不得善终者可谓比比皆是。美国有一句话用来描述人间情状，堪称鞭辟入里，即："那儿是一片弱肉强食的丛林！"此话亦可用作《伊索寓言》一书的扉页警句。《伊索寓言》美不胜收，充满了冷峭的幽默、精辟的议论、风趣的穿插以及尖刻的隽语。《伊索寓言》给人带来无穷的乐趣，此种乐趣间或伴有恐惧的成分，正如我们目睹他人踩到香蕉皮后滑跌在地，始则以惧，继而忍俊不禁一样。何不也以这般心态去读《伊索寓言》呢？

罗伯特·坦普尔
1997 年 2 月

《玩偶之家》*

人物表

托伐·海尔茂

娜拉——海尔茂的妻子

阮克医生

林丹太太

尼尔·柯洛克斯泰

海尔茂夫妇的三个孩子

安娜——孩子们的保姆

爱伦——女佣人

脚夫

（事情发生在克里斯替阿尼遏海尔茂家里）

第一幕

〔一间屋子，布置得很舒服雅致，可是并不奢华。后面右边，一扇门通到门厅。左边一扇门通到海尔茂的书房。两扇门中间有一架钢琴。左墙中央有一扇门，靠前一点，有一扇窗。靠窗有一张圆桌，几把扶手椅和一只小沙发。右墙里靠后，又有一扇门，靠墙往前一点，一只瓷火炉，火炉前面有一对扶手椅和一张摇椅。侧门和火炉中间有一张小桌子。墙上挂着许多版画。一只什锦架上摆着瓷器和小古玩。一个小书橱里放满了精装书籍。地上铺着地毯。炉子里生着火。正是冬天。〕

〔门厅里有铃声。紧接着就听见外面的门打开了。娜拉高高兴兴地哼着歌从外面走进来，身上穿着出门衣服，手里拿着几包东西。她把东西搁在右边桌子上，让门厅的门敞着。我们看见外头站着个脚夫，正在把手里一棵圣诞树和一只篮子递给开门的女佣人。〕

娜拉 爱伦，把那棵圣诞树好好儿藏起来。白天别让孩子们看见，晚上才点呢。（取出钱包，问脚夫）多少钱？

脚夫 五十个欧尔①。

---

* 易卜生：《易卜生戏剧集》，潘家洵译，人民文学出版社2006年版。

① 欧尔，挪威币制单位。一百欧尔等于一克朗。

娜拉 这是一克朗。不用找钱了。

〔脚夫道了谢出去。娜拉随手关上门。她一边脱外衣,一边还是在快活地笑。她从衣袋里掏出一袋杏仁甜饼干,吃了一两块。吃完之后,她踮着脚尖,走到海尔茂书房门口听动静。〕

娜拉 嗯,他在家。(嘴里又哼起来,走到右边桌子前)

海尔茂 (在书房里)我的小鸟儿又唱起来了?

娜拉 (忙着解包)嗯。

海尔茂 小松鼠儿又在淘气了?

娜拉 嗯!

海尔茂 小松鼠儿什么时候回来的?

娜拉 刚回来。(把那袋杏仁饼干掖在衣袋里,急忙擦擦嘴)托伐,快出来瞧我买的东西。

海尔茂 我还有事呢。(过了会儿,手里拿着笔,开门朝外望一望)你又买东西了?什么!那一大堆都是刚买的?我的小败家子儿又糟蹋钱了?

娜拉 嗯,托伐,现在咱们花钱可以松点儿了。今年是咱们头一回过圣诞节不用打饥荒。

海尔茂 不对,不对,咱们还不能乱花钱。

娜拉 喔,托伐,现在咱们可以多花点儿了——只多花那么一丁点儿!你知道,不久你就要挣大堆的钱了。

海尔茂 不错,从一月一号起。可是还有整整三个月才到我领薪水的日子。

娜拉 那没关系,咱们可以先借点钱花花。

海尔茂 娜拉!(走到她面前,开玩笑地捏着她耳朵说道)你还是个不懂事的小孩子!要是今天我借了一千克朗,圣诞节一个礼拜你随随便便把钱都花完了,万一除夕那天房上掉下一块瓦片把我砸死了——

娜拉 (用手捂住他的嘴)嘘!别这么胡说!

海尔茂 要是真有这么回事怎么办?

娜拉 要是真有这种倒霉事,我欠债不欠债还不是一样。

海尔茂 那些债主怎么办?

娜拉 债主!谁管他们的事?他们都是跟我不相干的外头人。

海尔茂 娜拉!娜拉!你真不懂事!正经跟你说,你知道在钱财上头,我有我的主张:不欠债!不借钱!一借钱,一欠债,家庭生活马上就会不自由，不美满。咱们俩硬着脖子挺到了现在，难道说到末了反倒软下来不成。

娜拉 （走到火炉边）好吧，随你的便，托伐。

海尔茂 （跟过去）喂，喂，我的小鸟儿别这么耷拉着翅膀。什么？小松鼠儿生气了？（掏出钱包来）娜拉，你猜这里头是什么？

娜拉 （急忙转过身来）是钱！

海尔茂 给你！（给她几张钞票）我当然知道过圣诞节什么东西都得花钱。

娜拉 （数着）一十，二十，三十，四十。啊，托伐，谢谢你！这很够花些日子了。

海尔茂 但愿如此。

娜拉 真是够花些日子了。你快过来，瞧瞧我买的这些东西。多便宜！你瞧，这是给伊娃买的一套新衣服，一把小剑。这是巴布的一只小马，一个喇叭。这个小洋娃娃和摇篮是给爱密的。这两件东西不算太好，可是让爱密拆着玩儿也就够好的了。另外还有几块衣料和几块手绢是给佣人的。其实我应该买几件好点儿的东西送给老安娜。

海尔茂 那包是什么？

娜拉 （大声喊叫）托伐，不许动，晚上才让你瞧！

海尔茂 喔！乱花钱的孩子，你给自己买点儿什么没有？

娜拉 给我自己？我自己什么都不要。

海尔茂 胡说！告诉我你正经要点儿什么。

娜拉 我真不知道我要什么！喔，有啦，托伐，我告诉你——

海尔茂 什么？

娜拉 （玩弄海尔茂的衣钮，眼睛不看他）要是你真想给我买东西的话——你可以——

海尔茂 可以什么？快说！

娜拉 （急忙）托伐，你可以给我点儿现钱。用不着太多，只要是你手里富余的数目就够了。我留着以后买东西。

海尔茂 可是，娜拉——

娜拉 好托伐，别多说了，快把钱给我吧。我要用漂亮的金纸把钱包起来挂在圣诞树上。你说好玩儿不好玩儿？

海尔茂 那些会花钱的小鸟儿叫什么名字？

娜拉 喔，不用说，我知道，它们叫败家精。托伐，你先把钱给我。

以后我再仔细想我最需要什么东西。

海尔茂 （一边笑）话是不错,那就是说,要是你真把我给你的钱花在自己身上的话。可是你老把钱都花在家用上头,买好些没用的东西,到后来我还得再拿出钱来。

娜拉 可是,托伐——

海尔茂 娜拉,你能赖得了吗?（一只手搂着她）这是一只可爱的小鸟儿,就是很能花钱。谁也不会相信一个男人养活你这么一只小鸟儿要花那么些钱。

娜拉 不害臊!你怎么说这话!我花钱一向是能节省多少就节省多少。

海尔茂 （大笑）一点儿都不错,能节省多少就节省多少,可是实际上一点儿都节省不下来。

娜拉 （一边哼一边笑,心里暗暗高兴）哼!你哪儿知道我们小鸟儿、松鼠儿的花费。

海尔茂 你真是个小怪东西!活像你父亲——一天到晚睁大了眼睛到处找钱。可是钱一到手,不知怎么又从手指头缝里漏出去了。你自己都不知道钱到哪儿去了。你天生就这副性格,我也没办法。这是骨子里的脾气。真的,娜拉,这种事情都是会遗传的。

娜拉 我但愿能像爸爸,有他那样的好性格、好脾气。

海尔茂 我不要你别的,只要你像现在这样——做我会唱歌的可爱的小鸟儿。可是我觉得——今天你的神气有点儿——有点儿——叫我说什么好呢?有点儿跟平常不一样——

娜拉 真的吗?

海尔茂 真的。抬起头来。

娜拉 （抬头瞧他）怎么啦?

海尔茂 （伸出一个手指头吓唬她）爱吃甜的孩子又偷嘴了吧?

娜拉 没有。别胡说!

海尔茂 刚才又溜到糖果店里去了吧?

娜拉 没有,托伐,真的没有。

海尔茂 没去喝杯果子露吗?

娜拉 没有,真的没有。

海尔茂 也没吃杏仁甜饼干吗?

娜拉 没有,托伐,真没有,真没有!

海尔茂　好,好,我跟你说着玩儿呢。

娜拉　(朝右边桌子走去)你不赞成的事情我决不做。

海尔茂　这话我信,并且你还答应过我——(走近娜拉)娜拉宝贝,现在你尽管把圣诞节的秘密瞒着我吧。到了晚上,圣诞树上的灯火一点起来,那就什么都瞒不住了。

娜拉　你记着约阮克大夫没有?

海尔茂　我忘了。其实也用不着约,他反正会来。回头他来的时候我再约他。我买了点上等好酒。娜拉,你不知道我想起了今天晚上过节心里多高兴。

娜拉　我也一样。孩子们更不知怎么高兴呢,托伐!

海尔茂　唉,一个人有了稳固的地位和丰富的收入真快活!想想都叫人高兴,对不对?

娜拉　对,真是太好了!

海尔茂　你还记不记得去年圣诞节的事情?事先足足有三个礼拜,每天晚上你把自己关在屋子里熬到大后半夜,忙着做圣诞树的彩花和别的各种各样不让我们知道的新鲜玩意儿。我觉得没有比那个再讨厌的事情了。

娜拉　我自己一点儿都不觉得讨厌。

海尔茂　(微笑)娜拉,可是后来我们什么玩意儿都没看见。

娜拉　喔,你又提那个取笑我呀?小猫儿要钻进去把我做的东西抓得稀烂,叫我有什么办法?

海尔茂　是啊,可怜的娜拉,你确实是没办法。你想尽了方法使我们快活,这是主要的一点。可是不管怎么样,苦日子过完了总是桩痛快事。

娜拉　喔,真痛快!

海尔茂　现在我不用一个人闷坐了,你的一双可爱的眼睛和两只嫩手也不用吃苦了——

娜拉　(拍手)喔,托伐,真是不用吃苦了!喔,想起来真快活!(挽着海尔茂的胳臂)托伐,让我告诉你往后咱们应该怎么过日子。圣诞节一过去——(门厅的门铃响起来)喔,有人按铃!(把屋子整理整理)一定是有客来了。真讨厌!

海尔茂　我不见客。记着。

爱伦　(在门洞里)太太,有位女客要见您。

娜拉　请她进来。

爱伦　(向海尔茂)先生,阮克大夫刚来。

海尔茂 他到我书房去了吗?

爱伦 是的。

〔海尔茂走进书房。爱伦把林丹太太请进来之后自己出去,随手关上门。林丹太太穿着旅行服装。〕

林丹太太 (局促犹豫)娜拉,你好?

娜拉 (捉摸不定)你好?

林丹太太 你不认识我了吧?

娜拉 我不——哦,是了!——不错——(忽然高兴起来)什么,克里斯蒂纳!真的是你吗?

林丹太太 不错,是我!

娜拉 克里斯蒂纳!你看,刚才我简直不认识你了。可是也难怪我——(声音放低)你很改了些样子,克里斯蒂纳!

林丹太太 不错,我是改了样子。这八九年工夫——

娜拉 咱们真有那么些年没见面吗?不错,不错。喔,我告诉你,这八年工夫可真快活!现在你进城来了。腊月里大冷天,那么老远的路!真佩服你!

林丹太太 我是搭今天早班轮船来的。

娜拉 不用说,一定是来过个快活的圣诞节。喔,真有意思!咱们要痛痛快快过个圣诞节。请把外头衣服脱下来。你冻坏了吧?(帮她脱衣服)好。现在咱们坐下舒舒服服地烤烤火。你坐那把扶手椅,我坐这把摇椅。(抓住林丹太太两只手)现在看着你又像从前的样子了。乍一见的时候真不像——不过,克里斯蒂纳,你的气色显得没有从前那么好——好像也瘦了点儿似的。

林丹太太 还比从前老多了,娜拉。

娜拉 嗯,也许是老了点儿——可是有限——只是一丁点儿。(忽然把话咽住,改说正经话)喔,我这人真粗心!只顾乱说——亲爱的克里斯蒂纳,你会原谅我吧?

林丹太太 你说什么,娜拉?

娜拉 (声音低柔)可怜的克里斯蒂纳!我忘了你是个单身人。

林丹太太 不错,我丈夫三年前就死了。

娜拉 我知道,我知道,我在报上看见的。喔,老实告诉你,那时候我真想给你写封信,可是总没工夫,一直就拖下来了。

林丹太太 我很明白你的困难,娜拉。

娜拉 克里斯蒂纳，我真不应该。喔，你真可怜！你一定吃了好些苦！他没给你留下点儿什么吗？

林丹太太 没有。

娜拉 也没孩子？

林丹太太 没有。

娜拉 什么都没有？

林丹太太 连个可以纪念的东西都没有。

娜拉 （瞧着她不敢相信）我的好克里斯蒂纳，真有这种事吗？

林丹太太 （一边伤心地笑着，一边抚摩她的头发）娜拉，有时候真有这种事。

娜拉 一个人孤孤单单的！这种日子怎么受得了！我有三个顶可爱的孩子！现在他们都跟保姆出去了，不能叫来给你瞧瞧。可是现在你得把你的事全都告诉我。

林丹太太 不，不，我要先听听你的话——

娜拉 不，你先说。今天我不愿意净说自己的事。今天我只想听你的。喔！可是有件事我得告诉你——也许你已经听说我们交了好运？

林丹太太 没听说。什么好运？

娜拉 你想想！我丈夫当了合资股份银行经理了。

林丹太太 你丈夫！哦，运气真好！

娜拉 可不是吗！做律师生活不稳定，尤其像托伐这样的，来历不明的钱他一个都不肯要。这一点我跟他意见完全一样。喔，你想我们现在多快活！一过新年他就要接事了，以后他就可以拿大薪水，分红利。往后我们的日子可就大不相同了——老实说，爱怎么过就可以怎么过了。喔，克里斯蒂纳，我心里真高兴，真快活！手里有钱，不用为什么事操心，你说痛快不痛快？

林丹太太 不错。不缺少日用必需品至少是桩痛快事！

娜拉 不单是不缺少日用必需品，还有大堆的钱——整堆整堆的钱！

林丹太太 （微笑）娜拉，娜拉，你的老脾气还没改？从前咱们一块儿念书的时候你就是个顶会花钱的孩子。

娜拉 （笑）不错，托伐说我现在还是。（伸出食指指着她）可是"娜拉，娜拉"并不像你们说的那么不懂事。喔，我从来没机会可以乱花钱。我们俩都得辛辛苦苦地工作。

林丹太太 你也得工作吗？

娜拉　是的，做点轻巧活计，像编织、绣花一类的事情。（说到这儿，口气变得随随便便的）还得做点别的事。你是知道的，我们结婚的时候，托伐辞掉了政府机关的工作。那时候他的位置并不高，升不上去，薪水又不多，当然只好想办法额外多挣几个钱。我们结婚以后头一年，他拼命地工作，忙得要死。你知道，为了要挣多点收入，各种各样的额外工作他都得做，起早熬夜地不休息。日子长了他支撑不住，害起重病来了。医生说他得到南边去疗养，病才好得了。

林丹太太　你们在意大利住了整整一年，是不是？

娜拉　住了一整年。我告诉你，那段日子可真难对付。那时候伊娃刚生下来。可是，当然，我们不能不出门。喔，说起来那次旅行真是妙，救了托伐的命。可是钱也花得真不少，克里斯蒂纳！

林丹太太　我想大概少不了。

娜拉　花了一千二百块！四千八百克朗①！你看数目大不大？

林丹太太　幸亏你们花得起。

娜拉　你要知道，那笔钱是从我爸爸那儿弄来的。

林丹太太　喔，原来是这样。他正是那时候死的，是不是？

娜拉　不错，正是那时候死的。你想！我不能回家服侍他！那时候我正等着伊娃生出来，并且还得照顾害病的托伐！嗳，我那亲爱慈祥的爸爸！我没能再见他一面，克里斯蒂纳。喔，这是我结婚以后最难受的一件事。

林丹太太　我知道你最爱你父亲。后来你们就到意大利去了，是不是？

娜拉　是。我们钱也有了，医生叫我们别再耽误时候。过了一个月我们就动身了。

林丹太太　回来时候你丈夫完全复原了吗？

娜拉　完全复原了。

林丹太太　可是——刚才那位医生？

娜拉　你说什么？

林丹太太　我记得刚才进门的时候，你们的女佣人说什么大夫来了。

娜拉　哦，那是阮克大夫。他不是来看病的。他是我们顶要好的朋

---

① 克朗，挪威旧币制单位为"元"，在易卜生写这个剧本之前不久，改用了"克朗"新单位。

友，没有一天不来看我们。从那以后托伐连个小病都没有害过。几个孩子身体全都那么好，我自己也很好。（跳起来拍手）喔，克里斯蒂纳，克里斯蒂纳，活着过快活日子多有意思！咳，我真岂有此理！我又净说自己的事了。（在靠近林丹太太的一张矮凳上坐下，两只胳臂搁在林丹太太的腿上）喔，别生气！告诉我，你是不是真不爱你丈夫？既然不爱他，当初你为什么跟他结婚？

林丹太太 那时候我母亲还在，躺在床上不能动。我还有两个弟弟要照顾。所以那时候我觉得不应该拒绝他。

娜拉 也许不应该。大概那时候他有钱吧？

林丹太太 他日子很过得去。不过他的事业靠不住，他死后事情就一败涂地了，一个钱都没留下。

娜拉 后来呢？

林丹太太 后来我对付着开了个小铺子，办了个小学校，反正有什么做什么，想尽办法凑合过日子。这三年工夫在我是一个长期奋斗的过程。现在总算过完了，娜拉。苦命的母亲用不着我了，她已经去世了。两个弟弟也有事，可以照顾自己了。

娜拉 现在你一定觉得很自由了！

林丹太太 不，不见得，娜拉。我心里只觉得说不出的空虚。活在世上谁也不用我操心！（心神不定，站起身来）所以我再也住不下去那偏僻冷静的地方了。在这大地方，找点消磨时间——排遣烦闷的事情一定容易些。我只想找个安定的工作——像机关办公室一类的事情。

娜拉 克里斯蒂纳，那种工作很辛苦，你的身体看上去已经很疲乏了。你最好到海边去休养一阵子。

林丹太太 （走到窗口）娜拉，我没有父亲供给我钱呀。

娜拉 （站起来）喔，别生气。

林丹太太 （走近她）好娜拉，别见怪。像我这种境遇的人最容易发牢骚。像我这样的人活在世上并不为着谁，可是精神老是那么紧张。人总得活下去，因此我就变得这么自私，只会想自己的事。我听见你们交了好运——说起来也许你不信——我替你们高兴，尤其替自己高兴。

娜拉 这话怎么讲？喔，我明白了！你想托伐也许可以帮你一点忙。

林丹太太 不错，我正是那么想的。

娜拉 他一定肯帮忙，克里斯蒂纳。你把这事交给我。我会拐弯抹角想办法。我想个好办法先把他哄高兴了，他就不会不答应。喔，我真愿意帮你一把忙!

林丹太太 娜拉,你心肠真好,这么热心帮忙!像你这么个没经历过什么艰苦的人真是尤其难得。

娜拉 我?我没经历过——?

林丹太太 (微笑)喔,你只懂得做点轻巧活计一类的事情。你还是个小孩子,娜拉。

娜拉 (把头一扬,在屋子里走来走去)喔,你别摆出老前辈的架子来!

林丹太太 是吗?

娜拉 你跟他们都一样。你们都觉得我这人不会做正经事——

林丹太太 嗯,嗯——

娜拉 你们都以为在这烦恼世界里我没经历过什么烦恼事。

林丹太太 我的好娜拉,刚才你不是已经把你的烦恼事都告诉我了吗?

娜拉 哼,那点小事情算得了什么!(低声)大事情我还没告诉你呢。

林丹太太 大事情?这话怎么讲?

娜拉 克里斯蒂纳,我知道你瞧不起我,可是你不应该小看我。你辛辛苦苦供养你母亲那么些年,你觉得很得意。

林丹太太 我实在谁也没看不起。不过想起了母亲临死那几年我能让她宽心过日子,我心里确是又得意又高兴。

娜拉 想起了给两个弟弟出了那些力,你也觉得很得意。

林丹太太 难道我不应该得意吗?

娜拉 当然应该。可是,克里斯蒂纳,现在让我告诉你,我也做过一件又得意又高兴的事情。

林丹太太 这话我倒信。你说的是什么事?

娜拉 嘘!声音小一点!要是让托伐听见,那可不得了!别让他听见——千万使不得!克里斯蒂纳,这件事,除了你,我谁都不告诉。

林丹太太 究竟是什么事?

娜拉 你过来。(把林丹太太拉到沙发上,叫她坐在自己旁边)克里斯蒂纳,我也做过一桩又得意又高兴的事情。我救过托伐的命。

林丹太太 救过他的命?怎么救的?

娜拉 我们到意大利去的事情我刚才已经说过了。要不亏那一次旅行,托伐的命一定保不住。

林丹太太　那我知道。你们花的钱是你父亲供给的。

娜拉　（含笑）不错,托伐和别人全都那么想。可是——

林丹太太　可是怎么样?

娜拉　可是爸爸一个钱都没给我们。筹划那笔款子的人是我。

林丹太太　是你?那么大一笔款子?

娜拉　一千二百块。四千八百克朗。你觉得怎么样?

林丹太太　我的好娜拉,那笔钱你怎么弄来的?是不是买彩票中了奖?

娜拉　（鄙视的表情）买彩票?哼!那谁都会!

林丹太太　那么,那笔钱你从什么地方弄来的?

娜拉　（嘴里哼着,脸上露出一副叫人捉摸不透的笑容）哼!特拉——拉——拉——拉!

林丹太太　当然不会是你借来的。

娜拉　不会?为什么不会?

林丹太太　做老婆的不得她丈夫的同意没法子借钱。

娜拉　（把头一扬）喔!要是做老婆的有点办事能力,会想办法——

林丹太太　娜拉,我实在不明白——

娜拉　你用不着明白。我没说钱是借来的。除了借,我还有好些别的办法。（往后一仰,靠在沙发上）也许是从一个爱我的男人手里弄来的。要是一个女人长得像我这么漂亮——

林丹太太　你太无聊了,娜拉。

娜拉　克里斯蒂纳,我知道你急于要打听这件事。

林丹太太　娜拉,你听我说,这件事你是不是做得太鲁莽了点儿?

娜拉　（重新坐直身子）搭救丈夫的性命能说是鲁莽吗?

林丹太太　我觉得你瞒着他就是太鲁莽。

娜拉　可是一让他知道这件事,他的命就保不住。你明白不明白?不用说把这件事告诉他,连他自己病到什么地步都不能让他知道。那些大夫偷偷地跟我说,他的病很危险,除了到南边去过个冬,没有别的办法能救他的命。你以为一开头我没使过手段吗?我假意告诉他,像别人的年轻老婆一样,我很想出门玩一趟。他不答应,我就一边哭一边央告他为我的身体想一想,不要拒绝我。并且我的话里还暗示着要是没有钱,可以跟人借。克里斯蒂纳,谁知道他听了我的话非常不高兴,几乎发脾气。他埋怨我不懂事,还说他做丈夫的不应该由着我这么任性胡闹。尽管他那么说,我自己心里想，"好吧，反正我一定得想法子救你的命"。后来我就想出办法来了。

林丹太太　难道你父亲从来没告诉你丈夫，钱不是从他那儿借的吗？

娜拉　没有，从来没有。爸爸就是那时候死的。我本打算把这事告诉我爸爸，叫他不要跟人说。可是他病得很厉害，所以就用不着告诉他了。

林丹太太　你也没在你丈夫面前说实话？

娜拉　嗳呀！这话亏你怎么问得出！他最恨的就是跟人家借钱，你难道要我把借钱的事告诉他？再说，像托伐那么个好胜、要面子的男子汉，要是知道受了我的恩惠，那得多惭愧，多难受呀！我们俩的感情就会冷淡，我们的美满快乐的家庭就会改样子。

林丹太太　你是不是永远不打算告诉他？

娜拉　（若有所思，半笑半不笑地）唔，也许有一天会告诉他，到好多好多年之后，到我不像现在这么——这么漂亮的时候。你别笑！我的意思是说等托伐不像现在这么爱我，不像现在这么喜欢看我跳舞、化装演戏的时候。到那时候我手里留着点东西也许稳当些。（把话打住）喔，没有的事，没有的事！那种日子永远不会来。克里斯蒂纳，你听了我的秘密事觉得怎么样？现在你还能说我什么事都不会办吗？你要知道我的心血费得很不少。按时准期付款不是开玩笑。克里斯蒂纳，你要知道商业场中有什么分期交款、按季付息一大些名目都是不容易对付的。因此我就只能东拼西凑，到处想办法。家用里头省不出多少钱，因为我当然不能让托伐过日子受委屈。我也不能让孩子们穿得太不像样，凡是孩子们的钱我都花在孩子们身上，这些小宝贝！

林丹太太　可怜的娜拉，你只好拿自己的生活费贴补家用。

娜拉　那还用说。反正这件事是我一个人在筹划。每逢托伐给我钱叫我买衣服什么的时候，我老是顶多花一半，买东西老是挑最简单最便宜的。幸亏我穿戴什么都好看，托伐从来没疑心过。可是，克里斯蒂纳，我心里时常很难过，因为衣服穿得好是桩痛快事，你说对不对？

林丹太太　一点儿都不错。

娜拉　除了那个，我还用别的法子去弄钱。去年冬天运气好，弄到了好些抄写的工作。我每天晚上躲在屋子里一直抄到后半夜。喔，有时候我实在累得不得了。可是能这么做事挣钱，心里很痛快。我几乎觉得自己像一个男人。

林丹太太　你的债究竟还清了多少？

娜拉　这很难说。那种事不大容易弄清楚。我只知道凡是能拼拼凑凑弄到手的钱全都还了债。有时候我真不知道应该怎么办。（微笑）我时常坐着心里瞎想，好想有个阔人把我爱上了。

林丹太太　什么！那阔人是谁？

娜拉　并不是真有那么个人！是我心里瞎想的，只当他已经死了，人家拆开他的遗嘱时，看见里面用大字写着："把我死后所有的财产立刻全部交给那位可爱的娜拉·海尔茂太太。"

林丹太太　喔，我的好娜拉，你说的那人究竟是谁？

娜拉　唉，你还不明白吗？并不是真有那么个人。那不过是我需要款子走投无路时的穷思极想。可是现在没关系了。那个讨厌的老东西现在有没有都没关系了。连人带遗嘱都不在我心上了，我的艰难日子已经过完了。（跳起来）喔，克里斯蒂纳，想起来心里真痛快！我完全不用再操心了！真自由！每天跟孩子们玩玩闹闹，完全按照托伐的意思把家里一切事情安排得妥妥当当的。大好的春光快来了，一片长空，万里碧云，那该多美呀！到时候我们也许有一次短期旅行。也许我又可以看见海了。喔，活在世上过快活日子多有意思！

〔门厅铃响。〕

林丹太太　（站起来）外头有人按铃。我还是走吧。

娜拉　不，别走。没人会上这儿来。那一定是找托伐的。

爱伦　（在门洞里）太太，外头有位男客要见海尔茂先生。

娜拉　是谁？

柯洛克斯泰　（在门洞里）海尔茂太太，是我。

〔林丹太太吃了一惊，急忙躲到窗口去。〕

娜拉　（走近柯洛克斯泰一步，有点着急，低声说道）原来是你？什么事？你要见我丈夫干什么？

柯洛克斯泰　可以说是——银行的事吧。我在合资股份银行里是个小职员，听说你丈夫就要做我们的新经理了。

娜拉　因此你——

柯洛克斯泰　不是别的，是件讨厌的公事，海尔茂太太。

娜拉　那么请你到书房去找他吧。

〔柯洛克斯泰转身走出去。娜拉一边冷淡地打招呼，一边把通门厅的门关上。她回到火炉边，对着火出神。〕

林丹太太　娜拉——刚才来的那人是谁？

娜拉 他叫柯洛克斯泰——是个律师。

林丹太太 这么说起来真是他?

娜拉 你认识他吗?

林丹太太 从前认识——那是好多年前的事了。那时候他在我们那儿一个律师事务所里做事。

娜拉 不错,他在那儿做过事。

林丹太太 他样子可改多了!

娜拉 听说从前他们夫妻很别扭。

林丹太太 现在他是不是单身汉?

娜拉 是,他带着几个孩子过日子。好!火旺起来了!

〔娜拉关上炉门,把摇椅往旁边推一推。〕

林丹太太 人家说,他做的事不怎么体面。

娜拉 真的吗?不见得吧。我不知道。咱们不谈那些事——讨厌得很。

〔阮克医生从海尔茂书房里走出来。〕

阮克 (还在门洞里)不,不,我要走了。我在这儿会打搅你。我去找你太太说说话。(把书房门关好,一眼看见林丹太太)哦,对不起。我到这儿也碍事。

娜拉 没关系,没关系。(给他们介绍)这是阮克大夫——这是林丹太太。

阮克 喔,不错,我常听说林丹太太的名字。好像刚才我上楼时咱们碰见的。

林丹太太 是的,我走得很慢。我最怕上楼梯。

阮克 哦——你身体不大好?

林丹太太 没什么。就是工作太累了。

阮克 没别的病?那么,不用说,你是进城休养散闷来了。

林丹太太 不,我是进城找工作来的。

阮克 找工作?那是休养的好办法吗?

林丹太太 人总得活下去,阮克大夫。

阮克 不错,人人都说这句话。

娜拉 喔,阮克大夫,你自己也想活下去。

阮克 那还用说。尽管我活着是受罪,能多拖一天,我总想拖一天。到我这儿看病的人都有这么个傻想头。道德有毛病的人也是那么想。这时候在里头跟海尔茂说话的人就是害了道德上治不好的毛病。

林丹太太 （低声）唉！

娜拉 你说的是谁？

阮克 喔，这人你不认识，他叫柯洛克斯泰，是个坏透了的人。可是他一张嘴，就说要活命，好像活命是件了不起的事情似的。

娜拉 真的吗？他找托伐干什么？

阮克 我不清楚，好像是为银行的事情。

娜拉 我从前不知道柯洛克——这位柯洛克斯泰先生跟银行有关系。

阮克 有关系。他是银行里的什么职员。（向林丹太太）我不知道你们那儿有没有一批人，东抓抓，西闻闻，到处搜索别人道德上的毛病，要是让他们发现了一个有毛病的人，他们就摆开阵势包围他，盯着他不放松。身上没毛病的人，他们连理都不爱理。

林丹太太 我想有毛病的人确是需要多照顾。

阮克 （耸耸肩膀）对了！大家都这么想，所以咱们的社会变成了一所大医院。

〔娜拉正在想心事，忽然低声笑起来，拍拍手。〕

阮克 你笑什么？你懂得什么叫"社会"？

娜拉 谁高兴管你们那讨厌的社会？我刚才笑的是别的事——一桩非常好玩的事。阮克大夫，我问你，是不是银行里的职员现在都归托伐管了？

阮克 你觉得非常好玩的事就是这个？

娜拉 （一边笑一边哼）没什么，没什么！（在屋里走来走去）想起来真有趣，我们——托伐可以管这么些人。（从衣袋里掏出纸袋来）阮克大夫，你要不要吃块杏仁甜饼干？

阮克 什么！杏仁甜饼干！我记得你们家不准吃这个。

娜拉 不错。这是克里斯蒂纳送给我的。

林丹太太 什么！我——？

娜拉 喔，没什么！别害怕。你当然不知道托伐不准吃。他怕我把牙齿吃坏了。喔，别管它，吃一回没关系！这块给你，阮克大夫！（把一块饼干送到他嘴里）你也吃一块，克里斯蒂纳。你们吃，我也吃一块——只吃一小块，顶多吃两块。（又来回地走）喔，我真快活！我只想做一件事。

阮克 什么事？

娜拉 一件要跟托伐当面说的事。

阮克　既然想说，为什么不说？

娜拉　我不敢说，说出来很难听。

林丹太太　难听？

阮克　要是难听，还是不说好。可是在我们面前你不妨说一说。你想跟海尔茂当面说什么？

娜拉　我恨不得说"我该死"！

阮克　你疯了？

林丹太太　嗳呀，娜拉——

阮克　好——他来了。

娜拉　（把饼干袋藏起来）嘘！嘘！嘘！

〔海尔茂从自己屋里走出来，帽子拿在手里，外套搭在胳臂上。〕

娜拉　（迎上去）托伐，你把他打发走了吗？

海尔茂　他刚走。

娜拉　让我给你介绍，这是克里斯蒂纳，刚进城。

海尔茂　克里斯蒂纳？对不起，我不认识——

娜拉　托伐，她就是林丹太太——克里斯蒂纳·林丹。

海尔茂　（向林丹太太）不错，不错！大概是我太太的老同学吧？

林丹太太　一点不错，我们从小就认识。

娜拉　你想想！她这么大老远地专诚来找你。

海尔茂　找我！

林丹太太　也不一定是——

娜拉　克里斯蒂纳擅长簿记，她一心想在一个能干人手下找点事情做，为的是自己可以进修学习。

海尔茂　（向林丹太太）这意思很好。

娜拉　她听说你当了经理——这消息她是在报上看见的——马上就赶来了，托伐，看在我面上，给克里斯蒂纳想想办法，行不行？

海尔茂　这倒不是做不到的事。林丹太太，现在你是单身人吧？

林丹太太　可不是吗！

海尔茂　有簿记的经验？

林丹太太　不算很少。

海尔茂　好吧，既然这样，我也许可以给你找个事情做。

娜拉　（拍手）你看！你看！

海尔茂　林丹太太，你这回来得真凑巧。

林丹太太　喔,我不知该怎么谢你才好。

海尔茂　用不着谢。(穿上外套)对不起,我要失陪会儿。

阮克　等一等,我跟你一块儿走。(走到外厅把自己的皮外套拿进来,在火上烤烤)

娜拉　别多耽搁,托伐。

海尔茂　一个钟头,不会再多。

娜拉　你也要走,克里斯蒂纳?

林丹太太　(穿外套)是,我得找个住的地方。

海尔茂　那么咱们一块儿走好不好?

娜拉　(帮她穿外套)可惜我们没有空屋子,没法子留你住——

林丹太太　我不想打搅你们。再见,娜拉,谢谢你。

娜拉　回头见。今儿晚上你一定得来。阮克大夫,你也得来。你说什么?身体好就来?今儿晚上你不会害病。只要穿暖和点儿。(他们一边说话一边走到门厅里。外头楼梯上有好几个小孩子说话的声音)他们回来了!他们回来了!(她跑过去开门。保姆安娜带着孩子们走进门厅)进来!进来!(弯腰吻孩子们)喔,我的小宝贝!你看见没有,克里斯蒂纳?他们可爱不可爱?

阮克　咱们别站在风口里说话。

海尔茂　走吧,林丹太太。这股冷风只有做妈妈的受得了。

〔阮克医生、海尔茂、林丹太太一块儿下楼梯。安娜带着孩子进屋来,娜拉也走进屋来,把门关好。〕

娜拉　你们真精神,真活泼!小脸儿多红!红得像苹果,也像玫瑰花。(娜拉说下面一段话时,三个孩子也跟母亲叽里呱啦说不完)你们玩儿得好不好?太好了!喔,真的吗!你推着爱密跟巴布坐雪车!——一个人推两个,真能干!伊娃,你简直像个大人了。安娜,让我抱她一会儿。我的小宝贝!(从保姆手里把顶小的孩子接过来,抱着她在手里跳)好,好,妈妈也跟巴布跳。什么?刚才你们玩雪球了?喔,可惜我没跟你们在一块儿。安娜,你撒手,我给他们脱。喔,让我来,真好玩儿。你冻坏了,快上自己屋里去暖和暖和吧。炉子上有热咖啡。(保姆走进左边屋子。娜拉给孩子们脱衣服,把脱下来的东西随手乱扔,孩子们一齐乱说话)真的吗!一只大狗追你们?没咬着你们吧?别害怕,狗不咬乖宝贝。伊娃,别偷看那些纸包。这是什么?你猜猜。留神,它会咬人!什么?咱们玩点什么?玩什么呢?捉迷藏?好,好,咱们就玩捉迷藏。巴布先藏。你们要我先藏?

〔她跟三个孩子在这间和右边连着的那间屋子里连笑带嚷地玩起来。末了,娜拉藏在桌子底下,孩子们从外头跑进来,到处乱找,可是找不着,忽然听见她咯儿一声笑,他们一齐跑到桌子前,揭起桌布,把她找着了。一阵大笑乱嚷。娜拉从桌子底下爬出来,装作要吓唬他们的样子。又是一阵笑嚷。在这当口,有人在敲通门厅的门,可是没人理会。门自己开了一半,柯洛克斯泰在门口出现。他站在门口等了会儿,娜拉跟孩子们还在玩耍。〕

柯洛克斯泰 对不起,海尔茂太太——

娜拉 (低低叫了一声,转过身来,半跪在地上)哦!你来干什么?

柯洛克斯泰 对不起,外头的门是开着的,一定是有人出去忘了关。

娜拉 (站起来)柯洛克斯泰先生,我丈夫不在家。

柯洛克斯泰 我知道。

娜拉 那么你来干什么?

柯洛克斯泰 我来找你说句话。

娜拉 找我说话?(低声告诉孩子们)你们进去找安娜。什么?别害怕,生人不会欺负妈妈。等他走了咱们再玩。(把孩子们送到左边屋子里,关好门。心神不定)你要找我说话?

柯洛克斯泰 不错,要找你说话。

娜拉 今天就找我?还没到一号呢——

柯洛克斯泰 今天是二十四号,是圣诞节的前一天。这个节能不能过得好全在你自己。

娜拉 你要干什么?今天款子我没预备好。

柯洛克斯泰 暂时不用管那个。我来是为别的事。你有工夫吗?

娜拉 喔,有工夫,可是——

柯洛克斯泰 好。刚才我在对门饭馆里,看见你丈夫在街上走过去——

娜拉 怎么样?

柯洛克斯泰 陪着一位女客。

娜拉 又怎么样?

柯洛克斯泰 请问你那女客是不是林丹太太?

娜拉 是。

柯洛克斯泰 她是不是刚进城?

娜拉 不错,今天刚进城。

柯洛克斯泰 大概她是你的好朋友吧?

娜拉 是。可是我不明白——

柯洛克斯泰 从前我也认识她。

娜拉 我知道你认识她。

柯洛克斯泰 哦!原来你都知道。我早就猜着了。现在老实告诉我,是不是林丹太太在银行里有事了?

娜拉 柯洛克斯泰先生,你是我丈夫手下的人,怎么敢这么盘问我?不过你既然要打听,我索性告诉你。一点儿都不假,林丹太太就要进银行。举荐她的人就是我,柯洛克斯泰先生。现在你都明白了?

柯洛克斯泰 这么说,我都猜对了。

娜拉 (走来走去)你看,一个人有时候多少也有点儿力量。并不是做了女人就——柯洛克斯泰先生,一个人在别人手下做事总得格外小心点儿,别得罪那——那——

柯洛克斯泰 别得罪那有力量的人?

娜拉 一点都不错。

柯洛克斯泰 (换一副口气)海尔茂太太,你肯不肯用你的力量帮我点儿忙?

娜拉 什么?这话怎么讲?

柯洛克斯泰 你肯不肯想办法帮我保全我在银行里的小位置?

娜拉 这话我不懂。谁想抢你的位置?

柯洛克斯泰 喔,你不用装糊涂。我知道你的朋友躲着不肯见我。我也知道把我开除了谁补我的缺。

娜拉 可是我实在——

柯洛克斯泰 也许你真不知道。干脆一句话,趁着现在还来得及,我劝你赶紧用你的力量挡住这件事。

娜拉 柯洛克斯泰先生,我没力量挡住这件事——一点儿力量都没有。

柯洛克斯泰 没有?我记得刚才你还说——

娜拉 我说的不是那意思。我!你怎么会以为我在我丈夫身上有这么大力量?

柯洛克斯泰 喔,从前我们同学的时候我就知道你丈夫的脾气。我想他不见得比别人的丈夫难支配。

娜拉 要是你说话时对我丈夫不尊敬，我就请你走出去。

柯洛克斯泰 夫人，你的胆子真不小。

娜拉 我现在不怕你了。过了一月一号，我很快就会把那件事整个儿摆脱了。

柯洛克斯泰 （耐着性子）海尔茂太太，你听我说。到了必要的时候，我会为我银行的小位置跟人家拼命。

娜拉 不错，我看你会。

柯洛克斯泰 我并不专为那薪水，那个我最不放在心上。我为的是别的事。嗯，我索性老实都对你说了吧。我想，你跟别人一样，一定听说过好些年前我闹了点小乱子。

娜拉 我好像听说有那么一回事。

柯洛克斯泰 事情虽然没闹到法院去，可是从此以后我的路全让人家堵住了。后来我就干了你知道的那个行业。我总得抓点事情做，在那个行业里我不能算是最狠心的人。现在我想洗手不干了。我的儿子都长大了，为了他们的前途，我必须尽力恢复我自己的名誉，好好儿爬上去，重新再做人。我在那银行里的小位置是我往上爬的第一步，想不到你丈夫要把我一脚踢下来，叫我再跌到泥坑里。

娜拉 柯洛克斯泰先生，老实告诉你，我真没力量帮助你。

柯洛克斯泰 那是因为你不愿意帮忙。可是我有法子硬逼你。

娜拉 你是不是要把借钱的事告诉我丈夫？

柯洛克斯泰 唔，要是我真告诉他又怎么样？

娜拉 那你就太丢人了。（带着哭声）想想，我这件又高兴又得意的秘密事要用这么不漂亮的方式告诉他——并且还是从你嘴里说出来。他知道了这件事会给我惹许多烦恼。

柯洛克斯泰 仅仅是烦恼？

娜拉 （赌气）好，你尽管告诉他。到后来最倒霉的还是你自己，因为那时候我丈夫会看出你这人多么坏，你的位置一定保不住。

柯洛克斯泰 我刚才问你是不是只怕在家庭里闹别扭？

娜拉 要是我丈夫知道了，他当然会把我欠你的钱马上都还清，从此以后我们跟你就再也不相干了。

柯洛克斯泰 （走近一步）海尔茂太太，听我告诉你。不是你记性太坏，就是你不大懂得做生意的规矩。我一定要把事情的底细跟你说一说。

娜拉 你究竟是怎么回事？

柯洛克斯泰　你丈夫害病的时候,你来找我要借一千二百块钱。

娜拉　我没有别的地方可以想法子。

柯洛克斯泰　当时我答应给你想法子。

娜拉　后来你果然把钱给我借来了。

柯洛克斯泰　我答应给你弄钱的时候,有几个条件。当时你只顾着你丈夫,急于把钱弄到手让他出门去养病,大概没十分注意那些小节目。现在让我提醒你一下。我借钱给你的时候,要你在我写的一张借据上签个字。

娜拉　不错,我签了字。

柯洛克斯泰　不错,你签了字。可是后来我又在那借据上加了几句话,要你父亲做保人。你父亲应该签个字。

娜拉　应该签?他确是签了字。

柯洛克斯泰　我空着借据的日期没填写。那就是说,要你父亲亲笔签字填日期。这件事你还记得不记得?

娜拉　不错,我想大概是——

柯洛克斯泰　后来我把借据交给你,要你从邮局寄给你父亲。这话对不对?

娜拉　对。

柯洛克斯泰　不用说,你一定是马上寄去的,因为没过五六天你就把借据交给我,你父亲已经签了字,我也就把款子交给你了。

娜拉　难道后来我没按日子还钱吗?

柯洛克斯泰　日子准得很。可是咱们还是回到主要的问题上来吧。海尔茂太太,那时候你是不是正为一件事很着急?

娜拉　一点儿都不错。

柯洛克斯泰　是不是因为你父亲病得很厉害?

娜拉　不错,他躺在床上病得快死了。

柯洛克斯泰　不久他果然就死了?

娜拉　是的。

柯洛克斯泰　海尔茂太太,你还记得他死的日子是哪一天?

娜拉　他是九月二十九日死的。

柯洛克斯泰　一点都不错。我仔细调查过。可是这里头有件古怪事——(从身上掏出一张纸)叫人没法子解释。

娜拉　什么古怪事?我不知道——

柯洛克斯泰　海尔茂太太，古怪的是，你父亲死了三天才在这张纸上签字！

娜拉　什么？我不明白——

柯洛克斯泰　你父亲是九月二十九日死的。可是你看，他签字的日子是十月二号！海尔茂太太，你说古怪不古怪？（娜拉不做声）你能说出这是什么道理吗？（娜拉还是不做声）另外还有一点古怪的地方，"十月二号"跟年份那几个字不是你父亲的亲笔，是别人代写的，我认识那笔迹。不过这一点还有法子解释。也许你父亲签了字忘了填日子，别人不知道他死了，胡乱替他填了个日子。这也算不了什么。问题都在签名上头。海尔茂太太，不用说，签名一定是真的喽？真是你父亲的亲笔喽？

娜拉　（等了会儿，把头往后一仰，狠狠地瞧着柯洛克斯泰）不，不是他的亲笔。是我签的父亲的名字。

柯洛克斯泰　啊！夫人，你知道不知道承认这件事非常危险？

娜拉　怎么见得？反正我欠你的钱都快还清了。

柯洛克斯泰　我再请问一句话，为什么那时候你不把借据寄给你父亲？

娜拉　我不能寄给他。那时候我父亲病得很厉害。要是我要他在借据上签字，那我就一定得告诉他，我为什么需要那笔钱。他病得正厉害，我不能告诉他，我丈夫的病很危险。那万万使不得。

柯洛克斯泰　既然使不得，当时你就不如取消你们出国旅行的计划。

娜拉　那也使不得，不出门养病，我丈夫一定活不成，我不能取消那计划。

柯洛克斯泰　可是难道你没想到你在欺骗我？

娜拉　这事当时我并没放在心上。我一点儿都没顾到你。那时候你虽然明知我丈夫病得那么厉害，可是还千方百计刁难我，我简直把你恨透了。

柯洛克斯泰　海尔茂太太，你好像还不知道自己犯了什么罪。老实告诉你，从前我犯的正是那么一桩罪，那桩罪弄得我身败名裂，在社会上到处难以站脚。

娜拉　你？难道你也冒险救过你老婆的性命？

柯洛克斯泰　法律不考虑动机。

娜拉　那么那一定是笨法律。

柯洛克斯泰　笨也罢，不笨也罢，要是我拿这张借据到法院去告你，他们就可以按照法律惩办你。

娜拉 我不信。难道法律不许女儿想法子让病得快死的父亲少受些烦恼吗？难道法律不许老婆搭救丈夫的性命吗？我不大懂法律，可是我想法律上总该有那样的条文允许人家做这些事。你，你是个律师，难道不懂得？看起来你一定是个坏律师，柯洛克斯泰先生。

柯洛克斯泰 也许是。可是像咱们眼前这种事我懂得。你信不信？好，信不信由你。不过我得告诉你一句话，要是有人二次把我推到沟里去，我要拉你做伴儿。（鞠躬，从门厅走出去）

娜拉 （站着想了会儿，把头一扬）喔，没有的事！他想吓唬我。我也不会那么傻。（动手整理孩子们刚才脱下来的衣服。住手）可是——？不会，不会！我干那件事是为我丈夫。

孩子们 （在左边门口）妈妈，生人走了。

娜拉 我知道，我知道。你们别告诉其他人有生客到这儿来过。听见没有？连爸爸都别告诉！

孩子们 听见了，妈妈。可是你还得跟我们玩儿。

娜拉 不，不，现在不行。

孩子们 喔，妈妈，来吧，刚才你答应我们的。

娜拉 不错，可是现在不行。快上你们自己屋里去。我有好些事呢。快去，快去，乖乖的，我的小宝贝！（轻轻把孩子们推进里屋，把门关上。转身坐在沙发上，挑了几针花，手又停住了）不会！（丢下手里的活计，站起身来，走到门厅口喊）爱伦，把圣诞树搬进来。（走到左边桌子前，开抽屉，手又停下来）喔，不会有事的！

爱伦 （搬着圣诞树）太太，搁在哪儿？

娜拉 那儿，屋子中间。

爱伦 还要别的东西不要？

娜拉 谢谢你，东西都齐了，不要什么了。

〔爱伦搁下圣诞树，转身走出去。〕

娜拉 （忙着装饰圣诞树）这儿得插支蜡烛，那儿得挂几朵花。那个人真可恶！没关系！没什么可怕的！圣诞树一定要打扮得漂亮。托伐，我要想尽办法让你高兴。我给你唱歌，我给你跳舞，我还给你——

〔说到这儿，海尔茂胳臂底下夹着文件，从门厅里走进来。〕

娜拉 喔，这么快就回来了？

海尔茂 是。这儿有人来过没有？

娜拉 这儿？没有。

海尔茂 这就怪了。我看见柯洛克斯泰从咱们这儿走出去。

娜拉 真的吗？喔，不错，我想起来了，他来过一会儿。

海尔茂 娜拉，从你脸上我看得出他来求你给他说好话。

娜拉 是的。

海尔茂 他还叫你假装说是你自己的意思，并且叫你别把他到这儿来的事情告诉我，是不是？

娜拉 是，托伐。不过——

海尔茂 娜拉，娜拉！你居然做得出这种事！跟那么个人谈话！还答应他要求的事情！并且还对我撒谎！

娜拉 撒谎？

海尔茂 你不是说没人来过吗？（伸出一只手指头吓唬她）我的小鸟儿以后再不准撒谎！唱歌的鸟儿要唱得清清楚楚，不要瞎唱。（一只胳臂搂着她）你说对不对？应该是这样。（松开胳臂）现在咱们别再谈这个了。（在火炉前面坐下）喔！这儿真暖和，真舒服！（翻看文件）

娜拉 （忙着装饰圣诞树，过了会儿）托伐！

海尔茂 干什么？

娜拉 我在盼望后天斯丹保家的化装跳舞会。

海尔茂 我倒急于要看看你准备了什么新鲜节目。

娜拉 喔，说起来真心烦！

海尔茂 为什么？

娜拉 因为我想不出什么好节目。什么节目都无聊，都没意思。

海尔茂 小娜拉居然明白了？

娜拉 （站在海尔茂椅子后面，两只胳臂搭在椅背上）托伐，你是不是很忙？

海尔茂 唔——

娜拉 那一堆是什么文件？

海尔茂 银行的公事。

娜拉 你已经办公了？

海尔茂 我得了原经理的同意，人事和机构方面都要做一些必要的调整。我要趁着圣诞节把这些事赶出来，一到新年事情就都办齐了。

娜拉 难怪柯洛克斯泰——

海尔茂 哼！

娜拉 （还是靠在椅背上，慢慢地抚摩海尔茂的头发）托伐，要不是你这么忙，我倒想向你求个大人情。

海尔茂 什么人情？快说！

娜拉 谁的审美能力都赶不上你。我很想在后天化装跳舞会上打扮得漂亮点儿。托伐，你能不能给我帮忙出主意，告诉我扮个什么样儿的角色，穿个什么样儿的服装？

海尔茂 啊哈！你这任性的孩子居然也会自己没主意向人家求救。

娜拉 喔，托伐，帮我想想办法吧。你要是不帮忙，我就没主意了。

海尔茂 好，好，让我仔细想一想。咱们反正有办法。

娜拉 谢谢你！（重新走到树旁。过了会儿）那几朵红花多好看。托伐，我问你，这个柯洛克斯泰犯过的事当真很严重吗？

海尔茂 伪造签字，一句话都在里头了。你懂得这四个字的意思不懂得？

娜拉 他也许是不得已吧？

海尔茂 不错，他也许像有些人似的完全是粗心鲁莽。我也不是那种狠心肠的人，为了一桩错处就把人家骂得一文不值。

娜拉 托伐，你当然不是那等人。

海尔茂 犯罪的人只要肯公开认罪，甘心受罚，就可以恢复名誉。

娜拉 受罚？

海尔茂 可是柯洛克斯泰并没这么做。他使用狡猾手段，逃避法律的制裁，后来他的品行越来越堕落，就没法子挽救了。

娜拉 你觉得他——？

海尔茂 你想，一个人干了那种亏心事就不能不成天撒谎、做假、欺骗。这种人就是当着他们最亲近的人——当着自己的老婆孩子——也不能不戴上一副假面具。娜拉，最可怕的是这种人在自己儿女身上发生的坏影响。

娜拉 为什么？

海尔茂 因为在那种撒谎欺骗的环境里，家庭生活全部沾染了毒气。孩子们呼吸的空气里都有罪恶的细菌。

娜拉 （从后面靠得更近些）真的吗？

海尔茂 我的宝贝，我当了多少年律师，这一类事情见得太多了。年轻人犯罪的案子差不多都可以追溯到撒谎的母亲身上。

娜拉 为什么你只说母亲？

海尔茂　当然父亲的影响也一样，不过一般说都是受了母亲的影响。这一点凡是做律师的都知道。这个柯洛克斯泰这些年一直是在欺骗撒谎，害他自己的儿女，所以我说他的品行已经堕落到不可救药的地步。（把一双手伸给她）我的娜拉宝贝一定得答应我，别再给他说好话。咱们拉拉手。怎么啦？把手伸出来。这才对，咱们现在说好了。我告诉你，我是不可能跟他在一块儿工作的。跟这种人待在一块儿真是不舒服。

〔娜拉把手抽回来，走到圣诞树的那一边。〕

娜拉　这儿好热，我事情还多得很。

海尔茂　（站起来，收拾文件）好，我也要在饭前看几个文件，并且还得给你想服装。也许我还能给你想点用金纸包着挂在圣诞树上的东西。（把手按在她头上）我的宝贝小鸟儿！（说完之后走进书房，把门关上）

娜拉　（过了会儿，低声地）没有的事。不会有的事！

安娜　（在左边门口）孩子们怪可怜地嚷着要上妈妈这儿来。

娜拉　不行，不行，别让他们上我这儿来！安娜，让他们跟着你。

安娜　好吧，太太。（把门关上）

娜拉　（吓得面如土色）带坏我的儿女！害我的家庭！（顿了一顿，把头一扬）这话靠不住！不会有的事！

第二幕

〔还是第一幕那间屋子。墙角的钢琴旁边立着一棵圣诞树，树上的东西都摘干净了，蜡烛也点完了。娜拉的外套和帽子扔在沙发上。〕

〔娜拉心烦意乱地独自在屋里走来走去，突然在沙发前面站住，拿起外套。〕

娜拉　（又把外套丢下）外头有人来了！（走到通门厅的门口仔细听）没人。今天是圣诞节，当然不会有人来。明天也不会有。可是也许——（开门往外看）信箱里没有信。里头是空的，什么都没有。（走向前来）胡说八道！他不过说说罢了。这种事情不会有！决没有的事。我有三个孩子。

〔安娜拿着一只大硬纸盒从左边走进来。〕

安娜　我好不容易找到化装衣服的盒子了。

娜拉　谢谢你，把盒子搁在桌上吧。

安娜　（把盒子搁在桌子上）那衣服恐怕得好好整理一下子。

娜拉　我恨不得把衣服撕成碎片儿！

安娜　使不得。不太难整理。耐点性儿就行了。

娜拉　我去找林丹太太来帮忙。

安娜　您还出门吗，太太？这么冷的天！别把自己冻坏了。

娜拉　或许还有更坏的事呢！孩子们在干什么？

安娜　小宝贝都在玩圣诞节的玩意儿，可是——

娜拉　他们想找我吗？

安娜　您想，他们一向跟惯了妈妈。

娜拉　不错，可是，安娜，以后我可不能常跟他们在一块儿了。

安娜　好在孩子们什么事都容易习惯。

娜拉　真的吗？你看，要是他们的妈妈走掉了，他们也会不想她吗？

安娜　什么话！走掉了？

娜拉　安娜，我时常奇怪你怎么舍得把自己孩子交给不相干的外头人。

安娜　因为我要给我的小娜拉姑娘当奶妈，就不能不那么办。

娜拉　你怎么能下那种决心？

安娜　我有那么个好机会为什么不下决心？一个上了男人的当的苦命女孩子什么都得将就点儿。那个没良心的坏家伙扔下我不管了。

娜拉　你女儿也许把你忘了。

安娜　喔，太太，她没忘。她在行坚信礼①和结婚的时候都有信给我。

娜拉　（搂着安娜）我的亲安娜，我小时候你待我像母亲一个样儿。

安娜　可怜的小娜拉除了我就没有母亲了。

娜拉　要是我的孩子没有母亲，我知道你一定会——我在这儿胡说八道！（开盒子）快进去看孩子。现在我要——明天你瞧我打扮得多漂亮吧。

安娜　我准知道跳舞会上谁也赶不上我的娜拉姑娘那么漂亮。（走进左边屋子）

娜拉　（从盒子里拿出衣服，又随手把衣服扔下）喔，最好我有胆子出去走一趟。最好我出去的时候没有客人来。最好我出去的时候家里不出什么事。胡说！没有人会来。只要不想就行。这个皮手筒多好看！这副手套真漂亮！别想，别想！一、二、三、四、五、六——（叫起来）啊，有人来了。（想要走到门口去，可是拿不定主意）

---

①　按照基督教习惯，小孩受了洗礼以后，到了青春发育期，一般要再受一次"坚信礼"，以加强和巩固他对宗教的信心。

〔林丹太太把外套和帽子搁在门厅里，从门厅走进来。〕

娜拉　哦，克里斯蒂纳，原来是你。外头有没有别的人？你来得正凑巧。

林丹太太　我听说你上我那儿去了。

娜拉　不错，我路过你那儿。我有件事一定要你帮个忙。咱们在沙发上坐着谈。明天晚上楼上斯丹保领事家里要开化装舞会，托伐要我打扮成意大利南方的打鱼姑娘，跳一个我在喀普里岛上学的塔兰特拉土风舞①。

林丹太太　喔，你还想扮那个角色。

娜拉　嗯，这是托伐的意思。你瞧，这就是那一套服装，托伐在意大利给我做的，现在已经扯得不像样子了，我不知道该——

林丹太太　喔，整理起来并不难，有些花边带子开了线，只要缝几针就行了。你有针线没有？喔，这儿有。

娜拉　费心，费心！

林丹太太　（做针线）娜拉，这么说，明天你要打扮起来了。我告诉你，我要来看你上了装怎么漂亮。我还忘了谢谢你，昨天晚上真快活。

娜拉　（站起来，在屋里走动）喔，昨天，昨天不像平常那么快活。克里斯蒂纳，你应该早几天进城。托伐真的有本事把家里安排得又精致又漂亮。

林丹太太　我觉得你也有本事，要不然你就不像你父亲了。我问你，阮克大夫是不是经常像昨天晚上那么不高兴？

娜拉　不，昨天晚上特别看得出。你要知道，他真可怜，身上害了一种病，叫作脊髓痨。人家说他父亲是个吃喝嫖赌的荒唐鬼，所以他从小就有病。

林丹太太　（把手里活计撂在膝盖上）啊，我的好娜拉，你怎么懂得这些事？

娜拉　（在屋里走动）一个女人有了三个孩子，有时候就有懂点医道的女人来找她谈谈这个谈谈那个。

林丹太太　（继续做针线，过了会儿）阮克大夫是不是天天上这儿来？

娜拉　他没有一天不来。他从小就是托伐最亲密的朋友，他也是我的好朋友。阮克大夫简直可以算是我们一家人。

---

① 喀普里岛在意大利的那不勒斯湾，"塔兰特拉"是那不勒斯的一种土风舞。

林丹太太 他这人诚恳不诚恳?我意思是要问,他是不是有点喜欢奉承人?

娜拉 不,恰好相反。你为什么问这句话?

林丹太太 因为昨天你给我们介绍的时候,他说时常听人提起我,可是后来我看你丈夫一点儿都不认识我。阮克大夫怎么会——

娜拉 克里斯蒂纳,他不是瞎说。你想,托伐那么痴心爱我,他常说要把我独占在手里。我们刚结婚的时候,只要我提起一个从前的好朋友,他立刻就妒忌,因此我后来自然就不再提了。可是阮克大夫倒喜欢听从前的事情,所以我就时常给他讲一点儿。

林丹太太 娜拉,听我告诉你,在许多事情上头,你还是个小孩子。我年纪比你大,阅历也比你深。我有一句话告诉你,你跟阮克大夫这一套应该赶紧结束。

娜拉 结束什么?

林丹太太 结束整个儿这一套。昨天你说有个爱你的阔人答应给你筹款子——

娜拉 不错,我说过,可惜真的并没有那么一个人!你问这个干什么?

林丹太太 阮克大夫有钱没有?

娜拉 他有钱。

林丹太太 没人靠他过日子?

娜拉 没有。可是——

林丹太太 他天天上这儿来?

娜拉 不错,我刚才说过了。

林丹太太 他做事怎么这么不检点?

娜拉 你的话我一点儿都不懂。

林丹太太 娜拉,别在我面前装糊涂。你以为我猜不出借给你一千二百块钱的人是谁吗?

娜拉 你疯了吧?怎么会说这种话?一个天天来的朋友!要是真像你说的,那怎么受得了!

林丹太太 这么说,借给你钱的人不是他?

娜拉 当然不是他。我从来没想到过——况且那时候他也没钱借给我,他的产业是后来到手的。

林丹太太 娜拉,我想那是你运气好。

娜拉 我从来没想跟阮克大夫——可是我拿得稳,要是我向他开口——

林丹太太 你当然不会。

娜拉 我当然不会。并且也用不着。可是我拿得稳,要是我向他借钱——

林丹太太 瞒着你丈夫?

娜拉 另外有件事我也得结束,那也是瞒着我丈夫的。我一定要把它结束。

林丹太太 是的,我昨天就跟你说过了,可是——

娜拉 (走来走去)处理这种事,男人比女人有办法。

林丹太太 是,自己丈夫更有办法。

娜拉 没有的事!(自言自语,站住)款子付清了,借据就可以收回来。

林丹太太 那还用说。

娜拉 并且还可以把那害人的脏东西撕成碎片儿,扔在火里烧掉!

林丹太太 (眼睛盯着娜拉,放下针线,慢慢地站起来)娜拉,你心里一定有事瞒着我。

娜拉 你看我脸上像有事吗?

林丹太太 昨天我走后一定出了什么事。娜拉,赶紧老实告诉我。

娜拉 (向她身边走过去)克里斯蒂纳——(细听)嘘!托伐回来了。你先上孩子们屋里坐坐好不好?托伐不爱看人缝衣服。叫安娜帮着你。

林丹太太 (拿了几件东西)好吧。可是回头你得把那件事告诉我,不然我不走。

〔海尔茂从门厅走进来,林丹太太从左边走出去。〕

娜拉 (跑过去接他)托伐,我等你好半天了!

海尔茂 刚才出去的是裁缝吗?

娜拉 不是,是克里斯蒂纳。她帮我整理跳舞衣服呢。你等着瞧我明天打扮得怎么漂亮吧。

海尔茂 我给你出的主意好不好?

娜拉 好极了!可是我听你的话跳那土风舞,不也是待你好吗?

海尔茂 (托着她下巴)待我好?听丈夫的话也算待他好?算了,算了,小冒失鬼,我知道你是随便说说的。我不打搅你,也许你要试试新衣服。

娜拉 你也要工作，是不是？

海尔茂 是。（给她看一叠文件）你瞧。我刚从银行来。（转身要到书房去）

娜拉 托伐。

海尔茂 （站住）什么事？

娜拉 要是你的小松鼠儿求你点事——

海尔茂 唔？

娜拉 你肯不肯答应她？

海尔茂 我得先知道是什么事。

娜拉 要是你肯答应她，小松鼠儿就会跳跳蹦蹦在你面前耍把戏。

海尔茂 好吧，快说是什么事。

娜拉 要是你肯答应她，小鸟儿就会唧唧喳喳一天到晚给你唱歌儿。

海尔茂 喔，那也算不了什么，反正她要唱。

娜拉 要是你肯答应我，我变个仙女在月亮底下给你跳舞。

海尔茂 娜拉，你莫非想说今天早起提过的事情？

娜拉 （走近些）是，托伐，我求你答应我！

海尔茂 你真敢再提那件事？

娜拉 是，是，为了我，你一定得把柯洛克斯泰留在银行里。

海尔茂 我的娜拉，我答应林丹太太的就是柯洛克斯泰的位置。

娜拉 不错，我得谢谢你。可是你可以留下柯洛克斯泰，另外辞掉一个人。

海尔茂 喔，没见过像你这种拗脾气！因为你随随便便答应给他说好话，我就得——

娜拉 托伐，不是为那个，是为你自己。这个人在好几家最爱造谣言的报馆里当通讯员，这是你自己说的。他跟你捣起乱来可没个完。我实在怕他。

海尔茂 喔，我明白了，你想起从前的事情，所以心里害怕了。

娜拉 你这话怎么讲？

海尔茂 你一定想起了你父亲的事情。

娜拉 那还用说。你想想当初那些坏家伙给我爸爸造的谣言。要不是打发你去调查那件事，帮了爸爸一把忙，他一定会撤职。

海尔茂 我的娜拉，你父亲跟我完全不一样。你父亲不是个完全没有缺点的人。我可没有缺点，并且希望永远不会有。

娜拉 啊，坏人瞎捣乱，谁也防不胜防。托伐，现在咱们可以快快活活，安安静静，带着孩子在甜蜜的家庭里过日子。所以我求你——

海尔茂 正因为你帮他说好话，我更不能留着他。银行里已经都知道我要辞掉柯洛克斯泰。要是现在消息传出去，说新经理让他老婆牵着鼻子走——

娜拉 就算牵着鼻子走又怎么样？

海尔茂 喔，不怎么样，你这任性的女人只顾自己心里舒服！哼，难道你要银行里的人全都取笑我，说我心软意活，棉花耳朵？你瞧着吧，照这样子不久我就会受影响。再说，我不能把柯洛克斯泰留在银行里，另外还有个原因。

娜拉 什么原因？

海尔茂 如果有必要的话，他品行上的缺点我倒也许可以不计较。

娜拉 托伐，真的吗？

海尔茂 并且我听说他的业务能力很不错。问题是，他在大学跟我是同学，我们有过一段交情，当初我不小心，现在很后悔，这种事情常常有。我索性把话老实告诉你吧——他随便乱叫我的小名，不管旁边有人没有人。他最爱跟我套亲热，托伐长托伐短地叫个没有完！你说，我怎么受得了。要是他在银行待下去，我这经理实在当不了。

娜拉 托伐，你是说着玩儿吧？

海尔茂 不，我为什么要开玩笑？

娜拉 你这种看法心眼儿太小。

海尔茂 你说什么？心眼儿太小？你说我心眼儿小？

娜拉 不，不是，托伐。正因为你不是小心眼儿所以我才——

海尔茂 没关系。你说我做事小心眼儿，那么我这人一定也是小心眼儿。小心眼儿！好！咱们索性把这件事一刀两断。（走到门厅门口喊）爱伦！

娜拉 干什么？

海尔茂 （在文件堆里搜寻）我要了结这件事。（爱伦走进来）来，把这封信交给信差，叫他马上就送去。信上有地址。钱在这儿。

爱伦 是，先生。（拿着信走出去）

海尔茂 （整理文件）好，任性的太太。

娜拉 （提心吊胆）托伐，那是什么信？

海尔茂　是辞退柯洛克斯泰的信。

娜拉　托伐，赶紧把信收回来！现在还来得及。喔，托伐，为了我，为了你自己，为了孩子们，赶紧把信收回来！听见没有，托伐？赶快！你不知道那封信会给咱们惹出什么大祸来。

海尔茂　来不及了。

娜拉　不错，来不及了。

海尔茂　娜拉，你这么着急，我倒可以原谅你，可是这是侮辱我。我为什么要怕一个造谣言的坏蛋报复我？可是我还是原谅你，因为这证明你非常爱我。（搂着她）我的亲娜拉，这才对呢。什么事都不用怕，到时候我自有胆子和力量。你瞧着吧，我的两只阔肩膀足够挑起那副重担子。

娜拉　（吓愣了）你说什么？

海尔茂　我说一副重担子。

娜拉　（定下心来）不用你挑那副重担子！

海尔茂　很好，娜拉，那么咱们夫妻分着挑。这是应该的。（安慰她）现在你该满意了吧？喂，喂，喂，别像一只吓傻了的小鸽子。这都是胡思乱想，都是不会有的事。现在你该用手鼓练习跳舞了。我到里屋去，把门都关上，什么声音我都不会听见。你爱怎么热闹都可以。（在门洞里转身）阮克大夫来的时候，叫他到里屋来找我。（向娜拉点点头，带着文件走进自己的房间，随手关上门）

娜拉　（吓得糊里糊涂，站在那儿好像脚底下生了根，低声对自己说）他会干出来的。他真会做出来。他会什么都不管，他干得出来的。喔，使不得，使不得，万万使不得！什么都使得，只有那件事使不得！喔，总得想个脱身的办法！叫我怎么办？（外厅铃响）是阮克大夫！什么都使得，只有那个使不得！

〔娜拉两只手在脸上摸了摸，定了定神，走过去开门。阮克医生正在外头挂他的皮外套。从这时候起，天色渐渐黑下来。〕

娜拉　阮克大夫，你好。我听见铃声就知道是你。你先别上托伐那儿去，他手里事情忙得很。

阮克　你有工夫吗？（一边问一边走进来，关上门）

娜拉　你还不知道你来我一定有工夫。

阮克　谢谢你。你对我的好意，我能享受多么久，一定要享受多么久。

娜拉　你说什么？能享受多么久？

阮克　是的。你听了害怕吗？

娜拉　我觉得你说得很古怪。是不是要出什么事？

阮克　这事我心里早就有准备，不过没想到来得这么快。

娜拉　（一把抓住他胳臂）你又发现了什么？阮克大夫，你得告诉我。

阮克　（在火炉旁边坐下）我完了，没法子救了。

娜拉　（松了口气）是你的事？

阮克　不是我的事是谁的事？为什么要自己骗自己？海尔茂太太，在我的病人里头，我自己的病最严重。这些日子我正在给自己盘货底，算总账。算出来的结果是破产！也许不到一个月我就烂在坟墓里了。

娜拉　喔！你说得真难听。

阮克　这件事本身就难听。最糟糕的是还得经过好些丑恶的阶段才会走到末了那一步。还有一次最后的检查。到那时候我差不多就可以知道内部总崩溃从哪一天开始。我要嘱咐你一句话：海尔茂胆子小，一切丑恶的事情他都怕，我不要他到病房来看我。

娜拉　可是，阮克大夫——

阮克　我决不要他来看我，我会关上门不让他进来。等到我确实知道了最后的消息，我马上会给你寄一张名片，你看见上头画着黑十字，就知道我的总崩溃已经开始了。

娜拉　你今天简直是胡闹，刚才我还盼望你心情好一点。

阮克　死在临头叫我心情怎么好得了？别人造了孽，我替他活受罪！这公平不公平？你仔细去打听，家家都有这么一笔无情的冤枉账。

娜拉　（堵住耳朵）胡说，胡说！别这么伤心！

阮克　这件事实在只该招人笑。我父亲欠了一笔荒唐账，逼着我这倒霉冤枉的脊梁骨给他来还债。

娜拉　（在左边桌子前）是不是他太喜欢吃芦笋和馅饼？

阮克　是的，还有香菌。

娜拉　不错，还有香菌。还有牡蛎，是不是？

阮克　是的，还有牡蛎。

娜拉　还有葡萄酒、香槟酒！真可怜，这些好东西都会伤害脊梁骨。（这些好吃的东西当然害不了脊梁骨。阮克的父亲是个荒唐鬼，得了花柳病，阮克不愿意对娜拉说实话）

阮克　最可怜的是，倒霉的脊梁骨并没吃着那些好东西。

娜拉　啊，不错，真倒霉。

阮克　（凝神看着她）嗯——

娜拉　（过了会儿）刚才你为什么笑？

阮克　我没笑，是你笑。

娜拉　阮克大夫，我没笑，是你笑。

阮克　（站起来）我从前没看透你这么坏。

娜拉　我今天有点不正常。

阮克　好像是。

娜拉　（两手搭在阮克医生肩膀上）阮克大夫，要是你死了，托伐和我不会忘了你。

阮克　过不了多少日子你们就会忘了我。不在眼前的人很容易忘掉。

娜拉　（担心地瞧着他）你真这样想吗？

阮克　一般人一结交新朋友就会——

娜拉　谁结交新朋友啦？

阮克　我死之后，你和海尔茂就会结交新朋友。我觉得你已经在抢先准备了。那位林丹太太昨天上这儿来干什么？

娜拉　嘿，嘿！你是不是妒忌可怜的克里斯蒂纳？

阮克　就算是吧。将来她会在这儿做我的替身。我一死，这个女人说不定就会——

娜拉　嘘！声音小点儿！她在里屋呢。

阮克　她今天又来了？你瞧！

娜拉　她是来给我整理衣服的。嗳呀，你这人真不讲理！（坐在沙发上）乖点儿，阮克大夫。明天你看我跳舞的时候只当我是为了你——不用说也是为托伐。（从盒子里把各种东西拿出来）阮克大夫，坐到这儿来，我拿点东西给你瞧。

阮克　（坐下）什么东西？

娜拉　你瞧！

阮克　丝袜子。

娜拉　肉色的。漂亮不漂亮？这时候天黑了，明天——不，不，只许你看我的脚。喔，也罢，别处也让你看。

阮克　唔——

娜拉　你在仔细瞧什么？是不是那些东西我不配穿？

阮克　这些事情我外行，不能发表意见。

娜拉　（瞧了他半晌）不害臊！（用丝袜子在他耳朵上轻轻打一下）这是教训你。（把丝袜子卷起来）

阮克　还有什么别的新鲜玩意儿给我瞧？

娜拉　不给你瞧了，因为你不老实。（一边哼着一边翻东西）

阮克　（沉默了会儿）我坐在这儿跟你聊天的时候，我想不出——我真想不出——要是我始终不到你们这儿来，我的日子不知怎么过。

娜拉　（微笑）不错，我觉得你跟我们非常合得来。

阮克　（声音更低了，眼睛直着看前面）现在我只能一切都丢下——

娜拉　胡说。我们不许你离开。

阮克　（还是那声调）连表示感谢的一点儿纪念品都不能留下来，几乎连让人家叹口气的机会都没有——留下的只是一个空位子，谁来都可以补上这个缺。

娜拉　要是我问你要——？不。

阮克　问我要什么？

娜拉　要一个咱们的交情的纪念品。

阮克　说下去！

娜拉　我的意思是，要你给我出一大把力。

阮克　你真肯让我有个快活的机会吗？

娜拉　你不知道是怎么回事。

阮克　那么老实告诉我。

娜拉　阮克大夫，不行，我没法子出口。这件事情太大了——不但要请你出点力，还要请你帮忙出主意。

阮克　那就更好了。我猜不透你说的是什么。赶紧说下去。难道你不信任我吗？

娜拉　我最信任你。我知道你是我最靠得住、最要好的朋友，所以我要告诉你。阮克大夫，有件事你得帮我挡住。托伐怎么爱我，你是知道的。为了我，他会毫不踌躇地牺牲自己的性命。

阮克　（弯身凑近她）娜拉，你以为世界上只有他一个人肯——

娜拉　（有点吃惊）肯什么？

阮克　肯为你牺牲自己的性命。

娜拉　（伤心）喔！

阮克　我已经发过誓，在我——在我走之前一定要把话说出来。我再也找不到一个比这更好的机会了。现在我已经说出来了，你也知道你可以放心信任我。

娜拉　（站起来，慎重安详地说道）让我过去。

阮克　（让她过去，可是坐着不动）娜拉——

娜拉　（在门洞里）爱伦，把灯拿进来。（走到火炉边）喔，阮克大夫，刚才你太不应该了。

阮克　（站起来）我像别人一样地爱你难道不应该？

娜拉　不是说那个，我说你不应该告诉我。实在用不着——

阮克　什么？你从前知道——？

〔爱伦把灯拿进来，放在桌子上，又走出去。〕

阮克　娜拉——海尔茂太太，我问你，你从前知道不知道？

娜拉　喔，我怎么知道我知道不知道？我实在没法儿说——阮克大夫，你怎么这么没分寸？咱们一向处得很合适！

阮克　不管怎么样，你现在已经知道我的整个生命都可以由你支配。往下说吧。

娜拉　（瞧着他）往下说？现在还能往下说？

阮克　告诉我，你想要我做什么。

娜拉　现在我不能告诉你了。

阮克　快说，快说！别这么捉弄我。只要是男人做得到的事，我都愿意给你做。

娜拉　现在我没有事情要你做了。再说，我实在也不要人帮忙。将来你会知道这都是我胡思乱想。不用说，一定是胡思乱想！（在摇椅里坐下，含笑瞧着他）阮克大夫，你是个知趣的人！现在屋子里点了灯，你自己害臊不害臊？

阮克　不，不一定。可是也许我该走了——永远不再来了。

娜拉　那可不行。以后你应该跟我们照常来往。你知道托伐没有你不行。

阮克　不错，可是你呢？

娜拉　喔，你知道我一向喜欢你上这儿来。

阮克　我上当就在这上头。你是我猜不透的一个哑谜儿。我时常觉得你喜欢我跟你做伴，几乎像喜欢海尔茂跟你做伴一样。

娜拉　是呀，你不是看出来了吗？有些人是我最爱的，也有些人我喜欢跟他们说话做伴。

阮克　不错，这话有道理。

娜拉 我小时候当然最爱我爸爸。可是我老喜欢溜到佣人屋子里，因为，第一，她们从来不教训我，第二，听她们聊天怪有意思的。

阮克 喔，我明白了。现在我代替了她们的地位。

娜拉 （跳起来，赶紧向他跑过去）啊，阮克大夫，我不是这意思。你要知道，跟托伐在一块儿有点像跟爸爸在一块儿——

〔爱伦从门厅走进来。〕

爱伦 对不起，太太——（低低说了一句话，把一张名片递给她）

娜拉 （向名片瞟了一眼）哦！（把名片揣在衣袋里）

阮克 出了什么事？

娜拉 没什么，没什么。只是为了我的新衣服。

阮克 你的新衣服！不是在那儿吗？

娜拉 喔，不是那件。是另外定做的一件。千万别告诉托伐。

阮克 哈哈！原来是桩瞒人的大事情。

娜拉 当然是。你去找他吧，他在里屋。我这儿有事，别让他出来。

阮克 别着急，反正他跑不了。（走进海尔茂的屋子）

娜拉 （向爱伦）他在厨房里等着吗？

爱伦 是，他从后楼梯进来的。

娜拉 你没跟他说我没工夫吗？

爱伦 我说了，可是不中用。

娜拉 是不是他不肯走？

爱伦 不肯走，太太，他说要见了您才肯走。

娜拉 那么就让他进来吧，可是要轻一点儿。爱伦，你别跟人家说。这事得瞒着我丈夫。

爱伦 是了，太太，我明白。（走出去）

娜拉 事情发作了！祸事到底发作了。喔，不会，不会，祸事不会落在我头上！

〔她走到海尔茂书房门口，从外面轻轻把门闩好。爱伦给柯洛克斯泰开门，等他进来之后又把门关上。柯洛克斯泰身上穿着出门的厚外套，脚上穿着高筒靴，头上戴着皮便帽。〕

娜拉 （迎上去）说话声音小一点，我丈夫在家。

柯洛克斯泰 好吧。其实跟我没关系。

娜拉 你来干什么？

柯洛克斯泰 报告一个小消息。

娜拉　那么，快说。什么消息？

柯洛克斯泰　你知道你丈夫已经把我辞掉了。

娜拉　柯洛克斯泰先生，我实在没法子阻挡他。我用尽了力量帮助你，可是不中用。

柯洛克斯泰　你丈夫把你这么不放在心上？他明知道你在我手心里，还敢——

娜拉　我怎么能把实话告诉他？

柯洛克斯泰　老实说，我也没想你会告诉他。我的朋友托伐·海尔茂本不像那么有胆量——

娜拉　柯洛克斯泰先生，请你对我丈夫客气点。

柯洛克斯泰　当然尽量地客气。不过我看你这么着急想把事情瞒起来，大概因为今天你对于自己做的事比昨天多明白了一点儿。

娜拉　我心里比你说的还明白。

柯洛克斯泰　是啊，像我这么个坏律师。

娜拉　你究竟来干什么？

柯洛克斯泰　没什么，海尔茂太太，只是来问候问候你。我替你想了一整天。我虽然是个放债鬼，虽然是个下流记者，总之一句话，像我这样一个人到底也还有一点儿人家常说的同情心。

娜拉　有就拿出来。替我的孩子想一想。

柯洛克斯泰　你和你丈夫替我的孩子想过吗？不过这种话不必再提了。我今天来只想告诉你，不要把这事看得太认真。我目前不会控告你。

娜拉　当然不会。我知道你不会。

柯洛克斯泰　这件事可以和平解决。用不着告诉人。只有咱们三个人知道。

娜拉　千万别让我丈夫知道。

柯洛克斯泰　那怎么做得到？剩下的债务你能还清吗？

娜拉　一时还不清。

柯洛克斯泰　这几天里头你有法子凑出那笔钱来吗？

娜拉　法子倒有，可是那种法子我不愿意用。

柯洛克斯泰　即使你有法子，现在也不中用了。不论你给我多少钱，我也不肯把你的借据交还你。

娜拉　你留着做什么用？

柯洛克斯泰　我只想留着它，抓在我手里。不许外人知道这件事。万

——你把心一横,想做点儿傻事情——

娜拉 那又怎么样?

柯洛克斯泰 万一你想丢下丈夫和儿女——

娜拉 那又怎么样?

柯洛克斯泰 再不然万一你想做点儿——比这更糟的事情——

娜拉 你怎么知道我想做什么?

柯洛克斯泰 万一你有那种傻念头,赶紧把它收起来。

娜拉 你怎么知道我心里想什么?

柯洛克斯泰 咱们这种人第一步差不多都是这么想。当初我也那么想过,只是没胆量做出来。

娜拉 (声音低哑)我也没胆量。

柯洛克斯泰 (放心)我没有。你也没有吗?

娜拉 我没有,我没有。

柯洛克斯泰 再说,有也很无聊。至多家里闹一场,事情过去就完了。我身上带着一封给你丈夫的信。

娜拉 信里把这事完全告诉他了?

柯洛克斯泰 信里把情节尽量说得轻。

娜拉 (急忙)别让他看那封信。快把信撕了。我好歹给你去弄钱。

柯洛克斯泰 对不起,海尔茂太太,我记得我说过——

娜拉 喔,我不是说我欠你的那笔债。我要你告诉我,你想问我丈夫要多少钱,我去想法子凑出来。

柯洛克斯泰 我一个钱都不想跟你丈夫要。

娜拉 那么你想要什么?

柯洛克斯泰 告诉你吧。我想恢复我的社会地位。我想往上爬,你丈夫一定得给我帮忙。在过去的一年半里我一件坏事都没干。虽然日子苦得很,可是我耐着性子咬着牙一步一步往上爬。现在我又被人一脚踢下来了,要是人家可怜我,只把原来的位置还给我,我决不甘休。我告诉你,我想往上爬。我一定要回到银行去,位置要比从前高。你丈夫必须给我特别添个新位置——

娜拉 他决不会答应。

柯洛克斯泰 他会答应。我知道他的脾气,他不敢不答应。等我做了你丈夫的同事,你瞧着吧。用不了一年工夫,我就是经理离不开的一个好帮手。那时候合资股份银行真正的经理是尼尔·柯洛克斯泰,不是托伐·

海尔茂。

娜拉 不会有这种事。

柯洛克斯泰 你是不是会——？

娜拉 现在我有胆量了。

柯洛克斯泰 喔,你别打算吓唬我!像你这么个娇生惯养的女人——

娜拉 你瞧着吧!你瞧着吧!

柯洛克斯泰 是不是躺在冰底下?钻在冰凉漆黑的深水里?明年春天开冻的时候漂到水面上,头发也没有了,丑得叫人不认识——

娜拉 你别打算吓唬我。

柯洛克斯泰 你也吓唬不了我。海尔茂太太,没人会干这种傻事情。再说,干了又有什么用?到那时候你丈夫还是在我手心里。

娜拉 以后还是在你手心里?将来我不在的时候——?

柯洛克斯泰 你忘了,你的名誉也在我手心里。(娜拉站着不做声,两眼瞧着他)现在我已经通知你了。别干傻事情。海尔茂一接到我的信,我想他就会答复我。你要记着,逼着我重新走上邪路的正是你丈夫。这件事我决不饶他。海尔茂太太,再见吧。

〔他从门厅里出去。娜拉赶紧跑到门口,把门拉开一点,仔细听。〕

娜拉 他走了。他没把信扔在信箱里。喔,这是不会有的事!(把门慢慢拉开)怎么啦!他站着不走,他不下楼!难道他改变了主意?难道他——(听见一封信扔到信箱里。柯洛克斯泰下楼脚步声渐渐地远了。娜拉低低叫了一声苦,跑到小桌子旁边,半响不做声)信扔在信箱里了!(蹑手蹑脚地走到门厅门口)信在里头了!托伐,托伐,现在咱们完了!

〔林丹太太拿着衣服从左边进来。〕

林丹太太 衣服都弄好了。咱们试一试,好不好?

娜拉 (声音低哑)你过来,克里斯蒂纳。

林丹太太 (把衣服扔在沙发上)什么事?我看你好像心里很乱。

娜拉 你过来。你看见那封信没有?瞧,从信箱玻璃往里看。

林丹太太 不错,我看见了。

娜拉 那封信是柯洛克斯泰的。

林丹太太 借钱给你的就是柯洛克斯泰吗?

娜拉 是,现在托伐都要知道了。

林丹太太 娜拉,我告诉你,他知道了对于你们俩都有好处。

娜拉 你还不知道事情的全部底细呢。我冒名签过字——

林丹太太　什么！

娜拉　克里斯蒂纳，听我说下去。将来你要给我做证人——

林丹太太　怎么做证人？要我证明什么事？

娜拉　要是我精神错乱了——这种事很容易发生——

林丹太太　娜拉！

娜拉　或是我出了什么别的事，到时候我不能在这儿——

林丹太太　娜拉，娜拉，你真是精神错乱了！

娜拉　将来要是有人要把全部责任、全部罪名拉到他自己身上去——

林丹太太　是，是，可是你怎么想到——？

娜拉　那时候你要给我做证人，证明不是那么一回事，克里斯蒂纳。我的精神一点儿都没错乱，我自己说的话自己都明白。那件事是我一个人做的，别人完全不知道。你记着。

林丹太太　我一定记着。可是我不明白你说的什么话。

娜拉　喔，你怎么会明白？那是一桩还没发生的奇迹。

林丹太太　奇迹？

娜拉　不错，是个奇迹，克里斯蒂纳，可是非常可怕，千万别让它发生。

林丹太太　我马上去找柯洛克斯泰谈谈这件事。

娜拉　你别去，你去会吃亏。

林丹太太　从前有一个时期我要他做什么他都肯答应。

娜拉　是吗？

林丹太太　他住在什么地方？

娜拉　我怎么知道？喔，有啦——（在自己衣袋里摸索）这是他的名片。可是那封信，那封信——

海尔茂　（在书房里敲门）娜拉！

娜拉　（吓得叫起来）喔，什么事？你叫我干什么？

海尔茂　别害怕。我们不是要进来，门让你闩上了。你是不是正在试衣服？

娜拉　是，是，我正在这儿试衣服。衣服很合适，托伐。

林丹太太　（看过名片）喔，他住得离这儿不远。

娜拉　不错，可是现在你去也不中用。我们完了。他那封信已经扔在信箱里了。

林丹太太　信箱钥匙在你丈夫手里吗？

娜拉　老是在他手里。

林丹太太　咱们一定得想法子叫柯洛克斯泰把信原封不动要回去，叫他想个推托的主意。

娜拉　可是现在正是托伐每天——

林丹太太　你想法子拦着他，找点事，叫他没工夫开信箱。我一定尽快赶回来。（急急忙忙从门厅走出去）

娜拉　（开了海尔茂的屋门朝里望）托伐！

海尔茂　（在里屋）现在我可以走进自己的屋子了吧？来吧，阮克大夫，咱们去瞧瞧——（在门洞里）这是怎么回事？

娜拉　什么事，托伐？

海尔茂　阮克大夫叫我准备看一套大戏法。

阮克　（在门洞里）刚才我是那么想。恐怕是我弄错了。

娜拉　明天晚上才许你们看我的打扮，现在不许看。

海尔茂　娜拉，我看你很疲乏，是不是练习得太辛苦了？

娜拉　不是，我还没开始呢。

海尔茂　可是你一定得——

娜拉　喔，是，是，我一定得练习。可是，托伐，我没有你帮忙不行。我全都忘了。

海尔茂　咱们温习温习就熟了。

娜拉　很好，托伐，你帮我温习。你一定得答应我。喔，我心里真着急，明天晚上当着那么许多人。今天晚上你得把工夫都给我，别的事一件都不许做，连笔都不许动一动。好托伐，你肯不肯答应我？

海尔茂　好吧，我答应你就是了。今天晚上你叫我干什么我就干什么，可怜的小东西！哦，我想起来了，我要去——（向通门厅的门走过去）

娜拉　你去干什么？

海尔茂　我去看看有信没有。

娜拉　你别去，托伐。

海尔茂　为什么？

娜拉　你别去，那儿没有信。

海尔茂　喔，我去看一看。

〔他正走过去的时候，娜拉在钢琴上弹起特兰特拉舞曲的开头几节。〕

海尔茂　（在门口站住）哈哈！

娜拉　今天我要是不跟你先练习一遍，明天我准跳不成。

海尔茂 （走近她）娜拉,你真这么紧张吗?

娜拉 真的,我紧张得要命!让我马上就练习。晚饭前还来得及练一遍。喔,好托伐,坐下给我弹钢琴,像从前似的,指点我,别让我出错儿。

海尔茂 好吧,我都依着你。

〔他在钢琴前坐下。娜拉从盒子里抓出一面手鼓来,慌忙裹上一块杂色的长披肩,一步跳到屋子当中。〕

娜拉 快给我弹琴!我要跳舞了!

〔海尔茂弹琴,娜拉跳舞。阮克站在海尔茂后头看跳舞。〕

海尔茂 （一边弹琴）慢一点!慢一点!

娜拉 我慢不了!

海尔茂 别这么使劲儿,娜拉。

娜拉 一定得使劲儿!

海尔茂 （停止弹琴）不行,不行,娜拉,你这步法完全不对头。

娜拉 （一边摇手鼓一边大笑）刚才我不是跟你说过吗!

阮克 让我给她弹钢琴。

海尔茂 （站起来）好吧,你来。这么着我可以腾出手来指点她。

〔阮克坐下弹琴。娜拉跳得越来越疯狂。海尔茂站在火炉旁边随时指点她,她好像没听见。她的头发松开了,披散在肩膀上,她自己不觉得,还接着跳下去。林丹太太走进屋子来,在门洞里呆住了。〕

林丹太太 啊!

娜拉 （不停地跳）克里斯蒂纳,真好玩儿!

海尔茂 娜拉,你这种跳法好像是到了生死关头似的。

娜拉 本来是嘛。

海尔茂 阮克,算了吧。这简直是胡闹!别弹琴了!

〔阮克停止弹奏,娜拉突然站住。〕

海尔茂 （向她走过来）我真不信,你把我教给你的东西全都忘了。

娜拉 （扔下手鼓）你看,我没说错吧?

海尔茂 你真得从头学。

娜拉 是啊,我真得从头学。你得陪我练到底。托伐,你答应不答应?

海尔茂 答应,答应。

娜拉 今天和明天,只许你想我的事,不许想别的。不许你看信,也不许你开信箱。

海尔茂　啊,你还在怕那个人——

娜拉　不错,我心里还是怕。

海尔茂　娜拉,从你脸上我可以看出来,信箱里有他寄来的一封信。

娜拉　我不知道,也许有。可是现在你什么都不许看。现在别让丑事来打搅咱们,等到这件事情完了再说。

阮克　(低声嘱咐海尔茂)你要顺着她。

海尔茂　(伸出一只胳臂搂着她)我就顺着这孩子。可是明天晚上开完跳舞会——

娜拉　那时候你爱干什么就干什么。

〔爱伦在右边门洞里出现。〕

爱伦　太太,饭开好了。

娜拉　我们要喝点儿香槟酒。

爱伦　是,太太。(出去)

海尔茂　嗳呀!好讲究的酒席!

娜拉　可不是吗,咱们要吃到大天亮。(叫喊)爱伦,多拿点杏仁甜饼干——就这一回。

海尔茂　(抓住她的手)别这么瞎胡闹!还是乖乖地做我的小鸟儿吧。

娜拉　好。上饭厅去吧。你也去,阮克大夫。克里斯蒂纳,你帮我把头发拢上去。

阮克　(一边走出去一边低声问海尔茂)会不会发生什么事?她是不是——

海尔茂　喔,没什么。就是刚才我跟你说的那种小孩子爱发愁的脾气。

〔两人一同从右边走出去。〕

娜拉　怎么样?

林丹太太　他出城去了。

娜拉　刚才我看你脸上的神情就知道。

林丹太太　他明天晚上就回来。我给他留了个字条。

娜拉　其实你不该管这件事。应该让它自然发展。再说,等着奇迹发生也很有意思。

林丹太太　你等什么?

娜拉　喔，你不懂。快上饭厅去，一会儿我就来。

〔林丹太太走进饭厅。娜拉独自站了会儿，好像要定定神，接着看了看表。〕

娜拉　现在是五点。到半夜里还有七个钟头，到明天半夜里再加上二十四个钟头。那时候跳舞会已经开完了。二十四加七？还可以活三十一个钟头。

〔海尔茂在右边门口出现。〕

海尔茂　我的小鸟儿在哪儿？

娜拉　（伸开双手跑过去）在这儿！

第三幕

〔还是那间屋子。桌子摆在当中，四面围着椅子。桌上点着灯。通门厅的门敞着。楼上有跳舞音乐的声音。〕

〔林丹太太坐在桌子旁边，用手翻弄一本书。她想看书，可是没心绪。她时不时朝着通门厅的门望一眼，仔细听听有没有动静。〕

林丹太太　（看表）还没来，时候快过去了。只怕是他没有——（再听）喔，他来了。（走进门厅，轻轻开大门。门外楼梯上有轻微的脚步声。低声地）进来，这儿没别人。

柯洛克斯泰　（在门洞里）我回家的时候看见你留下的字条。这是怎么回事？

林丹太太　我一定得跟你谈一谈。

柯洛克斯泰　当真？一定得在这儿谈？

林丹太太　我不能让你到我公寓去。公寓只有一个门，出入不方便。你进来，这儿只有咱们两个人。女佣人已经睡觉了，海尔茂夫妻在楼上开跳舞会。

柯洛克斯泰　（走进屋子来）啊！海尔茂夫妻今天晚上还跳舞？

林丹太太　为什么不可以？

柯洛克斯泰　问得对。为什么不可以？

林丹太太　尼尔，现在咱们谈一谈。

柯洛克斯泰　咱们还有什么可谈的？

林丹太太　要谈的话多得很。

柯洛克斯泰　我可没想到。

林丹太太　那是因为你从来没有真正了解我。

柯洛克斯泰　有什么可以了解的？这是世界上最平常的事——一个没良心的女人有了更好的机会，就把原来的情人扔掉了。

林丹太太　你真把我当作那么没良心的人？你以为那时我丢下你心里好受吗？

柯洛克斯泰　有什么不好受？

林丹太太　尼尔，你当真这么想？

柯洛克斯泰　要是你心里不好受，你为什么写给我那么一封信？

林丹太太　那是没办法。既然那时我不能不跟你分手，我觉得应该写信让你死了心。

柯洛克斯泰　（捏紧双手）原来是这么回事。总之一句话——一切都是为了钱！

林丹太太　你别忘了那时我有个无依无靠的母亲，还有两个小弟弟。尼尔，看你当时的光景，我们一家子实在没法子等下去。

柯洛克斯泰　也许是吧，可是你也不应该为了别人就把我扔下，不管那人是谁。

林丹太太　我自己也不明白。我时常问自己当初到底该不该把你扔下。

柯洛克斯泰　（和缓了一点）自从你把我扔下之后，我好像脚底下落了空。你看我现在的光景，好像是个翻了船、死抓住一块破船板的人。

林丹太太　救星也许快来了。

柯洛克斯泰　前两天救星已经到了我跟前，可是偏偏你又出来妨碍我。

林丹太太　我完全不知道，尼尔。今天我才知道我到银行里就是顶你的缺。

柯洛克斯泰　你既然这么说，我就信你的话吧。可是现在你已经知道了，你是不是打算把位置让给我？

林丹太太　不，我把位置让给你对于你一点儿益处都没有。

柯洛克斯泰　喔，益处，益处！不论有益处没益处，我要是你，我一定会把位置让出来。

林丹太太　我学会了做事要谨慎。这是阅历和艰苦给我的教训。

柯洛克斯泰　阅历教训我不要相信人家的甜言蜜语。

林丹太太　那么，阅历倒是给了你一个好教训。可是你应该相信事实吧？

柯洛克斯泰　这话怎么讲？

　　林丹太太　你说你像翻了船、死抓住一块破船板的人。

　　柯洛克斯泰　我这话没说错。

　　林丹太太　我也是翻了船、死抓住一块破船板的人。没有人需要我纪念，没有人需要我照应。

　　柯洛克斯泰　那是你自愿。

　　林丹太太　那时候我只有一条路。

　　柯洛克斯泰　现在呢？

　　林丹太太　尼尔，现在咱们两个翻了船的人凑在一块儿，你看怎么样？

　　柯洛克斯泰　你说什么？

　　林丹太太　两个人坐在筏子上总比各自抱着一块破板子希望大一点。

　　柯洛克斯泰　克里斯蒂纳！

　　林丹太太　你知道我进城干什么？

　　柯洛克斯泰　难道你还想着我？

　　林丹太太　我一定得工作，不然活着没意思。现在我回想我一生从来没闲过。工作是我一生唯一最大的快乐。现在我一个人过日子，空空洞洞，孤孤单单，一点儿乐趣都没有。一个人为自己工作没有乐趣。尼尔，给我一个人，给我一件事，让我的工作有个目的。

　　柯洛克斯泰　我不信你这一套话。这不过是女人一股自我牺牲的浪漫热情。

　　林丹太太　你什么时候看见过我有那种浪漫思想？

　　柯洛克斯泰　难道你真愿意——？你知道不知道我的全部历史？

　　林丹太太　我知道。

　　柯洛克斯泰　你知道不知道人家对我的看法？

　　林丹太太　你刚才不是说，当初要是有了我，你不会弄到这步田地吗？

　　柯洛克斯泰　那是一定的。

　　林丹太太　现在是不是太晚了？

　　柯洛克斯泰　克里斯蒂纳，你明白自己说的什么话吗？我想你明白，从你脸上我可以看得出。这么说，难道你真有胆量——

　　林丹太太　我想弄个孩子来照顾，恰好你的孩子需要人照顾。你缺少一个我，我也缺少一个你。尼尔，我相信你的良心。有了你，我什么都不怕。

柯洛克斯泰 （抓紧她两只手）谢谢你，谢谢你，克里斯蒂纳！现在我要努力做好人，让人家看我也像你看我一样。哦，我忘了——

林丹太太 （细听楼上的音乐）嘘！这是塔兰特拉土风舞！快走，快走！

柯洛克斯泰 为什么？这是怎么回事？

林丹太太 你没听见楼上的音乐吗？这是末一个节目，这个一完事他们就要下来了。

柯洛克斯泰 是，是，我就走。可是走也没有用。你当然不知道我对付海尔茂夫妻的手段。

林丹太太 我都知道，尼尔。

柯洛克斯泰 知道了你还有胆量——

林丹太太 我知道一个人在走投无路的时候，什么手段都会使出来。

柯洛克斯泰 喔，我恨不能取消这件事。

林丹太太 现在还来得及。你的信还在信箱里。

柯洛克斯泰 真的吗？

林丹太太 真的。可是——

柯洛克斯泰 （仔细瞧她）难道你的目的就在这上头？你一心想救你的朋友。老实告诉我，是不是这么回事？

林丹太太 尼尔，一个女人为了别人把自己出卖过一次，不会出卖第二次。

柯洛克斯泰 我把那封信要回来。

林丹太太 不行，不行。

柯洛克斯泰 我一定得把信要回来。我要在这儿等海尔茂回家，叫他把信还给我，我只说信里说的是辞退我的事，现在我不要他看那封信。

林丹太太 尼尔，你千万别把信要回来。

柯洛克斯泰 老实告诉我，你把我弄到这儿来是不是就为这件事？

林丹太太 起头我很慌张，心里确实有这个打算。可是现在一天已经过去了，在这一天里头，我在这儿看见了许多想不到的事。海尔茂应该知道这件事。这件害人的秘密事应该全部揭出来。他们夫妻应该彻底了解，不许再那么闪闪躲躲，鬼鬼祟祟。

柯洛克斯泰 好吧，要是你愿意冒险，你就这么办吧。可是有件事我可以帮忙，我马上就去办。

林丹太太　（细听）快走！快走！舞会散了，咱们再待下去就不行了。

柯洛克斯泰　我在街上等你。

林丹太太　好，你一定得送我回家。

柯洛克斯泰　我从来没像今天这么快活！

〔柯洛克斯泰走大门出去。屋子与门厅之间的门还是开着。〕

林丹太太　（整理屋子，把自己的衣帽归置在一块儿）多大的变化！多大的变化！现在我的工作有了目标，我的生活有了意义！我要为一个家庭谋幸福！万一做不成，决不是我的错。我盼望他们快回来。（细听）喔，他们回来了！让我先穿上衣服。

〔她拿起帽子和大衣。外面传来海尔茂和娜拉的说话声音。门上锁一转，娜拉几乎硬被海尔茂拉进来。娜拉穿着意大利服装，外面裹着一块黑的大披肩。海尔茂穿着大礼服，外面罩着一件附带假面具的黑舞衣，敞着没扣好。〕

娜拉　（在门洞里跟海尔茂挣扎）不，不，不，我不进去！我还要上楼去跳舞。我不愿意这么早回家。

海尔茂　亲爱的娜拉，可是——

娜拉　亲爱的托伐，我求你，咱们再跳一个钟头。

海尔茂　一分钟都不行。好娜拉，你知道这是咱们事先说好的。快进来，在这儿你要着凉了。（娜拉尽管挣扎，还是被他轻轻一把拉进来）

林丹太太　你们好！

娜拉　克里斯蒂纳！

海尔茂　什么！林丹太太！这么晚你还上这儿来？

林丹太太　是，请你别见怪。我一心想看看娜拉怎么打扮。

娜拉　你一直在这儿等我们？

林丹太太　是，我来迟了一步，你们已经上楼了，我不看见你，舍不得回去。

海尔茂　（把娜拉的披肩揭下来）你仔细鉴赏吧！她实在值得看。林丹太太，你说她漂亮不漂亮？

林丹太太　真漂亮。

海尔茂　她真美极了。谁都这么说。可是这小宝贝脾气真倔强。我不知该把她怎么办。你想，我差不多是硬把她拉回来的。

娜拉　喔，托伐，今天你不让我在楼上多待一会儿——哪怕是多待半点钟——将来你一定会后悔。

海尔茂　你听她说什么，林丹太太！她跳完了塔兰特拉土风舞，大家热烈鼓掌。难怪大家都鼓掌，她实在跳得好，不过就是表情有点儿过火，严格说起来，超过了艺术标准。不过那是小事情，主要的是，她跳得很成功，大家全都称赞她。难道说，大家鼓完掌我还能让她待下去，减少艺术的效果？那可使不得。所以我就一把挽着我的意大利姑娘——我的任性的意大利姑娘——一阵风似的转了个圈儿，四面道过谢，像小说里描写的，一转眼漂亮的妖精就不见了！林丹太太，下场的时候应该讲效果，可惜娜拉不懂这道理。嘿，这屋子真热！（把舞衣脱下来扔在椅子上，打开自己书房的门）什么！里头这么黑？哦，是了。林丹太太，失陪了。（进去点蜡烛）

娜拉　（提心吊胆地急忙低声问）事情怎么样？

林丹太太　（低声回答）我跟他谈过了。

娜拉　他——

林丹太太　娜拉，你应该把这件事全部告诉你丈夫。

娜拉　（平板的声调）我早就知道。

林丹太太　你不用怕柯洛克斯泰。可是你一定得对你丈夫说实话。

娜拉　我不说实话怎么样？

林丹太太　那么，那封信会说实话。

娜拉　谢谢你，克里斯蒂纳。现在我知道怎么办了。嘘！

海尔茂　（从书房出来）怎么样，林丹太太，你把她仔细鉴赏过没有？

林丹太太　鉴赏过了。现在我要走了。明天见。

海尔茂　什么！就要走？这块编织的活计是你的吗？

林丹太太　（把编织活计接过来）是，谢谢，我差点儿忘了。

海尔茂　你也编织东西？

林丹太太　是。

海尔茂　你不该编织东西，你应该刺绣。

林丹太太　是吗！为什么？

海尔茂　因为刺绣的时候姿态好看得多。我做个样儿给你瞧瞧！左手拿着活计，右手拿着针，胳臂轻轻地伸出去，弯弯地拐回来，姿态多美。你看对不对？

林丹太太　大概是吧。

海尔茂 可是编织东西的姿势没那么好看。你瞧，胳臂贴紧了，针儿一上一下的——有点中国味儿。刚才他们的香槟酒真好喝！（这些都是无意识的话。海尔茂有点醉了，所以语无伦次。）

林丹太太 明天见，娜拉，别再固执了。

海尔茂 说得好，林丹太太！

林丹太太 海尔茂先生，明天见。

海尔茂 （送她到门口）明天见，明天见，一路平安。我本来该送你回去，可是好在路很近。再见，再见。（林丹太太走出去，海尔茂关上大门回到屋子里）好了，好容易才把她打发走。这个女人真啰唆！

娜拉 你累了吧，托伐？

海尔茂 一点儿都不累。

娜拉 也不想睡觉？

海尔茂 一点儿都不想。精神觉得特别好。你呢？你好像又累又想睡。

娜拉 是，我很累。我就要去睡觉。

海尔茂 你看！我不让你再跳舞不算错吧？

娜拉 喔，你做的事都不错。

海尔茂 （亲她的前额）我的小鸟儿这回说话懂道理。你看见没有，今儿晚上阮克真高兴！

娜拉 是吗？他居然很高兴？我没跟他说过话。

海尔茂 我也只跟他说了一两句。可是我好久没看见他兴致这么好了。（对她看了会儿，把身子凑过去）回到自己家里，静悄悄的只有咱们两个人，滋味多么好！喔，迷人的小东西！

娜拉 别那么瞧我。

海尔茂 难道我不该瞧我的好宝贝——我一个人的亲宝贝？

娜拉 （走到桌子那边）今天晚上你别跟我说这些话。

海尔茂 （跟过来）你血管里还在跳塔兰特拉——所以你今天晚上格外惹人爱。你听，楼上的客要走了。（声音放低些）娜拉，再过一会儿这所房子里就静悄悄的没有声音了。

娜拉 我想是吧。

海尔茂 是啊，我的娜拉。咱们出去做客的时候我不大跟你说话，我故意避开你，偶然偷看你一眼，你知道为什么？因为我心里觉得咱们好像偷偷地在恋爱，偷偷地订了婚，谁也不知道咱们的关系。

娜拉　是，是，是，我知道你的心都在我身上。

海尔茂　到了要回家的时候，我把披肩搭上你滑溜的肩膀，围着你娇嫩的脖子，我心里好像觉得你是我的新娘子，咱们刚结婚，我头一次把你带回家——头一次跟你待在一块儿，头一次陪着你这娇滴滴的小宝贝！今天晚上我什么都没想，只是想你一个人。刚才跳舞的时候，我看见你那些轻巧活泼的身段，我的心也按捺不住了，所以那么早我就把你拉下楼。

娜拉　走开，托伐！撒手，我不爱听这些话。

海尔茂　什么？你成心逗我吗，娜拉？你不爱听！难道我不是你丈夫？（有人敲大门）

娜拉　（吃惊）你听见没有？

海尔茂　（走到门厅里）谁？

阮克　（在外面）是我。我能不能进来坐会儿？

海尔茂　（低声叽咕）讨厌！这时候他还来干什么？（高声）等一等！（开门）请进，谢谢你从来不肯过门不入。

阮克　我走过这儿好像听见你说话的声音，因此就忍不住想进来坐一坐。（四面望望）啊，这个亲热的老地方！你们俩在这儿真快活，真舒服！

海尔茂　刚才你在楼上好像也觉得很受用。

阮克　很受用。为什么不受用？一个人活在世界上能享受为什么不享受？能享受多少就算多少，能享受多久就算多久。今晚的酒可真好。

海尔茂　香槟酒特别好。

阮克　你也觉得好？我喝了那么多，说起来别人也不信。

娜拉　托伐喝的香槟酒也不少。

阮克　是吗？

娜拉　真的，他喝了酒兴致总是这么好。

阮克　辛苦了一天，晚上喝点儿酒没什么不应该。

海尔茂　辛苦了一天！这句话我可不配说。

阮克　（在海尔茂肩膀上拍一下）我倒可以说这句话。

娜拉　阮克大夫，你是不是刚做完科学研究？

阮克　一点儿都不错。

海尔茂　你听！小娜拉也谈起科学研究来了！

娜拉　结果怎么样，是不是可以给你道喜？

阮克　可以。

娜拉　这么说，结果很好？

阮克 好极了，对大夫也好，对病人也好，结果是确实无疑的。

娜拉 （追问）确实无疑？

阮克 绝对地确实无疑。知道了这样的结果，你说难道我还不应该痛快一晚上？

娜拉 不错，很应该，阮克大夫。

海尔茂 我也这么说，只要你明天不还账。

阮克 在这世界上没有白拿的东西，什么全都得还账。

娜拉 阮克大夫，我知道你很喜欢化装跳舞会。

阮克 是，只要有新奇打扮，我就喜欢。

娜拉 我问你，下次化装跳舞会咱们俩应该打扮什么？①

海尔茂 不懂事的孩子！已经想到下次跳舞会了！

阮克 你问咱们俩打扮什么？我告诉你，你打扮成仙女。

海尔茂 好，可是仙女该怎么打扮？

阮克 仙女不用打扮，只穿家常衣服就行。②

海尔茂 你真会说！你自己打扮什么角色呢？

阮克 喔，我的好朋友，我早打定主意了。

海尔茂 什么主意？

阮克 下次开化装跳舞会的时候，我要扮隐身人。

海尔茂 这话真逗人。

阮克 我要戴一顶大黑帽子——你们没听说过眼睛瞧不见的帽子吗？帽子一套在头上，人家就看不见你了。

海尔茂 （忍住笑）是，是。

阮克 哦，我忘了进来干什么了。海尔茂，给我一支雪茄烟——要那种黑的哈瓦那。

海尔茂 请。（把雪茄烟盒递过去）

阮克 （拿了一支烟，把烟头切掉）谢谢。

娜拉 （给他划火柴）我给你点烟。

阮克 谢谢，谢谢！（娜拉拿着火柴，阮克就着火点烟）现在我要跟你们告别了！

海尔茂 再见，再见！老朋友！

---

① 这时候娜拉已经有自杀的意思，所以说"咱们俩"。

② 阮克本就爱娜拉，说她穿家常衣服就像个仙女，是赞美她。

娜拉　阮克大夫，祝你安眠。

阮克　谢谢你。

娜拉　你也应该照样祝我。

阮克　祝你？好吧，既然你要我说，我就说。祝你安眠。谢谢你给我点烟。

〔阮克向他们点点头，走出去。〕

海尔茂　（低声）他喝得太多了。

娜拉　（心不在焉）大概是吧。（海尔茂从衣袋里掏出一串钥匙来，走进门厅）托伐，你出去干什么？

海尔茂　我把信箱倒一倒，里头东西都满了，明天早上报纸装不下了。

娜拉　今晚你工作不工作？

海尔茂　你不是知道我今晚不工作吗？唔，这是怎么回事？有人弄过锁。

娜拉　弄过锁？

海尔茂　一定是。这是怎么回事？我想佣人不会——？这儿有只撅折的头发夹子。娜拉，这是你常用的。

娜拉　（急忙接嘴）一定是孩子们——

海尔茂　你得管教他们别这么胡闹。好！好容易开开了。（把信箱里的信件拿出来，朝着厨房喊道）爱伦，爱伦，把门厅的灯吹灭了。（拿着信件回到屋里，关上门）你瞧，攒了这么一大堆。（把整叠信件翻过来）哦，这是什么？

娜拉　（在窗口）那封信！喔，托伐，别看！

海尔茂　有两张名片，是阮克大夫的。

娜拉　阮克大夫的？

海尔茂　（瞧名片）阮克大夫。这两张名片在上头，一定是他刚扔进去的。

娜拉　名片上写着什么没有？

海尔茂　他的名字上头有个黑十字。你瞧，多么不吉利！好像他给自己报死信。

娜拉　他是这意思。

海尔茂　什么！你知道这件事？他跟你说过什么没有？

娜拉　他说了。他说给咱们这两张名片的意思就是跟咱们告别。他以后就在家里关着门等死。

海尔茂 真可怜！我早知道他活不长，可是没想到这么快！像一只受伤的野兽爬到窝里藏起来！

娜拉 一个人到了非死不可的时候最好还是静悄悄地死。托伐，你说对不对？

海尔茂 （走来走去）这些年他跟咱们的生活已经结合成一片，我不能想象他会离开咱们。他的痛苦和寂寞比起咱们的幸福好像乌云衬托着太阳，苦乐格外分明。这样也许倒好——至少对他很好。（站住）娜拉，对于咱们也未必不好。现在只剩下咱们俩，靠得更紧了。（搂着她）亲爱的宝贝！我总是觉得把你搂得不够紧。娜拉，你知道不知道，我常常盼望有一桩危险事情威胁你，好让我拼着命，牺牲一切去救你。

娜拉 （从他怀里挣出来，斩钉截铁的口气）托伐，现在你可以看信了。

海尔茂 不，不，今晚我不看信。今晚我要陪着你，我的好宝贝。

娜拉 想着快死的朋友，你还有心肠陪我？

海尔茂 你说的不错。想起这件事咱们心里都很难受。丑恶的事情把咱们分开了，想起死人真扫兴。咱们得想法子撇开这些念头。咱们暂且各自回到屋里去吧。

娜拉 （搂着他脖子）托伐！明天见！明天见！

海尔茂 （亲她的前额）明天见，我的小鸟儿。好好儿睡觉，娜拉！我去看信了。

〔他拿了那些信走进自己的书房，随手关上门。〕

娜拉 （瞪着眼睛摸，抓起海尔茂的舞衣披在自己身上，急急忙忙，断断续续，哑着嗓子，低声自言自语）从今以后再也见不着他了！永远见不着了，永远见不着了。（把披肩蒙在头上）也见不着孩子们了！永远见不着了！喔，漆黑冰凉的水！没底的海！快点完事多好啊！现在他已经拿着信了，正在看！喔，还没看。再见，托伐！再见，孩子们！

〔她正朝着门厅跑出去，海尔茂猛然推开门，手里拿着一封拆开的信，站在门口。〕

海尔茂 娜拉！

娜拉 （叫起来）啊！

海尔茂 这是谁的信？你知道信里说的什么事？

娜拉 我知道。快让我走！让我出去！（娜拉想出去投水自杀）

海尔茂 （拉住她）你上哪儿去？

娜拉 （竭力想脱身）别拉着我，托伐。

海尔茂 （惊慌倒退）真有这件事？他信里的话难道是真的？不会，不会，不会是真的。

娜拉 全是真的。我只知道爱你，别的什么都不管。

海尔茂 哼，别这么花言巧语的！

海尔茂 你这坏东西——干的好事情！

娜拉 让我走——你别拦着我！我做的坏事不用你担当！

海尔茂 不用装腔作势给我看。（把出去的门锁上）我要你老老实实把事情招出来，不许走。你知道不知道自己干的什么事？快说！你知道吗？

娜拉 （眼睛盯着他，态度越来越冷静）嗯，现在我才完全明白了。

海尔茂 （走来走去）嘿！好像做了一场噩梦醒过来！这八年工夫——我最得意、最喜欢的女人——没想到是个伪君子，是个撒谎的人——比这还坏——是个犯罪的人。真是可恶极了！哼！哼！（娜拉不做声，只用眼睛盯着他）其实我早就该知道。我早该料到这一步。你父亲的坏德行——（娜拉正要说话）少说话！你父亲的坏德行，你全都沾上了——不信宗教，不讲道德，没有责任心。当初我给他遮盖，如今遭了这么个报应！我帮你父亲都是为了你，没想到现在你这么报答我！

娜拉 不错，这么报答你。

海尔茂 你把我一生幸福全都葬送了。我的前途也让你断送了。喔，想起来真可怕！现在我让一个坏蛋抓在手心里。他要我怎么样我就得怎么样，他要我干什么我就得干什么。他可以随便摆布我，我不能不依他。我这场大祸都是一个下贱女人惹出来的！

娜拉 我死了你就没事了。

海尔茂 哼，少说骗人的话。你父亲从前也老有那么一大套。照你说，就是你死了，我有什么好处？一点儿好处都没有。他还是可以把事情宣布出去，人家甚至还会疑惑我是跟你串通一气的，疑惑是我出主意撺掇你干的。这些事情我都得谢谢你——结婚以来我疼了你这些年，想不到你这么报答我。现在你明白你给我惹的是什么祸吗？

娜拉 （冷静安详）我明白。

海尔茂 这件事真是想不到，我简直摸不着头脑。可是咱们好歹得商量个办法。把披肩摘下来。摘下来，听见没有！我先得想个办法稳住他，这件事无论如何不能让人家知道。咱们俩，表面上照样过日子——不要改变样子，你明白不明白我的话？当然你还得在这儿住下去。可是孩子不能再交在你手里。我不敢再把他们交给你——唉，我对你说这么一句话心里真难受，因为你一向是我最心爱并且现在还——！可是现在情形已经改变了。从今以后再说不上什么幸福不幸福，只有想法子怎么挽救、怎么遮盖、怎么维持这个残破的局面——（门铃响起来，海尔茂吓了一跳）什么事？三更半夜的！难道事情发作了？难道他——娜拉，你快藏起来，只推托有病。（娜拉站着不动。海尔茂走过去开门）

爱伦　（披着衣服在门厅里）太太，您有封信。

海尔茂　给我。（把信抢过来，关上门）果然是他的。你别看。我念给你听。

娜拉　快念！

海尔茂　（凑着灯光）我几乎不敢看这封信。说不定咱们俩都会完蛋。也罢，反正总得看。（慌忙拆信，看了几行之后发现信里夹着一张纸，马上快活得叫起来）娜拉！（娜拉莫名其妙地瞧着他）

海尔茂　娜拉！喔，别忙！让我再看一遍！不错，不错！我没事了！娜拉，我没事了！

娜拉　我呢？

海尔茂　当然你也没事了，咱们俩都没事了。你看，他把借据还你了。他在信里说，这件事非常抱歉，要请你原谅，他又说他现在交了运——喔，管他还写些什么。娜拉，咱们没事了！现在没人能害你了。喔，娜拉，娜拉——咱们先把这害人的东西消灭了再说。让我再看看——（朝着借据瞟了一眼）喔，我不想再看它，只当是做了一场梦。（把借据和柯洛克斯泰的两封信一齐都撕掉，扔在火炉里，看它们烧）好！烧掉了！他说自从二十四号起——喔，娜拉，这三天你一定很难过。

娜拉　这三天我真不好过。

海尔茂　你心里难过，想不出好办法，只能——喔，现在别再想那可怕的事情了。我们只应该高高兴兴地多说几遍"现在没事了，现在没事了"！听见没有，娜拉！你好像不明白。我告诉你，现在没事了。你为什么绷着脸不说话？喔，我的可怜的娜拉，我明白了，你以为我还没饶恕你。娜拉，我赌咒，我已经饶恕你了。我知道你干那件事都是因为爱我。

娜拉　这倒是实话。

海尔茂　你正像做老婆的应该爱丈夫那样地爱我。只是你没有经验，用错了方法。可是难道因为你自己没主意，我就不爱你吗？我决不会。你只要一心一意依赖我，我会指点你，教导你。正因为你自己没办法，所以我格外爱你，要不然我还算什么男子汉大丈夫？刚才我觉得好像天要塌下来，心里一害怕，就说了几句不好听的话，你千万别放在心上。娜拉，我已经饶恕你了。我赌咒不再埋怨你。

娜拉 谢谢你饶恕我。（从右边走出去）

海尔茂 别走！（向门洞里张望）你要干什么？

娜拉 （在里屋）我去脱掉跳舞的服装。

海尔茂 （在门洞里）好，去吧。受惊的小鸟儿，别害怕，定定神，把心静下来。你放心，一切事情都有我。我的翅膀宽，可以保护你。（在门口走来走去）喔，娜拉，咱们的家多可爱，多舒服！你在这儿很安全，我可以保护你，像保护一只从鹰爪子底下救出来的小鸽子一样。我不久就能让你那颗扑扑跳的心定下来，娜拉，你放心。到了明天，事情就不一样了，一切都会恢复老样子。我不用再说我已经饶恕你，你心里自然会明白我不是说假话。难道我舍得把你撵出去？别说撵出去，就说是责备，难道我舍得责备你？娜拉，你不懂得男子汉的好心肠。要是男人饶恕了他老婆——真正饶恕了她，从心坎里饶恕了她——他心里会有一股没法子形容的好滋味。从此以后他老婆越发是他私有的财产。而做老婆的就像重新投了胎，不但是她丈夫的老婆，并且还是她丈夫的孩子。从今以后，你就是我的孩子，我吓坏了的可怜的小宝贝。别着急，娜拉，只要你老老实实对待我，你的事情都由我做主，都由我指点。（娜拉换了家常衣服走进来）怎么，你还不睡觉？又换衣服干什么？

娜拉 不错，我把衣服换掉了。

海尔茂 这么晚还换衣服干什么？

娜拉 今晚我不睡觉。

海尔茂 可是，娜拉——

娜拉 （看自己的表）时候还不算晚。托伐，坐下，咱们有好些话要谈一谈。（她在桌子一头坐下）

海尔茂 娜拉，这是什么意思？你的脸色铁板冰冷的——

娜拉 坐下。一下子说不完。我有好些话跟你谈。

海尔茂 （在桌子那一头坐下）娜拉，你把我吓了一大跳。我不了解你。

娜拉 这话说得对，你不了解我，我也到今天晚上才了解你。别打岔。听我说下去。托伐，咱们必须把总账算一算。

海尔茂 这话怎么讲？

娜拉 （顿了一顿）现在咱们面对面坐着，你心里有什么感想？

海尔茂 我有什么感想？

娜拉 咱们结婚已经八年了。你觉得不觉得，这是头一次咱们夫妻正正经经谈谈话？

海尔茂 正正经经！这四个字怎么讲？

娜拉 这整整的八年——要是从咱们认识的时候算起，其实还不止八年——咱们从来没在正经事情上头谈过一句正经话。

海尔茂 难道要我经常对你说一些你不能帮我解决的麻烦事吗？

娜拉 我不是指你的业务。我说的是，咱们从来没坐下来正正经经细谈过一件事。

海尔茂 我的好娜拉，正经事跟你有什么相干？

娜拉 咱们的问题就在这儿！你从来就没了解过我。我受尽了委屈，先在我父亲手里，后来又在你手里。

海尔茂 这是什么话！你父亲和我这么爱你，你还说受了我们的委屈！

娜拉 （摇头）你们何尝真爱过我，你们爱我只是拿我消遣。

海尔茂 娜拉，这是什么话！

娜拉 托伐，这是老实话。我在家跟父亲过日子的时候，他把他的意见告诉我，我就跟着他的意见走。要是我的意见跟他不一样，我也不让他知道，因为他知道了会不高兴。他叫我"泥娃娃孩子"，把我当作一件玩意儿，就像我小时候玩我的泥娃娃一样。后来我到你家来住着——

海尔茂 用这种字眼形容咱们的夫妻生活简直不像话！

娜拉 （满不在乎）我是说，我从父亲手里转移到了你手里。跟你在一块儿，事情都归你安排。你爱什么我也爱什么，或者假装爱什么——我不知道是真还是假——也许有时候真，有时候假。现在我回头想一想，这些年我在这儿简直像个要饭的叫化子，要一口，吃一口。托伐，我靠着给你耍把戏过日子。可是你喜欢我这么做。你和我父亲把我害苦了。我现在这么没出息都要怪你们。

海尔茂 娜拉，你真不讲理，真不知好歹！你在这儿过的日子难道不快活？

娜拉 不快活。过去我以为快活，其实不快活。

海尔茂 什么！不快活！

娜拉 说不上快活，不过说说笑笑凑个热闹罢了。你一向待我很好。可是咱们的家只是一个玩儿的地方，从来不谈正经事。在这儿我是你的"玩偶老婆"，正像我在家里是我父亲的"玩偶女儿"一样。我的孩子又是我的泥娃娃。你逗着我玩儿，我觉得有意思，正像我逗孩子们，孩子们也觉得有意思。托伐，这就是咱们的夫妻生活。

海尔茂 你这段话虽然说得太过火，倒也有点儿道理。可是以后的情形就不一样了。玩耍的时候过去了，现在是受教育的时候了。

娜拉 谁的教育？我的教育还是孩子们的教育？

海尔茂 两方面的，我的好娜拉。

娜拉 托伐，你不配教育我怎样做个好老婆。

海尔茂 你怎么说这句话？

娜拉 我配教育我的孩子吗？

海尔茂 娜拉！

娜拉 刚才你不是说不敢再把孩子交给我吗？

海尔茂 那是气头上的话，你老提它干什么？

娜拉 其实你的话没说错。我不配教育孩子。要想教育孩子，先得教育我自己。你没资格帮我的忙，我一定得自己干。所以现在我要离开你。

海尔茂 （跳起来）你说什么？

娜拉 要想了解我自己和我的环境，我得一个人过日子，所以我不能再跟你待下去。

海尔茂 娜拉！娜拉！

娜拉 我马上就走。克里斯蒂纳一定会留我过夜。

海尔茂 你疯了！我不让你走！你不许走！

娜拉 你不许我走也没用。我只带自己的东西。你的东西我一件都不要，现在不要，以后也不要。

海尔茂 你怎么疯到这步田地！

娜拉 明天我要回家去——回到从前的老家去。在那儿找点事情做也许不太难。

海尔茂 喔，像你这么没经验——

娜拉 我会努力去争取。

海尔茂 丢了你的家，丢了你丈夫，丢了你儿女！不怕人家说什么话！

娜拉 人家说什么不在我心上。我只知道我应该这么做。

海尔茂 这话真荒唐！你就这么把你最神圣的责任扔下不管了？

娜拉 你说什么是我最神圣的责任？

海尔茂 那还用我说？你最神圣的责任是你对丈夫和儿女的责任。

娜拉 我还有别的同样神圣的责任。

海尔茂 没有的事！你说的是什么责任？

娜拉 我说的是我对自己的责任。

海尔茂 别的不用说，首先你是一个老婆，一个母亲。

娜拉 这些话现在我都不信了。现在我只信，首先我是一个人，跟你一样的一个人——至少我要学做一个人。托伐，我知道大多数人赞成你的话，并且书本里也是这么说的。可是从今以后我不能一味相信大多数人说的话，也不能一味相信书本里说的话。什么事情我都要用自己的脑子想一想，把事情的道理弄明白。

海尔茂 难道你不明白你在自己家庭的地位？难道在这些问题上没有颠扑不破的道理指导你？难道你不信仰宗教？

娜拉 托伐，不瞒你说，我真不知道宗教是什么。

海尔茂 你这话怎么讲？

娜拉 除了行坚信礼的时候牧师对我说的那套话，我什么都不知道。牧师告诉过我，宗教是这个，宗教是那个。等我离开这儿一个人过日子的时候，我也要把宗教问题仔细想一想。我要仔细想一想，牧师告诉我的话究竟对不对，对我合用不合用。

海尔茂 喔，从来没听说过这种话！并且还是从这么个年轻女人嘴里说出来的！要是宗教不能带你走正路，让我唤醒你的良心来帮助你——你大概还有点道德观念吧？要是没有，你就干脆说没有。

娜拉 托伐，这个问题不容易回答。我实在不明白，这些事情我摸不清。我只知道我的想法跟你的想法完全不一样。我也听说，国家的法律跟我心里想的不一样，可是我不信那些法律是正确的。父亲病得快死了，法律不许女儿给他省烦恼。丈夫病得快死了，法律不许老婆想法子救他的性命！我不信世界上有这种不讲理的法律。

海尔茂 你说这些话像个小孩子。你不了解咱们的社会。

娜拉 我真不了解。现在我要去学习。我一定要弄清楚，究竟是社会正确，还是我正确。

海尔茂 娜拉，你病了，你在发烧说胡话。我看你像精神错乱了。

娜拉 我的脑子从来没像今天晚上这么清醒、这么有把握。

海尔茂 你这么清醒、这么有把握，居然要丢掉丈夫和儿女？

娜拉 一点不错。

海尔茂 这么说，只有一句话讲得通。

娜拉 什么话？

海尔茂 那就是你不爱我了。

娜拉 不错，我不爱你了。

海尔茂 娜拉！你忍心说这话！

娜拉 托伐，我说这话心里也难受，因为你一向待我很不错。可是我不能不说这句话。现在我不爱你了。

海尔茂 （勉强管住自己）你说这话的脑子也是清醒吗？

娜拉 一点不错。所以我不能再在这儿待下去。

海尔茂 你能不能说明白，我究竟做了什么事使你不爱我？

娜拉 能。就因为今天晚上奇迹没出现，我才知道你不是我理想中的那种人。

海尔茂 这话我不懂，你再说清楚点。

娜拉 我耐着性子整整等了八年，我当然知道奇迹不会天天有。后来大祸临头的时候，我曾经满怀信心地跟自己说，"奇迹来了"！柯洛克斯泰把信扔在信箱里以后，我决没想到你会接受他的条件。我满心以为你一定会对他说，"尽管宣布吧"，而且你说了这句话之后，还一定会——

海尔茂 一定会怎么样？叫我自己的老婆出丑丢脸，让人家笑骂？

娜拉 我满心以为你说了那句话之后，还一定会挺身出来，把全部责任担在自己肩膀上，对大家说，"事情都是我干的"。

海尔茂 娜拉——

娜拉 你以为我会让你替我担当罪名吗？不，当然不会。可是我的话怎么比得上你的话那么容易叫人家相信？这正是我盼望它发生又怕它发生的奇迹。为了不让奇迹发生，我已经准备自杀。

海尔茂 娜拉，我愿意为你日夜工作，我愿意为你受穷受苦。可是男人不能为他所爱的女人牺牲自己的名誉。

娜拉 千千万万的女人都为男人牺牲过名誉。

海尔茂 喔，你心里想的和嘴里说的都像个傻孩子。

娜拉 也许是吧。可是你想的和说的也不像我可以跟他过日子的男人。后来危险过去了——你不是怕我有危险，是怕你自己有危险——不用害怕了,你又装作没事人儿了。你又叫我跟从前一样乖乖地做你的小鸟儿,做你的泥娃娃,说什么以后要格外小心保护我,因为我那么脆弱不中用。(站起来)托伐,就在那当口,我好像忽然从梦里醒过来,我居然跟一个陌生人同居了八年,给他生了三个孩子。喔,想起来真难受!我恨透了自己没出息!

海尔茂 (伤心)我明白了,我明白了,在咱们中间出现了一道深沟。可是,娜拉,难道咱们不能把它填平吗?

娜拉 照我现在这样子,我不能跟你做夫妻。

海尔茂 我有勇气重新再做人。

娜拉 在你的泥娃娃离开你之后——也许有。

海尔茂 要我跟你分手!不,娜拉,不行!这是不能设想的事情。

娜拉 (走进右边屋子)要是你不能设想,咱们更应该分开。(拿着外套、帽子和旅行小提包又走出来,把东西搁在桌子旁边椅子上)

海尔茂 娜拉,娜拉,现在别走,明天再走。

娜拉 (穿外套)我不能在陌生人家里过夜。

海尔茂 难道咱们不能像哥哥妹妹那么过日子?

娜拉 (戴帽子)你知道那种日子长不了。(围披肩)托伐,再见。我不去看孩子了。我知道现在照管他们的人比我强得多。照我现在这样子,我对他们一点儿用处都没有。

海尔茂 可是,娜拉,将来总有一天——

娜拉 那就难说了。我不知道我以后会怎么样。

海尔茂 无论怎么样,你还是我的老婆。

娜拉 托伐,我告诉你。我听人说,要是一个女人像我这样从她丈夫家里走出去,按法律说,她就解除了丈夫对她的一切义务。不管法律是不是这样,我现在把你对我的义务全部解除。你不受我拘束,我也不受你拘束。双方都有绝对的自由。拿去,这是你的戒指。把我的也还我。

海尔茂 连戒指都要还?

娜拉 要还。

海尔茂 拿去。

娜拉 好。现在事情完了。我把钥匙都搁在这儿。家里的事,佣人都知道——她们比我更熟悉。明天我动身之后,克里斯蒂纳会来帮我收拾我从家里带来的东西。我会叫她把东西寄给我。

海尔茂 完了!完了!娜拉,你永远不会再想我了吧?

娜拉　喔，我会时常想到你，想到孩子们，想到这个家。

海尔茂　我可以给你写信吗？

娜拉　不，千万别写信。

海尔茂　可是我总得给你寄点儿——

娜拉　什么都不用寄。

海尔茂　你手头不方便的时候我得帮点忙。

娜拉　不必，我不接受陌生人的帮助。

海尔茂　娜拉，难道我永远只是个陌生人？

娜拉　（拿起手提包）托伐，那就要等奇迹中的奇迹发生了。

海尔茂　什么叫奇迹中的奇迹？

娜拉　那就是说，咱们俩都得改变到——喔，托伐，我现在不信世界上有奇迹了。

海尔茂　可是我信。你说下去！咱们俩都得改变到什么样子——？

娜拉　改变到咱们在一块儿过日子时像真正的夫妻。再见。（她从门厅走出去）

海尔茂　（倒在靠门的一张椅子里，双手蒙着脸）娜拉！娜拉！（四面望望，站起身来）屋子空了。她走了。（心里闪出一个新希望）啊！奇迹中的奇迹——

〔楼下砰的一响传来关大门的声音。〕

——剧终

《娜拉走后怎样》*

我今天要讲的是"娜拉走后怎样"?

伊孛生①是十九世纪后半的瑙威的一个文人。他的著作,除了几十首诗之外,其余都是剧本。这些剧本里面,有一时期是大抵含有社会问题的,世间也称作"社会剧",其中有一篇就是《娜拉》。

《娜拉》一名 *Ein Puppenheim*,中国译作《傀儡家庭》。但 Puppe 不单是牵线的傀儡,孩子抱着玩的人形也是;引申开去,别人怎么指挥,他便怎么做的人也是。娜拉当初是满足地生活在所谓幸福的家庭里的,但是她竟觉悟了:自己是丈夫的傀儡,孩子们又是她的傀儡。她于是走了,只听得关门声,接着就是闭幕。这想来大家都知道,不必细说了。

娜拉要怎样才不走呢?或者说伊孛生自己有解答,就是 *Die Frau vom Meere*,《海上夫人》。这女人是已经结婚的了,然而先前有一个爱人在海的彼岸,一日突然寻来,叫她一同去。她便告知她的丈夫,要和那外来人会面。临末,她的丈夫说,"现在放你完全自由。(走与不走)你能够自己选择,并且还要自己负责任"。于是什么事全都改变,她就不走了。这样看来,娜拉倘也得到这样的自由,或者也便可以安住。

但娜拉毕竟是走了的。走了以后怎样?伊孛生并无解答;而且他已经死了。即使不死,他也不负解答的责任。因为伊孛生是在做诗,不是为社会提出问题来而且代为解答。就如黄莺一样,因为他自己要歌唱,所以他歌唱,不是要唱给人们听得有趣,有益。伊孛生是很不通世故的,相传在许多妇女们一同招待他的筵宴上,代表者起来致谢他作了《傀儡家庭》,将女性的自觉、解放这些事,给人心以新的启示的时候,他却答道,"我写那篇却并不是这意思,我不过是做诗"。

娜拉走后怎样?——别人可是也发表过意见的。一个英国人曾作一篇戏剧,说一个新式的女子走出家庭,再也没有路走,终于堕落,进了妓院了。还有一个中国人,——我称他什么呢?上海的文学家罢,——说他所见的《娜拉》是和现译本不同,娜拉终于回来了。这样的本子可惜没有第

---

*《娜拉走后怎样》是鲁迅先生于1923年12月26日在北京女子高等师范学校文艺会上的一篇演讲稿。最初发表于1924年北京女子高等师范学校《文艺会刊》第6期。

① 伊孛生,即易卜生。

二人看见，除非是伊孛生自己寄给他的。但从事理上推想起来，娜拉或者也实在只有两条路：不是堕落，就是回来。因为如果是一匹小鸟，则笼子里固然不自由，而一出笼门，外面便又有鹰，有猫，以及别的什么东西之类；倘使已经关得麻痹了翅子，忘却了飞翔，也诚然是无路可以走。还有一条，就是饿死了，但饿死已经离开了生活，更无所谓问题，所以也不是什么路。

人生最苦痛的是梦醒了无路可以走。做梦的人是幸福的；倘没有看出可走的路，最要紧的是不要去惊醒他。你看，唐朝的诗人李贺，不是困顿了一世的么？而他临死的时候，却对他的母亲说，"阿妈，上帝造成了白玉楼，叫我做文章落成去了"。这岂非明明是一个诳，一个梦？然而一个小的和一个老的，一个死的和一个活的，死的高兴地死去，活的放心地活着。说诳和做梦，在这些时候便见得伟大。所以我想，假使寻不出路，我们所要的倒是梦。

但是，万不可做将来的梦。阿尔志跋绥夫曾经借了他所做的小说，质问过梦想将来的黄金世界的理想家，因为要造那世界，先唤起许多人们来受苦。他说，"你们将黄金世界预约给他们的子孙了，可是有什么给他们自己呢"？有是有的，就是将来的希望。但代价也太大了，为了这希望，要使人练敏了感觉来更深切地感到自己的苦痛，叫起灵魂来目睹他自己的腐烂的尸骸。惟有说诳和做梦，这些时候便见得伟大。所以我想，假使寻不出路，我们所要的就是梦；但不要将来的梦，只要目前的梦。

然而娜拉既然醒了，是很不容易回到梦境的，因此只得走；可是走了以后，有时却也免不掉堕落或回来。否则，就得问：她除了觉醒的心以外，还带了什么去？倘只有一条像诸君一样的紫红的绒绳的围巾，那可是无论宽到二尺或三尺，也完全是不中用。她还须更富有，提包里有准备，直白地说，就是要有钱。

梦是好的；否则，钱是要紧的。

钱这个字很难听，或者要被高尚的君子们所非笑，但我总觉得人们的议论是不但昨天和今天，即使饭前和饭后，也往往有些差别。凡承认饭需钱买，而以说钱为卑鄙者，倘能按一按他的胃，那里面怕总还有鱼肉没有消化完，须得饿他一天之后，再来听他发议论。

所以为娜拉计，钱，——高雅的说罢，就是经济，是最要紧的了。自由固不是钱所能买到的，但能够为钱而卖掉。人类有一个大缺点，就是常常要饥饿。为补救这缺点起见，为准备不做傀儡起见，在目下的社会里，经济权就见得最要紧了。第一，在家应该先获得男女平均的分配；第二，在社会应该获得男女相等的势力。可惜我不知道这权柄如何取得，单知道仍然要战斗；或者也许比要求参政权更要用剧烈的战斗。

要求经济权固然是很平凡的事，然而也许比要求高尚的参政权以及博大的女子解放之类更烦难。天下事尽有小作为比大作为更烦难的。譬如现在似的冬天，我们只有这一件棉袄，然而必须救助一个将要冻死的苦人，否则便须坐在菩提树下冥想普度一切人类的方法去。普度一切人类和救活一人，大小实在相去太远了，然而倘叫我挑选，我就立刻到菩提树下去坐着，因为免得脱下唯一的棉袄来冻杀自己。所以在家里说要参政权，是不至于大遭反对的，一说到经济的平匀分配，或不免面前就遇见敌人，这就当然要有剧烈的战斗。

战斗不算好事情，我们也不能责成人人都是战士，那么，平和的方法也就可贵了，这就是将来利用了亲权来解放自己的子女。中国的亲权是无上的，那时候，就可以将财产平匀地分配子女们，使他们平和而没有冲突地都得到相等的经济权，此后或者去读书，或者去生发，或者为自己去享用，或者为社会去做事，或者去花完，都请便，自己负责任。这虽然也是颇远的梦，可是比黄金世界的梦近得不少了。但第一需要记性。记性不佳，是有益于己而有害于子孙的。人们因为能忘却，所以自己能渐渐地脱离了受过的苦痛，也因为能忘却，所以往往照样地再犯前人的错误。被虐待的儿媳做了婆婆，仍然虐待儿媳；嫌恶学生的官吏，每是先前痛骂官吏的学生；现在压迫子女的，有时也就是十年前的家庭革命者。这也许与年龄和地位都有关系罢，但记性不佳也是一个很大的原因。救济法就是各人去买一本 note-book 来，将自己现在的思想举动都记上，作为将来年龄和地位都改变了之后的参考。假如憎恶孩子要到公园去的时候，取来一翻，看见上面有一条道，"我想到中央公园去"，那就即刻心平气和了。别的事也一样。

世间有一种无赖精神，那要义就是韧性。听说拳匪乱后，天津的青皮，就是所谓无赖者很跋扈，譬如给人搬一件行李，他就要两元，对他说这行李小，他说要两元，对他说道路近，他说要两元，对他说不要搬了，他说也仍然要两元。青皮固然是不足为法的，而那韧性却大可以佩服。要求经济权也一样，有人说这事情太陈腐了，就答道要经济权；说是太卑鄙了，就答道要经济权；说是经济制度就要改变了，用不着再操心，也仍然答道要经济权。

其实，在现在，一个娜拉的出走，或者也许不至于感到困难的，因为这人物很特别，举动也新鲜，能得到若干人们的同情，帮助着生活。生活在人们的同情之下，已经是不自由了，然而倘有一百个娜拉出走，便连同情也减少，有一千一万个出走，就得到厌恶了，断不如自己握着经济权之为可靠。

在经济方面得到自由，就不是傀儡了么？也还是傀儡。无非被人所牵的事可以减少，而自己能牵的傀儡可以增多罢了。因为在现在的社会里，不但女人常作男人的傀儡，就是男人和男人，女人和女人，也相互地作傀儡，男人也常作女人的傀儡，这决不是几个女人取得经济权所能救的。但人不能饿着静候理想世界的到来，至少也得留一点残喘，正如涸辙之鲋，急谋升斗之水一样，就要这较为切近的经济权，一面再想别的法。

如果经济制度竟改革了，那上文当然完全是废话。

然而上文，是又将娜拉当作一个普通的人物而说的，假使她很特别，自己情愿闯出去做牺牲，那就又另是一回事。我们无权去劝诱人做牺牲，也无权去阻止人做牺牲。况且世上也尽有乐于牺牲，乐于受苦的人物。欧洲有一个传说，耶稣去钉十字架时，休息在 Ahasvar 的檐下，Ahasvar 不准他，于是被了咒诅，使他永世不得休息，直到末日裁判的时候。Ahasvar 从此就歇不下，只是走，现在还在走。走是苦的，安息是乐的，他何以不安息呢？虽说背着咒诅，可是大约总该是觉得走比安息还适意，所以始终狂走的罢。

只是这牺牲的适意是属于自己的，与志士们之所谓为社会者无涉。群众，——尤其是中国的，——永远是戏剧的看客。牺牲上场，如果显得慷慨，他们就看了悲壮剧；如果显得觳觫，他们就看了滑稽剧。北京的羊肉铺前常有几个人张着嘴看剥羊，仿佛颇愉快，人的牺牲能给与他们的益处，也不过如此。而况事后走不几步，他们并这一点愉快也就忘却了。对于这样的群众没有法，只好使他们无戏可看倒是疗救，正无需乎震骇一时的牺牲，不如深沉的韧性的战斗。

可惜中国太难改变了，即使搬动一张桌子，改装一个火炉，几乎也要血；而且即使有了血，也未必一定能搬动，能改装。不是很大的鞭子打在背上，中国自己是不肯动弹的。我想这鞭子总要来，好坏是别一问题，然而总要打到的。但是从那里来，怎么地来，我也是不能确切地知道。

我这讲演也就此完结了。